北京大学·复旦大学·吉林大学·中山大学　　华东政法大学
国家治理协同创新中心　　　　　　　　　　中国社会公共安全研究中心

中国社会公共安全研究报告

Advances in China Public Security

主　编　杜志淳
副主编　张明军　陈　朋

第6辑

2015年第1期

图书在版编目(CIP)数据

中国社会公共安全研究报告.第6辑／杜志淳主编.
—北京：中央编译出版社，2015.7
ISBN 978-7-5117-2496-0

Ⅰ.①中… Ⅱ.①杜… Ⅲ.①公共安全-社会管理-研究报告-中国
Ⅳ.①D63

中国版本图书馆CIP数据核字(2015)第177252号

中国社会公共安全研究报告.第6辑

出 版 人：刘明清
责任编辑：盛菊艳
责任印制：尹　珺
出版发行：中央编译出版社
地　　址：北京西城区车公庄大街乙5号鸿儒大厦B座(100044)
电　　话：(010) 52612345（总编室）　(010) 52612335（编辑室）
　　　　　(010) 52612316（发行部）　(010) 52612315（网络销售）
　　　　　(010) 52612346（馆配部）　(010) 66509618（读者服务部）
传　　真：(010) 66515838
经　　销：全国新华书店
印　　刷：北京时捷印刷有限公司
开　　本：787毫米×1092毫米　1/16
字　　数：267千字
印　　张：13.25
版　　次：2015年7月第1版第1次印刷
定　　价：40.00元

网　　址：www.cctphome.com　　　邮　　箱：cctp@cctphome.com
新浪微博：@中央编译出版社　　　　微　　信：中央编译出版社（ID：cctphome）
淘宝店铺：中央编译出版社直销店（http://shop108367160.taobao.com）(010)52612349

凡有印装质量问题，本社负责调换，电话：010-55626985

编委会

主　任　杜志淳
副主任　杨正鸣　何明升　张明军
编　委　于建嵘　李连江　高小平　王教生
　　　　陆卫东　娄成武　朱正威　佘　廉
　　　　竺乾威　陈振明　倪　星　王永全
　　　　杨　龙　项继权　朱立言　沈忠新
　　　　陈　平　郭秀云　杨正鸣　何明升
　　　　张明军　倪　铁

主　编　杜志淳
副主编　张明军　陈　朋
编　辑　郭秀云　吴新叶　汪伟全
　　　　易承志　郑　谦

投稿信箱：hzggy021@126.com
投稿地址：上海市龙源路555号华东政法大学集英楼B308室

目 录
Contents

主题探讨

2014年度中国社会典型群体性事件分析报告
.... 华东政法大学中国社会公共安全研究中心 /003

本辑特稿

邻避型社会稳定风险的政府决策模式构建
——基于公众行为的解析 .... 谭 爽，胡象明 /015

本辑话题

重大项目：从"社会影响评价"到"社会稳定风险评估" .... 郭秀云 /033
嵌入与整合：超大城市公共活动风险管理体系优化研究
——从上海外滩陈毅广场踩踏事件切入 .... 容 志 /042

案例分析

妇女组织在群体性事件治理中的作用与局限 .... 程同顺，邝利芬 /059
冲突与达鹄：公众参与视野下的长三角公共冲突事件分析
——基于2010—2012年的案例 .... 薛泽林 /069
移动互联时代群体性事件的网络动员演化机制及对策 .... 庞 宇 /082
大学生群体性事件的演化过程及治理 .... 黄小玲 /096

研究报告

区隔式的融合：上海第二代农村外来人口社会融合研究
....蓝佩嘉著，孟　玫译 /119
网络公共危机管理：政府与数字服务业者之间的合作机制 ....范晓东 /143
依法治理宗教与去宗教极端化问题刍议
　　——基于新疆地区的考察 ....郝富军 /152
"创收式监管"：食品质量安全问题的一个分析逻辑 ....陈家浩 /164

他山之石

韩国公共冲突管理制度的经验借鉴 ....常　健，刘　一 /177
公共安全事件处置过程中的社交媒体及其利用
　　——2011年伦敦骚乱中地方当局运用微博的策略..........................
　　...... Panagiotis Panagiotopoulos, Alinaghi Ziaee Bigdeli, and Steven Sams 著，
　　　　　　　　　　　　　　　　　　　　　　　　　　　　陈　喆译 /191

主题探讨

2014年度中国社会典型群体性事件分析报告

华东政法大学中国社会公共安全研究中心

（张明军　陈　朋）

群体性事件一直是中国在社会转型期和追赶现代化浪潮过程中面临的一大现实问题。同往期相比，2014年的群体性事件依然保持高位运行，总量高达17.2万起左右。不过，一个可喜的趋势是，2014年度群体性事件虽然总数依然很大，但是相比较往年的群体性事件而言，其增幅在趋缓。

一、2014年度群体性事件的基本态势

1. 各种类型的群体性事件同期并存，甚至相互交织

按照目前学者对群体性事件的类型划分，主要有四种类型：基于权力指向的事件、基于诉求表达的事件、基于情绪宣泄的事件、基于理念声张的事件。就2014年的群体性事件而言，这四大类型的群体性事件都存在，有的甚至相互交织在一起。但是，从占比看，第一种类型的群体性事件相对较少，后三种类型的群体性事件则占绝大多数。

由于指向政权的群体性事件过于敏感，且一旦发生便难以调控。因而，对其进行监控的力度很大。于此之下，这一类型的群体性事件相对而言较少。不过，当前仍要警惕一些事件借游行集会示威之名而逐渐向这类群体性事件演化。

基于诉求表达的事件则较多，但是，这类事件往往与理念声张型的事件交织在一起。总体上看，目前这类事件占所有群体性事件的80%以上。这类群体性事件最大的特征就是诉求目标明确——维护受损的利益，因此其诉求对象为损害其利益或者能够实现其利益的"利益攸关方"。如2014年7月31日，国家体育总局门口近百人聚集，聚会者要求见中央巡视组。据了解，大部分群众都是看到媒体报道中央巡视组进驻体育总局，因此不约而同来到这里，试图集体表达包括土地被占、房屋拆迁、医疗事故等不同方面的诉求。因为这类事件具有明确的目标取向，其组织性也相对较强——具有共同的利益诉求、相似的处境、共同的目标，因而很容易组织起来，从而形成较明确的目标选择和行为策略。也正因为如此，这类事件很容易被化解。由于此类事件

中诉求对象清楚其行为指向，因而可以直接按照其提出的利益要求来思量是否可以满足，以及选择何种方式来予以满足。对于政府而言，化解这类事件相对来说较为容易，因此也被一些人称作"用人民币来解决的事件"。

但是，有些事件也不一定具有明确利益诉求而是出于理念声张而已。也就是说，参与者的目标主要是为了追求某种理念或者某些权利，尤其是政治权利，行动带有较强的主动性。如2014年8月20日，香港港铁东铁线列车在粉岭站辗毙了一条黄狗，引发数百名市民及爱护动物组织于22日到港铁九龙湾总部集会，高呼"港铁可耻"。

基于情绪宣泄的事件一般由偶然事件引起，参与者直接的利益关联度不大。对于这些事件来说，参与者与事件的直接诱因或导火索并无利害关系，甚至与当事人素不相识，属于无利益相关方。但是，由于没有明确的指向，再加上不良情绪的宣泄，极易使参与者的行为失控，因而化解也比较困难。2014年8月24日，湖南省龙山县皇仓中学高一新生军训时发生冲突。据报道军训休息时某班学生与某教官打闹，由于学生较多，教官吃了亏。下午训练时教官对该班特别严，全体学生被罚做俯卧撑，部分学生动作不符合教官要求，教官便用脚踩。该班班主任出面说情，没想到被教官打了。此后，学生就帮班主任一起对抗教官。这时，其他教官也参与互殴，局面一度失控，十分混乱。校方人员称，事件导致40多人受伤，班主任伤势较重。但是，随后在8月27日下午发生了学生抗议。学生称官方通报与事实不符，再次组织高一学生和家长上街聚集。从整个事件的产生和演化过程看，它具有典型的情绪宣泄性质。

2. 暴戾暴烈程度显著上升，暴力化倾向越来越明显

群体性事件激烈度有增加之势，部分事件突破了相对平和的上访、集会等形式，破坏性、负面影响有所加强，表现为参与人员情绪激动、言行激烈，甚至出现围堵打砸抢烧、拦车阻路等极端行为。这是绝大部分群体性事件的显著特征。2014年7月16日，深圳市宝安区沙井街道办针对辖区电单车非法营运乱象联合辖区交警开展"法治通城"整治行动。警察在查扣一辆非法营运电动车时，遭遇暴力抗法。有多名非法营运车主围观起哄并带头闹事，引起交通大堵塞。随后，警方共440余人赶赴现场处置，当场抓获涉嫌聚集人员50余人，查获现场遗管摩托车、电动车40余辆。同样是在深圳，十天后的7月26日，深圳机场飞往华东华中方向的航班出现了大面积的延误，由于长时间等待又没有确切消息反馈，旅客在机场内开始骚动，随后部分旅客与地勤人员爆发冲突，上演"全武行"，双方都有多人受伤。

群体性事件的暴力化程度最为强烈的是在拆迁领域。2014年11月2日，甘肃省定西市陇西县首阳镇南坡村，当地政府出动警察、打手等上千人进村暴力强征，致使数名村民受伤。当时，网络还传言"强征队还使用有毒气体喷射村民，致使多名村民中毒"。对此，陇西县委宣传部表示，根本没有释放毒气，但是对于暴力强拆之事并未明确置否。

一直弥散在很多地区的医患纠纷也是暴力化程度非常高的领域。2014年8月28日，山东日照市人民医院发生一起恶性医患纠纷事件。家属带着刀械在医院扯横幅、摆花圈、设灵堂、烧纸钱、堵大门，造成交通严重阻塞，医院急救人员、车辆无法进出。在事件过程中，9人被捅伤，2人重伤。2014年8月21日，在湖南岳阳也发生了类似的家属暴力伤医事件，事件始于1名患者抢救无效死亡。随后，死者多名家属劫持了1名接诊医生，准备将其扭送到死者遗体前下跪，并打砸医院办公室，封堵急诊科和门诊部大楼，导致医院正常工作秩序中断达8个小时。第二天，医院200多名医生静坐抗议。2014年的香港"占中"事件中，其暴力化程度亦非常明显。

3. 维权事件频繁高发，且涉及多个不同领域

改革开放带来的一个显著变化就是广大群众的民主意识、权利观念日益增强。但是，在民众权利意识增强的同时，民意表达的渠道并不畅通。于是，因权益受损而爆发的维权群体性事件不断增多。总体来看，在2014年，维权事件频繁高发。从具体领域看，有涉及劳资纠纷的，如2014年10月8日，重庆富士康员工在沙坪坝西永保税区海关门口集结，罢工抗议。参与罢工的工人表示，他们不满通过生产优化手法逼迫他们成为每天只能单调重复上万次工序的"机器人"，不满通过管控加班来减少他们本来可以看得到的工资期许。

有涉及生活保障的，如2014年11月17日，黑龙江肇东市8000名教师大罢工，全市中小学全部停课。据介绍，罢工的主要理由是教师们认为工资太低：作为全国百强县的肇东教师工资低于贫困县1千元。此次罢工前，千余名老师曾联名上书市委市政府表达诉求，要求涨工资，但是没有得到及时回应。时隔不久，2014年11月30日，黑龙江双城市、依兰县、尚志市、宾县、巴彦县、方正县等地也出现了或大或小范围的教师维权事件。教师们公开发表维权书，提出了提高工资待遇、停缴养老保险等要求。一些教师说，农村多数学校都停课了，市区的部分学校"看班不上课"。

有涉及职业发展的，如2014年7月31日，辽宁省沈阳市200多名考生家长在教育厅门前集体下跪，抗议学生录取不公。事件起于当年高考有近两百名考生通过了沈阳音乐学院专业课与文化课的考试分数线，但最终被告知无法被录取。校方给出的理由是省教育厅没有给沈阳音乐学院相应数量的招生指标，从而导致这些通过分数线的考生无法被录取，也无法报考其他院校。有学生家长称，这是关乎到学生成长发展、职业规划的大事，为何如此草率？类似事件也发生在山东。9月10日，山东省青岛市黄海学院因招生过多而欲将2013级实践本科学生集体劝退，引发逾千学生不满。被劝退的学生打出"骗子学校还我青春、还我学费"等横幅游行，要求退回学费或者继续上学拿到毕业证。

4. 群体性事件的组织化倾向比较明显

与以往自发的群体性事件中参与人员临时聚集的特点相比，2014年发生的一些

群体性事件的组织化特征更加显现。大部分事件往往都有组织者或幕后操纵者，并且事先经过周密策划，目的明确、行动统一、组织化程度较高。如2014年9月12日，广东省惠州市博罗县部分民众上街抗议兴建垃圾处理厂导致环境污染。由于参与人数众多，一度导致道路受阻。事后，据博罗公安的微博声称：事件源于少数人员组织不明真相的群众上街非法集会游行，该行为已涉嫌聚众扰乱社会秩序罪和涉嫌聚众扰乱交通秩序罪，有涉嫌违法犯罪行为的陈某某等2人被带走接受调查。公安部门还对在网络上散布谣言的组织或个人依法严厉打击。其实，从前述的湖南龙山高中学生军训事件、黑龙江8000名教师大罢工等多起群体性事件来看，它们均具有较强的组织性，有相关负责人参与组织实施，并且经过事前商量策划，呈现出较强的组织化倾向。

5. 危害公共安全的暴恐犯罪时有发生

与以往群体性事件的显著区别是，2014年的群体性事件显露出较为突出的暴恐性特征，尤其是在新疆、西藏等边疆地区，这类事件的暴恐性特点日益明显。如在新疆乌鲁木齐发生的"4·30"、"5·22"暴恐袭击案都是例证。在四川、云南等地也发生了21名农民工组团杀害4人后伪造成矿难骗赔的令人发指的暴恐犯罪。其实，这些暴恐性的恶性事件不仅在新疆等边疆地区存在，而且也在内陆地区开始显现。如2014年11月2日，陕西省延安市吴起高中高二年级多名女生，在宿舍内持刀威胁5名学妹脱光衣服拍裸照，欲强迫其"卖处"，在遭到拒绝后，施暴女生对3名受害人疯狂殴打和猥亵。事后，6名涉案女生被警方刑事拘留，多名官员因此受到处分。

综合这些暴恐事件可以看出其基本特征：其一，其地域主要集中在边疆地区，尤其以新疆、西藏等地为主。其二，实施主体趋向个体及边缘群体倾向。这些人在实施暴恐事件时大多与个体生活境遇、具体利益诉求和特定的时空环境有关，与政治文化较少关涉。其三，事件发生在较为封闭的公共环境，如学校、商场、火车站、厂矿、公交等地域。这些地方人流量大、人员密集、防范措施差、公众戒备心理较差，这些都为暴恐犯罪提供了条件。其四，事件发生突然、过程迅速。这些事件发生都是突然性的，整个事件持续事件不长，短暂快速，但是造成的影响恶劣，或者造成人员伤亡，或者造成社会财产损失。其五，社会效应极具扩散性。在事件发生之初，其传播超越了时空和阶层，人们开始感到震惊、恐惧，但是随着事件的进展，人们开始变得愤怒、谴责，最后则演化成反思。

6. 事件成因复杂、反复性强，处置难度大

相当一部分事件参与者存在"大闹大解决、小闹小解决、不闹不解决"的心理，加之有关职能部门处理解决群众诉求的时效和程序等问题，往往造成群体性事件出现连锁反应。一些人趁机闹事，扩大事态；一些地方群众、利益团体争相效仿，谋求不正当利益，并且以敢争、敢闹为荣导致部分参与者情绪对立、失控，甚至采取要挟手段向政府施加压力；有些深层次的矛盾纠纷短时间内难以彻底解决，由此造成的群体

性事件往往反复性较强；各种合理与不合理、合法与不合法、正当与不正当的诉求交织在一起，复杂多变，处置难度增大。

二、群体性事件蕴含的社会风险

从表面上看，群体性事件大多是一些偶发因素引起的突发性事件，但实际上蕴含着较大的社会风险。

1. 群体性事件的频繁爆发，蕴含着地方治理的功能性退化

群体性事件的直接对象是地方政府，直接冲击的也是地方秩序，从而大大增加了地方治理成本。因而，对于群体性事件，地方政府大多高度警惕。但是，警惕过后，可能采取矫枉过正的措施，予以打击或镇压。诸多案例证明，片面地强调打压，并不能有效解决问题反而会积累更深的矛盾。于建嵘教授在湖南省的调研表明，县政府曾经以整顿社会治安等名义对减负上访代表进行过"集体办学习班"、"挂牌亮相"、"罚款"、"抄家"、"关押"等形式的打击，这些打击不仅没有化解干群矛盾，反而产生了一批坚定的农民利益代言人，并因此引发过农民集体冲击县乡政府、堵塞县城公路、追打乡镇干部等更为严重的事件。

为努力化解影响社会稳定的群体性事件，中央政府作出了一系列的制度设定。其中，最为明显的就是在十八届三中全会上提出，要实现国家治理体系和治理能力现代化，以此作为对群体性事件治理的纲领性指导。万丈高楼平地起，国家治理是建立在有效的地方治理的基础之上，国家治理需要地方治理的支撑，然而，作为国家治理的重要基础和群体性事件治理的直接平台，地方治理并没有及时跟进。这集中表现在治理主体单一、治理力量碎片、治理权责失衡、治理取向偏移等方面。地方治理所遭遇的这些困境，最终都转移进而以群体性事件的方式集中爆发出来，从这个意义上讲，群体性事件的频繁爆发，实际上蕴含的就是地方治理的功能正在退化。地方治理的弱化直接导致了群体性事件的产生和激烈对抗。

2. 群体性事件的暴力程度加剧，容易激发并不断扩散社会不良情绪

群体性事件有其演化和传播过程。在初期，往往会让公众感到震惊、恐惧。但是，随着事件的不断演化，则会引起人们的深思。在这个过程中，人们开始痛陈的是事件参与者对社会秩序的巨大破坏，以及对具体政策执行不力的不解，或者说对基层政府不作为的困惑。随后这种情绪又迅速演化成对国家体制的失望、焦虑和愤懑。这些不良情绪的出现，不仅容易左右社会舆论，而且进一步激发人们认为引发事件产生的原因不在于干部的不作为，而是国家体制的不合理所致。因此，要想实现其抗争的目标，就要彻底革新现有体制。显然，这些情绪的不断积累最终不仅会影响公众对中央政府的信任，而且会激发更多的群体性事件。

从单一的群体性事件来看，它会滋生不良情绪。但是，从整个社会系统来看，则会形成连锁反应，扩散不良情绪。而一旦这些不良情绪扩散以后，则会成为同类群体性事件的导火索。据报道，2014年7月5日，浙江省杭州市公交车燃烧爆炸案与厦门公交车陈水总纵火案有些类似之处。其原因之一都是纵火人长期淤积不良情绪，进而选择在公交上纵火、制造事端。还比如，2014年7月16日，中国青年报社门外，7人服用液体后倒地。据报道，7人均系江苏人，因拆迁问题来京上访。这一现象激发了人们对地方政府暴力拆迁的强烈谴责和愤怒，进而将所有的地方政府拆迁行为都推向了风口浪尖。一时间，只要是跟拆迁有关，不管其程序是否合法、行为是否妥当都会受到人们的抨击。

3. 群体性事件的体制外维权，深层次反映出当前法治不彰，依法治国进程缓慢

古今中外的经验表明，群体性事件的产生有其必然性。它是一个国家在发展历程上必然遇到的现象，但是，每个国家其发生的频率、激烈程度和化解方式均有所不同。

当前群体性事件的频繁爆发、激烈对抗、化解不力同法治进程缓慢直接相关。法治不彰容易引致群体性事件，主要源于两大因素：一是地方政府官员"花钱买平安"的人治思维。囿于目前的考核机制，地方政府为了减轻在信访考核中遭遇的压力，以及维护良好的地方社会形象的现实考虑，面对群体性的诉求大多倾向于采取"捂盖子"的做法。然而，"捂盖子"并不是正途，终有一天会捂不住的。而一旦捂不住，便采取"花钱打发"或"签字特办"等息事宁人的做法。这种方式表面上看解决了问题，但从长远看，是与法治相背离的。因为，它会形成强烈的连锁反应，使更多的人参与到"闹事"行列，也会形成"黑头法规不如红头文件，红头文件不如领导签字"的思维逻辑，进而对法治进程形成直接制约。二是民众"小闹小解决、大闹大解决，不闹不解决"的"闹大"思维。在从众心理的刺激下，一些人看到其他人靠"闹"居然还能满足各种合理甚至不合理的诉求后，便纷纷效仿，继而形成"闹大"的非常规逻辑。这一逻辑的背后，恰恰是法治的缺失和群体性事件的不断滋生。这两大因素的共同结果就是，不仅有损法律的尊严和政府的权威，还易助长"无理取闹"行为，影响社会和谐稳定。

三、群体性事件治理的对策建议

1. 激活和提升地方治理能力，夯实防止群体性事件向广度和深度扩展的基础

如前所述，群体性事件的发生，实则暗含着地方治理能力的退化。因此，从基础性层面讲，提升地方治理能力无疑是必须之举。

提升地方治理水平，首先需要充分认识公共参与的积极意义，并努力构建科学合理的公共参与结构。当前，地方治理之所以出现主体单一、力量碎片等问题，重要缘由之一就在于缺乏有效的公共参与。因而，要以"顶天立地"的精神和举措引导公共参与。所谓"顶天"就是要从战略高度来引导全社会，尤其是各级领导干部要充分认识公共参与的重要价值，要看到公共参与不仅能让公众感知到个体与公共领域的交集，而且还有助于减轻政府负担，促进政府提升工作效能；所谓"立地"就是脚踏实地的搭建诸如民主恳谈、民情沟通、民意直通车等简便易行的参与平台，引导公众不断参与身边的公共事务治理。公共参与结构还同科学合理的政社关系密不可分。因此，要划分政府与社会的边界，尤其是要明晰政府与社会组织之间的权责关系，努力建构政府与社会组织之间以服务为轴心的新型关系，有效解决当前政府职能越位、社会组织职能不到位、政府和社会组织相互之间职能错位的问题，并结合实际构建一个包括法治体制、监管体制、支持体制、合作体制等体制框架在内的现代社会组织体制框架。

其次需要合理划分政府的权责范围，促进地方政府职能转变。当前地方治理碎片化、权责失衡等问题即与此相关。为此，要按照"全面清权、减权放权、合理配权、依法用权、阳光晒权"总体思路合理划分政府权责范围。清权就是要对照法律法规及地方实际、群众要求和政府本质使命，认真全面梳理政府内设部门的主要职能及行政权力，对不合时宜、不合法规的权力要及时革除，对需要加强的监管职权则要及时补充，对于不归政府所掌握的权力要及时归还社会；减权放权就是要通过简政放权和优化政府流程，最大限度减少政府对市场资源的直接配置，最大程度地减轻政府对微观领域的干预；合理配权就是要根据实际对地方权力进行标准化配置，比如可以根据情况配置副省级城市、一般地级市、经济强县、一般的县（市、区）、纯城区、城乡混合区等多个标准权责配置模板，尤其是要做好"强县扩权"、"强镇扩权"这篇大文章，为其地方治理提供保障；依法用权，简而言之就是要坚持"法无授权不可为、法定职责必须为"的原则，提高地方官员和群众的法治理念，并按照法治规则来履行职责，以切实推进地方治理法治化；阳光是最好的防腐剂，因而可以借用网络信息技术手段，打造集行政审批、行政处罚、民意征集、效能监察为一体并可以实现在线查询、在线申办、在线投诉、在线监察等功能的权力公开运行平台。

最后还需要统筹发挥法、理、情的积极功能。这里的重点有两个：一是需要将依法管理与以理服人、以情动人有机结合起来，通过劝说、引导和信服的方式而不是硬碰硬的粗暴方法来实施"软治理"，尤其是要以此切实改变"刚性维稳"、"拦截访民"、"野蛮执法"的管控手段；二是要充分发挥情、理因素对法治手段的有益补充。对此，可以引入"熟人社会"的规则，充分发挥政治觉悟高、群众反响好、责任意识强、身体条件好、乐于奉献的志愿者或热心人士参与地方治理活动，并引导各类治理主体在互信的基础上开展合作实现共赢，以减少法治等刚性手段的不足。

2. 改革完善干部选拔考核机制，锻造和谐互动的府民关系

尽管官民矛盾是群体性事件产生的直接诱因，但是依然不能忽视其影响。事实证明，官民关系和谐的地方，群体性事件发生的概率和激烈程度都要小很多。因此，能否缓和官民矛盾是群体性事件治理的重要之维。但是，官民矛盾只是其表象，根源乃在于不科学的干部选拔和考核机制。从这个意义上讲，改革完善干部选拔考核机制，锻造和谐互动的官民关系构成预防和化解群体性事件的重要条件。

科学的干部选拔机制首先需要改变目前自上而下的"一把手"选"一把手"的干部选拔机制。当前的干部选拔在程序上日趋规范，但是真正的核心问题依然没有得到解决：民主集中制逻辑掩盖下的"一把手"选人机制仍较为明显。囿于"一把手"体制的强大影响和吸附力，干部选拔所坚持的民主集中制最终都湮灭于"一把手"个人意愿和权威之下。对于很多干部来讲，无论是副职晋升正职，还是下级一把手晋升更高级别，关键都在于获得"一把手"的认可和信赖。这样一来，其日常工作的重心都放在了如何迎合"一把手"、如何完成把手交付的任务。至于公众的需求则另当别论了。虽然从根本意义上讲，地方政府与公众的利益具有一致性，但是在具体利益诉求方面时常发生矛盾。而一旦发生矛盾和冲突，地方干部大多会按照"谁授权对谁负责"的逻辑，遵循上级的意愿而不是积极回应民众的诉求。这正是很多群体性事件发生的深刻原因。因此，要充分发扬民主，构建公开透明民主的干部选拔机制，改变"一把手"选"一把手"的自上而下的干部选拔方式，提高民众在干部选拔中的话语权，继而夯实预防和化解群体性事件的重要基础。

同时，还应注重完善考核机制，坚持能力和实绩考核，克服片面的GDP考核，对干部德能勤绩廉五个方面进行综合测评。"流水不腐，户枢不蠹"，这既是自然客观规律，也是干部管理的重要规律。因此，可以借《推进领导干部能上能下若干规定（试行）》的契机，着力建立健全干部流动退出机制。比如，坚持提拔领导干部实行试用期制度，严格执行试用期转正程序；建立实施领导干部辞职制度，明确规范领导干部因公辞职、自愿辞职、引咎辞职和责令辞职的适用范围、操作程序和有关处理安置措施；积极推进任职期满交流和重要岗位轮岗交流，在同一职位任职满一定年限的，以及在同一领导班子任满一定年限的，都按规定进行交流。

3. 逐步扩大民生政治参与，妥善解决群众合理诉求

具体的利益诉求得不到满足，是群体性事件的主要症结所在。从一些案例来看，正是因为民生建设滞后、民生得不到保障，才使一些人走上街头，形成"街头政治"。在马克思看来，人们的一切行动都同其利益密切相关。这启示人们，群体性事件治理理应建立在良好的民生改善的基础之上。

民生改善首先需要牢固树立以人为本、执政为民理念。无论是各种各样的群体性事件，还是久拖不治的民生问题，都与执政为民理念的偏移、错位有关。如果地方政

府首先考虑的是"利己"而不是"为民",那么就难以制定出科学的为广大民众所认同的公共政策,既是具有良好的公共政策和规划也可能成为泡影。因此,牢固树立以人为本、执政为民的理念是解决民生问题的前提,也是预防和化解群体性事件的保障。要坚持"以人为本"的原则,坚持民意为先、民意为重,以"最大决心、最大诚意、最大努力"解决群众合理诉求。为此,必须正确树立广大人民群众开展民生政治参与的理念,拓宽民生政治参与的渠道,扩展民生政治参与的范围,加强民生政治参与的深度,才能发现民众的各种利益诉求,抒解利益诉求不畅的压力,使民众在民生政治参与中通过对公共政策的创议和规划,全部或部分实现自身的利益诉求,从根本上消除引发群体性事件的深层制约,实现在维护社会稳定与和谐发展中,"以最小的成本获取最大化的收益"目标。① 同时,建立矛盾纠纷跟踪调处工作机制,跟踪掌握群众诉求的解决落实情况,强化纠纷调处,避免矛盾积压、扩大和升级,最大程度地预防、减少、控制、化解群体性事件。但是,从本质意义上讲,自古就不存在单纯的民生问题。民生背后连着的是民权。比如,暴力强拆、拖欠民工工资等等,其实质和要害都是民众财产权和劳动权受到的侵害。从这个角度上讲,民权是民生的保障,没有民权的民生是脆弱的、不真实的,随时会受到剥夺的。因此,解决民生问题实际上就是保障和改善民权。

4. 强化预警工作,将社会冲突的潜在因素和苗头化解在萌芽之中

如同任何事物都有其产生、发展和消亡的过程一样,任何群体性事件都有其演化过程。因此,应未雨绸缪,加强预警,在其萌发之初就予以化解。这要求地方政府要增强工作的预见性和敏感性,对有可能引发群体性事件的苗头性、倾向性问题要及早掌握,建立情报信息收集、研判和使用机制。一旦发现异常情况,必须及时预警,按照应急预案,迅速果断处置。为此,应做好如下工作:其一,增进党和政府与广大社会民众的联系。执政党与政府,特别是地方基层党组织和政府要将深入群众、了解民意、表达民意纳入正常的工作日程,及时发现和处置民众的利益及权利诉求,使各种矛盾和冲突在第一时间得到发现和解决。其二,加强政府公共信息的透明化。在公共政策创议、规划、合法化等过程中,按照合法程序及时增进与社会民众的交流和沟通,使政府的每项重大决策,社会民众具有知晓的权利,使政府的每项重大决定,社会民众具有了解的渠道。以此克服公共政策制定及执行过程中部分基层官员暗箱操作的可能性,增进地方府民之间的信任,形成齐心协力的和谐共治格局。其三,提升预警机制的现代化。预警机制的成效取决于三个方面:一是预警主体理念的现代化。作为主要的预警主体:各级党组织及其政府,必须具有追随时代潮流并回应时代变革所带来

---

① 张明军、陈朋:《中国特色社会主义政治发展的实践前提与创新逻辑》,载《中国社会科学》,2014年第5期。

的挑战能力，深刻体察互联网和信息化时代对社会稳定及进步所带来的机遇和挑战，以深邃的前瞻力洞察目前情势下，中国社会所潜在的问题、引发的后果及其化解之道。二是预警体系和能力的现代化。结构功能理论告诉我们，功能决定结构，有什么样的功能，必须建立与之相适应的结构，结构的科学与否，直接影响和制约着功能的发挥。在日新月异不断变化的当今社会，只有建立与治理现代社会相适应的预警结构，才能奠定和实现治理复杂社会的预警能力现代化。三是预警工具的现代化。工具是实现目标和任务的重要载体，在互联网正在深刻改变现实社会的进程中，必须运用现代化的预警工具，及时掌控社会发展中蕴藏的内部矛盾和张力，迅速设计处置的策略，将现代社会中存在的诸多问题，通过现代化的预警工具有效地予以解决。

本辑特稿

邻避型社会稳定风险的政府决策模式构建*
——基于公众行为的解析

谭 爽　胡象明**

摘　要：近年来，我国的邻避型社会稳定风险处于高发状态。溯其缘由，除了公众对项目本身的排斥，政府决策理念与方式的失当扮演着同样重要的角色。由于多方因素掣肘，我国尚未建立此类风险的科学决策模式，常常是待风险爆发转为危机时才被迫形成应急式决策。本研究恰是立足于此，运用社会冲突、风险决策、行为科学等理论，聚焦政府决策过程，通过对相应公众行为的解析，抽象出邻避型社会稳定风险各阶段的特性，以之为基础构建涵盖"多点评估式决策"、"情境—案例式决策"、"即兴直觉式决策"和"分类协商式决策"四个模块在内的"邻避型社会稳定风险组合型决策模式"，并运用计算机技术搭建可视化系统，力求从提供具体对策转向提供产出对策的路径，从授之以鱼转向授之以渔。

关键词：邻避型社会稳定风险；公众行为；政府决策

引　言

近几年，我国的发展处于两难的"拉锯"状态。一方面，随着经济高速增长和社会发展需求，核电站、化工厂、垃圾处理站等邻避项目频频上马；另一方面，此类项目所特有的危机潜在、非自愿承担和规避成本高等特征使公众产生较高的风险预期，

---

* 基金项目：国家社科基金重大项目"重大工程的社会稳定风险评估研究"（11&ZD173）；国家社科基金重点项目"特殊重大工程项目的社会稳定风险评估及预警模型研究（11AGL009）"。

** 谭爽，女，侗族，贵州遵义人，中国矿业大学（北京）文法学院行政管理系讲师，管理学博士，研究方向：社会公共安全，冲突管理，环境风险治理；胡象明，男，汉族，湖北崇阳人，北京航空航天大学公共管理学院副院长，教授，博导，研究方向：社会公共安全，应急管理，公共政策。

在部分地区引发了群体对抗行为。这种行为的可能性构成了学界日益关注的"邻避型社会稳定风险"。具体指邻避项目在选址、修建和运营过程中，由于安全威胁、征地拆迁、环境破坏等原因而导致社会冲突、危及社会秩序的可能性[1]。

笔者通过对核电站、高铁、垃圾处理站、化工厂四类邻避工程的实地调研，以及对影响较大的32个邻避冲突案例[2]的梳理，发现邻避型社会稳定风险的众多致因中，政府决策扮演着重要角色，失当的决策方式不仅无益于公众形成科学的项目认知，反而会催生其非理性行为。遗憾的是，由于多方因素掣肘，我国尚未建立此类风险的科学决策模式，常常是待风险爆发转为危机时才被迫形成应急式决策。立足于此，本研究以"政府决策"为切入点，以对公众行为的有效回应为要旨，从方法论层面搭建系统化、动态化的决策模式，以丰富对邻避型社会稳定风险的解读，从更广阔的视角提供防控机制。

一、邻避型社会稳定风险中的公众行为解析

邻避型社会稳定风险具有典型的"人为建构"特征，即公众的行为的生成与发展直接决定了风险的性质与程度。因此，对其行为进行解析是理解风险演化机制并进行有效处置的重要步骤。根据项目管理理论，邻避项目的生命周期包括准备期、施工期和运行期[3]。其中，准备期涉及信息公开、民意征集等环节，是政府与公众互动最为集中的阶段，也是邻避型社会稳定风险的起点。聚焦准备期，对公众行为及其发展分析如图1所示。各风险点上的诉求如果得到满足，公众会保持理性行为，反之，则可能演变为风险行为。

---

[1] 李世新：《从技术评估到工程的社会评价：兼论工程与技术的区别》，载《北京理工大学学报（社会科学版）》，2007年第9期。

[2] 以国家多元、项目类型多样、项目信息完备为标准，本研究最终选择如下32个案例进行分析：四川什邡钼铜项目；江苏启东造纸排海项目；浙江宁波、辽宁大连、福建厦门、广东茂名的PX项目；北京六里屯、高安屯、西二旗、河北秦皇岛、江苏吴江、广州番禺的垃圾处理项目；安徽彭泽核电站项目；北京望京南湖、百旺家苑和南京的变电站项目；北京京沈高铁项目；上海磁悬浮项目；内蒙古锡林郭勒盟矿场项目；海南乐东莺歌煤电厂项目；香港正生书院项目；香港丽晶花园艾滋病康复中心项目；台湾"核四"项目；澳门美沙酮服务站项目；美国尤卡山核废料存储项目；美国夏洛特废弃物转化能源工厂项目；美加合作输油管线项目；法国核电站项目；英国伦敦贝克斯利垃圾焚化项目；加拿大列治文市戒瘾中心项目；日本名古屋新干线项目；德国北黑森区废料焚烧项目。

[3] 杨秋波：《邻避设施决策中公众参与的作用机理与行为分析研究》，天津大学博士论文，2012。

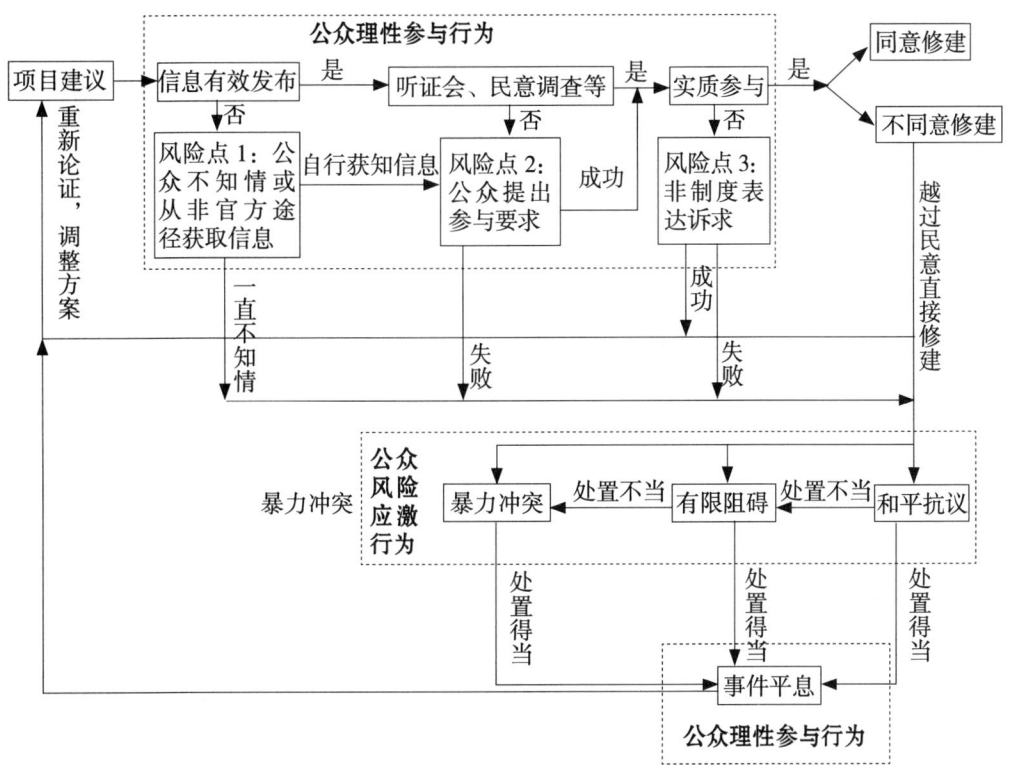

图1　邻避型社会稳定风险中的政府决策与公众行为

（一）公众理性参与行为

准备期与公众相关的政府决策包括：发布项目信息，组织各种形式的公众参与以及对公众意见与建议进行处理。上述决策若有不妥，将引发公众反馈，形成风险点。该阶段因存在较为宽松的协商时间与空间，公众行为表现克制，主要以理性方式维护参与权和话语权。其理性参与行为主要表现为：

1. 信息搜集。由于理念、技术等因素的限制，政府在邻避项目信息发布时，即时性、可接近性、完整性等方面存在诸多不足，使公众不得不主动寻求非官方消息以获取补偿。而纷杂不实的官方信息极易导致公众出现认知偏差，进而给谣言滋生提供温床，形成邻避型社会稳定风险的早期致因。

2. 要求参与。官方或民间的信息获取将增加公众的表意需求。但由于我国决策者对该问题缺乏正确认识和恰当策略，导致民主参与的供需失衡，公众不得不主动要求以争取发声。此时，政府若做出积极回应，则进入商讨环节，如广东番禺垃圾焚烧发电厂事件的初始阶段，来自公众的压力迫使政府在环境影响评价环节引入参与，并使之后的决策转向民主化。但若政府采取回避、拖延等消极策略，公众则会选择和平抗议等风险行为迫使政府满足诉求，这是大部分邻避风险升级的缘由。

3. 寻求参与效果。 无论何种参与形式，公众效能的发挥均是备受关注的问题。Sherry Arnstein（1969）将公众参与依照卷入程度划分为"操纵、引导、告知、咨询、劝解、合作、授权、控制"八级阶梯[1]，目前我国邻避项目决策的公众参与大部分集中在"操纵"到"咨询"的最初四档，普通公众与政府谈判的权力与能力不足，难以产生实质影响。当意识到难以通过体制内途径影响决策时，公众会转而求助于媒体、NGO、社会精英、高层领导等制度外资源。如在彭泽核电站事件中，"反核四老"向望江县委、安徽省政府、省发改委、国务院等先后递交《吁请停建江西彭泽核电厂的陈情书》等材料，并联系核电专家何祚庥院士以获得支持，对项目方施加压力[2]。若非制度化表达仍无法解决问题，则会导致"风险应激行为"的出现。

（二）公众风险应激行为

政府与公众在项目准备期的互动会产生同意修建与反对修建两种结果。针对后者，政府本该顺应民意重新进行项目论证与方案调整，但这会付出大量资金、时间、精力的代价，因此在部分案例中，政府通过环境评价和社会稳定风险评估造假等策略规避民意阻碍，继续推进项目。单方面的强硬决策导致公众不满情绪迅速累积，"理性参与行为"随即转化为"风险应激行为"，具体表现为三种形态[3]：

1. 和平抗议。 指公众用非暴力方式对政府施加压力以敦促对方满足其诉求。如：六里屯垃圾场事件中公众在环保局门口的大规模聚集；阿苏卫垃圾场事件中的网络公开声讨、万人签名等。和平抗议通常具有较高的组织性和领导力量，是一种计划性较强的表意策略。虽破坏性较小，但积聚的公众规模大，在表达诉求、增强凝聚、扩展影响等方面功能显著，应对不当会引发风险升级。

2. 有限阻碍。 指公众通过阻碍公务或组织正常运作的方式以迫使对方解决问题或做出让步。如高安屯垃圾场事件中上万人上街抗议妨碍交通，百旺家苑变电站事件中阻止企业施工并要求政府出面解决，以及笔者在实地调研中获知的围堵政府大楼、妨碍有关人员办公等行为。

3. 暴力冲突。 上述两种行为性质较为温和，不会造成严重的生命与财产损失。但当事情迟迟得不到解决，非理性情绪在个体与个体间、群体与环境间流动与强化，

---

[1] Sherry Arnstein, "A Ladder of Citizen Participation", *Journal of the American Planning Association*, Vol.35, April 1969, pp.57-66.

[2] 周夫荣：《彭泽核电疑云》，载《中国经济和信息化》，2012年第5期。

[3] 许尧：《中国公共冲突起因、升级与治理——当代群体性事件发展过程研究》，南开大学出版社2013年版。

人们最终会通过打砸抢等暴力行为来打击对方以发泄愤怒。政府出警控制的决策又将进一步激发公众不满，造成双方尖锐对立，进而塑造出邻避型社会稳定风险最危险的情境。在什邡钼铜事件、启东造纸排海事件、广东茂名PX事件中都出现过此类失控现象，极大考验政府的风险化解能力。

二、基于公众行为解析的邻避型社会稳定风险阶段划分

本研究借鉴谢科范教授的研究团队所提出"非常规突发事件"判断的三角模型[①]，根据对公众行为的解析，从行为稀有性、时间紧迫性和后果严重性三个维度，将邻避型社会稳定风险的阶段和特征划分并解读如下（表1）。

表1 基于公众行为的邻避型社会稳定风险阶段划分

公众行为		行为稀有性	时间紧迫性	后果严重性	风险阶段	风险特征
理性参与行为	信息搜集	常见	不紧迫	无	风险潜伏期	常规型风险
	要求参与	常见	不紧迫	一般		
	寻求参与效果	常见	不紧迫	一般		
温和型风险应激行为	和平抗议	较多	较紧迫	较严重	风险形成期	半常规型风险
	有限阻碍	较稀有	较紧迫	较严重		
暴力型风险应激行为	暴力冲突	稀有	紧迫	严重	风险爆发期	非常规型风险
理性参与行为	谈判协商	常见	不紧迫	无	风险善后期	常规型风险

（一）潜伏阶段的常规型风险

邻避型社会稳定风险起始于项目论证的展开，此时公众行为集中在信息搜集与传播、民意表达等方面。纵观本研究的32个邻避风险案例，公众在通过非理性或极端方式维权之前，都尝试过上述策略，希望能在制度内表达诉求、解决问题。这一阶段看似风平浪静，却蕴含着诸多风险因子。但由于行为常见、政府具有较长时间与公众沟通且对事态暂无严重影响，故归类为"常规型风险"，若及早发现、处理得当，是可防可控的。

---

① 谢科范及其研究团队从事件稀有性、事件紧迫性和后果严重性将突发事件划分为常规、半常规与非常规三种类型。

（二）形成阶段的半常规型风险

当公众对项目建议产生质疑、表示反对时，若政府继续推行，会使隐性风险逐渐浮出水面，进入风险形成期。该时期，公众行为包括和平抗议与有限阻碍，32个案例中约70%有此表现。本阶段的风险可预测性降低，防控措施有限，处置失当很可能引发大规模群体事件，故归类为"半常规型风险"，需要政府转变应对思路，加快应对速度。

（三）爆发阶段的非常规型风险

围堵政府、焚烧办公楼、与警察对峙等暴力冲突是公众试图阻止项目修建的最后尝试。此类风险在行为稀有性、时间紧迫性、后果严重性三个维度上均达最高值，虽在案例中只占极少数，但一旦发生，便会急速扩散，既造成人财物损失，也给政府形象带来极大伤害。因此，归类为"非常规型风险"，在现有技术条件下难以预测与防控，对政府即兴决策能力的要求极高。

（四）善后阶段的常规型风险

风险事件平息后，转入以协商与谈判为主的善后阶段，是修正项目计划、重塑政府形象的最佳时机。但通过现状分析，笔者发现大部分事件缺乏公众与政府的协商环节，只是以政府单方面做出停建或迁址决策而草草作结，虽暂时实现了风险平抑或转移，却不利于社会形成对邻避项目的科学认知，且有损政府权威性和公信力。因此，善后期仍潜藏着两类风险：第一，若协商环节缺失，风险仍集中在对项目的抵制和对政府执政方式的质疑；第二，若协商环节存在，风险体现为双方因无法达成一致而产生的又一轮行为博弈。但这种风险具有较长的缓冲期，可通过有效管理实现弱化甚至消除，故归类为"常规型风险"。

值得注意的是，邻避型社会稳定风险的生成与项目特征、决策程序、公众认知、群体心理等诸多因素相关，既可能表现为四个阶段顺次出现的螺旋式升级[①]，也可能因为某些扰动因素的作用导致风险不经由潜伏期或发展期的过渡而直接跃至全面爆发

---

① Dean G.Pruitt & Sung Hee Kim, *Social Conflict: Escalation, Stalement*, New York: McGrraw-Hill Companies, 2004, pp.88-89.

期,在极短时间内发生突变①。风险形态的多元化和演化机制的多变性决定了应以风险阶段为界限,进行动态决策模式的设计。

三、邻避型社会稳定风险的组合型政府决策模式

随着我国公共管理实践的推进,决策科学化水平不断提升。但邻避型社会稳定风险作为后工业时期的新型风险形态,对于此前将风险事件视为整体,以经验和直觉为依托的政府决策模式提出挑战,迫切需要政府从方法论层面建立一套以"逐步应对"为原则,以"情境拆分"为基础,以"理论工具"为支撑的系统化决策模式。

以上述理念为导向,结合对邻避型社会稳定风险各阶段特征的梳理,笔者试构建"邻避型社会稳定风险组合型决策模式"。该模式的核心在于:以风险阶段为界限,将其视为由若干情境整合形成的系统。通过对潜伏期、形成期、爆发期和善后期风险性质与决策特征的分析,选择因"时"制宜、有的放矢的决策方法,以改善传统单一决策模式覆盖面窄、适用性不足的缺陷。

具体而言,邻避型社会稳定风险组合型决策模式由四个版块组成(表2):

表2 邻避社会稳定风险组合型决策模式

风险阶段	风险潜伏期	风险形成期	风险爆发期	风险善后期
公众行为	理性参与	和平抗议、有限阻碍	暴力冲突	理性参与
决策特征	常规型风险决策	半常规型风险决策	非常规型风险决策	常规型风险决策
决策模式	多点评估式决策	情境—案例式决策	即兴直觉式决策	分类协商式决策
决策工具	信息发布评估指标体系、公众参与评估指标体系	案例库	经验、直觉案例库	公众分类指标体系公众项目接受度评估指标体系

(一)风险潜伏期的"多点评估式"常规决策

据上文分析,潜伏期的风险点集中在政府信息公开和公众参与两个环节。若能对这两个节点的状况进行实时评估,找到不足并进行及时完善,有助于避免公众因信息和参与方面存在供需不平衡而诉诸风险行为。因此,潜伏期采用"多点评估式决策",

---

① [比利时]尼科里斯、普利高津:《探索复杂性》,罗久里、陈奎宁译,四川教育出版社1986年版。

依托"信息发布效果评估指标体系"和"公众参与效果评估指标体系",对工作进行整体或局部的评估与修正,预防因决策不当造成的风险。基于有关文献参考[1][2][3][4]、案例解析与实地调研,本研究初步构建评估指标体系如下[5](表3、表4)。

表3　邻避型社会稳定风险信息公开效果评估指标体系

一级指标	二级指标	三级指标	四级指标
信息公开内容	内容丰富性（政府自评）	邻避项目信息	项目技术信息
			项目审批信息
			项目选址信息
			项目环评信息
			项目补偿信息
		政策法规信息	邻避项目政策法规信息
			项目环保政策法规信息
			公众权利救济法规信息
		管理机构信息	政府主管部门信息
			承建企业信息
			环评机构信息
		公众参与方式信息	公众参与时间信息
			公众参与方式信息
			公众参与范围信息
			公众参与回应信息
	内容可靠性（公众反馈）	与非官方媒体信息的差异	（略）
		与专家观点的差异	
		与公众认知的差异	
信息公开方式（公众反馈）	公开方式便利度	（略）	（略）
	公开方式多样化		
	公开方式互动性		

---

[1] 徐英夕:《网络时代规划公众参与及其决策模式研究》,南京大学硕士论文,2013。
[2] 凌虹:《规划环境评价中公众参与有效性的探讨》,载《江苏环境科技》,2004第4期。
[3] 蔡利忠:《公众参与政府投资建设项目的绩效评价》,华南理工大学硕士论文,2012。
[4] 朱红灿:《基于优化粗糙集的政府信息公开公众满意度测评研究》,湘潭大学博士论文,2011。
[5] 本文所涉及的所有指标体系在实际操作时均可不限于文中所列;指标权重与阈值应综合公众、政府、专家三个群体打分确定;数据来源包括政府自评与公众反馈。

表4 邻避型社会稳定风险公众参与效果评估指标体系

一级指标	二级指标	三级指标
参与主体（政府自评）	参与者占利益相关人的比例	（略）
	利益受损者的参与者占受损总人数的比例	
	参与主体的应急圈层分布比例	
参与程度（政府自评与公众反馈结合）	参与深度	公众参与形式的互动程度
		公众有效表达的频率
		公众意见被采纳的比例
	参与广度	公众参与的议题数量
		公众参与的人数规模
	参与时间	公众参与的时间点
		公众参与的频率
		公众单次参与的时长
参与可行性（公众反馈）	参与方式的便利程度	渠道丰富性
		操作简便性
		平台易用性
	参与成本的可接受度	（略）
	参与方式与参与者特征的相符程度	

（二）风险形成期的"情境—案例式"半常规决策

易变性是人为风险的显著特征，再周密的评估与防控也可能失灵。当风险未能有效遏止，便由潜伏期进入形成期。决策环境也从信息充足、知识完备的状态变为时间较为紧迫、信息较为模糊的情景。此时，应使用案例推理技术（Case Based Reasoning，CBR），从已发生的邻避型社会稳定风险事件中提取相似者，借鉴其经验与方法，以简便、快捷地获取方案，提高决策效率。[1]案例库搭建的核心步骤包括：

1. 知识元拆分。在案例库构建中，本研究引入知识元模型[2]，将邻避型社会稳定风险案例的关键元素以知识元结构进行表示，使决策者能通过检索结构化存储的案例进行当前风险事件的匹配，获取决策参考。根据邻避型社会稳定风险的情境特性，将知识元分解如下（图2）：

---

[1] 黄红雨：《基于知识元的应急案例表示及其检索方法研究》，大连理工大学硕士论文，2013。

[2] 王延章：《模型管理的知识及其表示方法》，载《系统工程学报》，2011年第5期。

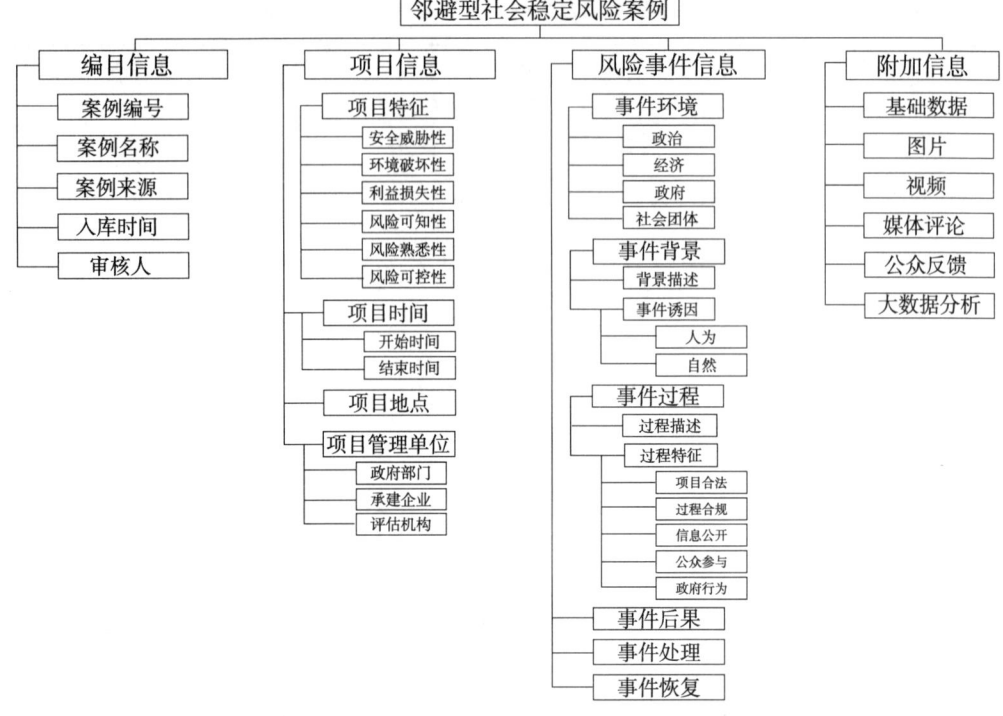

图 2　邻避型社会稳定风险案例库知识元分解

2. 案例检索。对于邻避型社会稳定风险来说，经过数据预处理后属性类型多样，不同类型采用不同相似度的计算方式以实现近似案例的匹配。常用的有如下三种[①]：

（1）**精确匹配**。应用于字符串类型。其中 $sim(x_i, y_i)$ 为两个案例某特征属性的相似性，x_i, y_i 分别为这两个特征属性的值。完全匹配相似度为 1，不匹配为 0。

$$sim(x_i, y_i) = \begin{cases} 1(x_i = y_i) \\ 0(x_i \neq y_i) \end{cases} \quad (1)$$

（2）**欧式距离匹配**。应用于连续数据类型。其中 $sim(x_i, y_i)$ 为两个案例某特征属性的相似性，x_i, y_i 分别为这两个特征属性的值，$\max_i$ 为该属性的最大取值，$\min_i$ 为该属性的最小取值。

$$sim(x_i, y_i) = 1 - \frac{|x_i - y_i|}{\max_i - \min_i} \quad (2)$$

---

① MA anan, Zeng weihua, Wangyan, "Research on strategy screening for fatal-polluting environment accident emergency response: by case-based reasoning method", International Conference on Broadcast Technology and Multimedia Communication, 2010.

（3）预定义的表达匹配。应用于预定选项类型。其中 $sim(A, B)$ 为两个案例的相似性，其中 $sim(x_i, y_i)$ 为两个案例某特征属性的相似性，为该特征属性的权重，n 为案例特征属性的数目。

$$sim(A, B) = \sum_{i=1}^{n} \omega_i \cdot sim(x_i, y_i) \qquad (3)$$

（三）风险爆发期的"即兴直觉式"非常规决策

当风险以"暴力冲突"等极端形式爆发时，公众的行为难以预测、无规律可循，政府面临的是时间非常紧迫、环境高度不确定的情况，故决策应以"与时间赛跑"为原则，[①] 在经过全局性规划和筹谋之后，通过非常规、非程序化手段做出即兴快速决断，力求减少眼前损失，先治标再治本。

根据案例比对，可见邻避型社会稳定风险中"暴力冲突"的出现有两种路径：路径1：无过渡，由理性参与甚至更早期情境跳跃突变形成。路径2：由理性参与、和平抗议或有限阻碍等较温和行为渐次过渡形成。二者对于政府即兴决策的要求不同：

路径1的事件发生非常突然，政府尚未掌握冲突对象的任何情况，也来不及采取任何预案，只能在时间压力极大的情况下根据自身的知识积累和领导风格，不断进行假设猜想和逻辑推导以即兴催生出可能有效的方案。由于一切都依靠创新，也称为"创新式即兴决策"。路径2所形成的"暴力冲突"虽然对决策效率也有很高要求，但经由双方上一阶段的接触，政府对相关公众已有部分了解，能运用少量信息在案例库的"即兴式决策优秀案例库"子模块中进行迅速比对，以在一定程度上对决策进行指导。但基于片段信息所锚定的案例很难完全提供现实风险所需的解决办法，仍需要决策者将经验与案例有机结合，因地制宜、适时调整，故称之为"调整式即兴决策"。

综上，虽然对于即兴决策难以提供支撑工具，但政府可以先判断决策类型，在条件允许的情况下善用案例库，避免过分依赖即兴思维或者盲目的即兴判断。

（四）风险善后期的"分类协商式"常规决策

这一阶段，政府既面临全面弥补风险损失的挑战，也拥有矫正决策、重建公众信任的机遇。压制公众声音、仓促暂停或搬迁项目等方式不仅无法达到缓和对立、一劳永逸的目的，反而会导致如PX一样的项目污名化或政府权威性的折损。因此，理想的善后决策应建立在"广泛、科学参与"的基础上，打破将公众作为整体进行谈判的

---

① 钱基伟：《应急决策应把握的几个原则》，载《领导科学》，2006年第23期。

思路，通过"公众分类"与"针对性协商"，灵活制定沟通策略，了解不同类型公众的项目认知与诉求，并通过民主训练修复政民关系。协商后若决定项目暂停、择时再修，政府则有必要继续进行科普宣传，并定期展开"公众邻避项目认知度评估"，通过对评估结果的分析，寻求恰当的重建时机或地点，防止社会风险再度爆发。

据此，善后期的决策需要两套指标体系的支撑：

1. 公众分类指标体系。由公众在风险中的表现、反对项目缘由与诉求、参与形式偏好等指标组成，搜集数据后通过"聚类分析"将公众划分为不同类别，便于政府依照细分群体特征进行谈判策略的制定，再根据每种类型公众的比例决定项目的未来走向。初拟指标体系如下（表5）：

表5 邻避型社会稳定风险公众分类指标体系

一级指标	二级指标	三级指标
风险中的角色 （政府判断&公众反馈）	领导者	（略）
	跟随者	
	旁观者	
	阻止者	
反对项目的缘由 （公众反馈）	担心项目对生命与环境的负面影响	（略）
	不满意政府与企业的项目决策方式	
	不满意补偿的力度与方式	
项目诉求 （公众反馈）	若达到某种条件，可考虑接受修建	若能保证安全，可修建
		若能合理补偿，可修建
		若能民主决策，可修建
	无条件反对项目修建	（略）
参与形式	参与方式偏好	听证会、研讨会
		在线或入户调查
		线上实时咨询
		个别接触
	参与成本可接受度	可接受的经济成本
		可接受的时间成本

2. 公众邻避项目接受度评估。该指标体系以公众的项目认知、可能的风险行为选择等信息作为基础，定期搜集并分析数据，将测得结果进行评估并分级，为决策提供参考。以笔者前期研究[①]为基础，初拟指标体系如下（表6）：

---

① 谭爽：《核电工程社会稳定风险预警机制研究》，新华出版社2013年版。

表6 公众邻避项目接受度评估指标体系

一级指标	二级指标	三级指标
项目认知（公众反馈）	项目积极认知	项目修建是社会发展的必然趋势
		项目的效用性大于风险性
		项目技术是安全可靠的
		项目修建有利于地方经济发展
	项目消极认知	项目即便正常运行也对生活环境造成污染
		项目即便正常运行也会对身体健康造成伤害
		项目发生事故的概率很高
		项目事故会造成巨大的人员伤亡
		项目事故会造成巨大的经济损失
		项目事故的后果会殃及后代
	项目管理认知	政府在当地建设核电站的决策是科学的
		项目公司能够很好地控制项目运营风险
		现有解决方案能有效控制项目带来的危害
		项目的环境影响评价是值得信任的
行为倾向（公众反馈&大数据采集）	对抗行为	如项目修建，有搬迁出该地区的计划
		如项目修建，会劝说别人不要在该地区居住
		如项目修建，会向亲友表达反对意见
		如项目修建，会参与反建团体
		如项目修建，会采用游行等方式表达反对
	信息搜集与传递行为	如项目修建，会留意周围可能出现的风险迹象
		如项目修建，会向别人传递察觉到的风险迹象
		如项目修建，会关注媒体的相关报道
		如项目修建，会向专家咨询了解相关信息
		如项目修建，会注意搜集别人传递的信息
	自保行为	如项目修建，会减少前往周边区域的频率
		如项目修建，会避免食用周边地区的水或食物
		如项目修建，会定期体检，关注体质变化

四、"邻避型社会稳定风险组合型政府决策模式"可视化系统构建

根据上述分析，将邻避型社会稳定风险组合型决策模式进行可视化，实现决策方案的灵活选择。该系统由前端呈现系统、数据库、模型库、方法库及计算程序组成。依照风险阶段分为四个决策模块，各模块包括"决策支持工具"与"决策工作区"等内容，可以实现线上数据抓取、线下数据录入、数据分析、案例比对、决策导出等功能。截取部分页面如下：

1. 系统首页

图3 "邻避型社会稳定风险组合型政府决策模式"可视化系统首页截图

2. 系统创建案例页面

图4 "邻避型社会稳定风险组合型政府决策模式"可视化系统创建案例页面截图(一)

3. 系统查看案例页面

图5 "邻避型社会稳定风险组合型政府决策模式"可视化系统查看页面截图（二）

结 论

本研究从方法论层面搭建了一个具有系统性、灵活性和可操作性的决策框架，各决策模块的理论工具还需要经过更广泛的数据采集、案例获取、统计分析等予以确定及完善。在"邻避型社会稳定风险组合型决策模式"的下一步研究中，笔者将特别关注如下两个问题：

第一，指标体系的科学性。闫耀军认为，国内曾提出过的社会评估与预警指标体系没有一种得到过持续运行与公认的科学化验证，[1]这给本研究提出了较大挑战。如何将初拟的指标体系进行完善、赋予权重、设定阈值，提升其科学性与可行性，是今后研究的重中之重。

第二，各类数据的可得性。一方面，条件约束使得笔者目前只能立足于有限的案例与数据进行决策模式构建；另一方面，由于邻避群体性事件的敏感性，今后在数据与案例的获取方面仍存在一定难度。因此，研究结论的完善，需要在现阶段对"大数据"理念的提倡下，得到多方机构数据公开与共享的支持。

---

[1] 闫耀军：《社会管理的前馈控制》，社科文献出版社2013年版。

本辑话题

重大项目：从"社会影响评价"到"社会稳定风险评估"

郭秀云[*]

摘　要： "社会稳定风险评估"并非新生事物，与之密切相关的是项目"社会影响评价"的发展及其应用。项目社会稳定风险评估的核心是利益分配与风险分担问题。作为基于社会稳定目标必须嵌入的"保护性装置"，对重大项目的社会风险管理应该是常态的和动态的。"社会影响评价"与"社会稳定风险评估"的有效整合应重点解决评估顺序、评估主体延续性、公众参与式社会评价资源共享和动态跟踪监测结合运用等问题。

关键词： 重大项目；社会影响评价；社会稳定风险评估

一、引　言

由于重大项目引发的群体性事件产生了较大的社会影响，近年来中央和地方政府从维护社会稳定的角度，探索重大项目建设的社会稳定风险评估管理。2005 年以来，四川、上海、浙江、贵州、江苏、山东等地纷纷开展重大项目的社会稳定风险评估工作。自 2011 年起，中央政府要求各地全面推进社会稳定风险评估机制，对涉及群众切身利益的重大工程项目和重大政策，在决策前进行经济效益和社会风险的"双评估"，以防止因决策不当引发社会矛盾。

"社会稳定风险评估"并非新生事物，与之密切相关的是项目"社会影响评价"的发展及其应用。自 20 世纪 60 年代以来，西方发达国家和一些国际机构对项目"社会影响评价"极为重视，社会影响评价已经成为项目决策的重要依据。世界银行的一项研究表明，如果项目中应用了社会影响评价，项目的社会满意度将从 51% 增加到

---

[*] 郭秀云，女，经济学博士、公共管理博士后，华东政法大学教授。研究方向：社会管理与公共政策。

74%，如果项目有社会发展专家参与管理、全程进行社会影响评价，则这一比例会增加到93%。即使从经济收益方面来看，在进行过社会影响评价的项目中，基本接近或超过预期经济收益率的比例大约是85%。西方社会影响评价经过多年的发展，已经从单一的分析工具演变成为一个保证人权、改善社会公平、对机构部门改革、公民自治及社会包容的综合分析体系，公共参与成为社会影响评价过程中的一个核心部分。[1]

我国的项目社会影响评价工作始于20世纪90年代，但仅局限于部分领域。我国独立开展项目社会影响评价主要有两种情况，一是世界银行、亚洲开发银行等国际机构的援助项目，按照机构编制的评价指南和守则进行社会影响分析和评价；二是在如三峡工程、奥运工程等一些大型工程项目建设过程中，根据项目自身特点制定相应标准或参照国际标准进行社会影响的评价论证。不论是按照国际的标准还是按照国内的标准进行的评价，社会影响评价真正作用的发挥都受到了局限。[2]

"社会稳定风险评估"与"社会影响评价"有着密切的联系，实践中是独立开展"社会稳定风险评估"或"社会影响评价"，还是应该将二者进行整合更有效？无论是独立开展一项评价活动还是将其整合进行，都会受到条件和资源状况的影响，特别是政策法规、现有资源和技术能力等条件是否允许，以及评价活动本身的成本效益。同时，必须注意到，项目社会稳定风险评估、社会影响评价与环境影响评价、经济评价的关系是交织在一起的，不单单是"社会稳定风险评估"与"社会影响评价"的简单整合问题，各种评价之间的恰当合作是必要的。

二、重大项目"社会评价"需要厘清的几个问题

（一）项目社会影响评价、环境影响评价与经济评价：独立还是整合？

如何认识社会影响评价与环境影响评价和经济评价的关系，是发展和实施项目社会影响评价时必须面对的问题。影响评价国际协会（IAIA，2003）在其报告中提到，一个好的社会影响评价，需要认识到社会、经济、生态环境等各项影响之间的紧密联系，其中任何领域的变化都可能引发其他领域的变化。[3] 社会影响评价往往与经济评价、环境影响评价交织在一起。如，美国国家环境政策法令（NEPA，1969）和日本国际协力机构（JICA）的《考虑环境与社会影响指导大纲》（2004）中，都提出需要评

---

[1] 黄剑、毛媛媛、张凯：《西方社会影响评价的发展历程》，载《城市问题》，2009年第7期。
[2] 李强、史玲玲：《"社会影响评价"及其在我国的应用》，载《学术界》，2011年第5期。
[3] IAIA, *Special Publication Series*, No.2, May, 2003.

价的人类环境既包括"自然和物质环境",也包括"社会人文环境"。①美国、加拿大、欧盟通常将环境影响评价与社会影响评价相结合。1969 年美国颁布《国家环境政策法令》(NEPA),1994 年 5 月,美国专门颁布了社会影响评价的指导原则,形成了比较规范的环境和社会影响评价体系。在我国一些大型规划项目建设中,社会影响评价与环境影响评价、经济评价的协同开展也是比较常见的。当社会影响评价与环境影响评价或经济评价相结合时,社会影响评价通常处于从属地位。比如,我国一些工程项目在可行性研究中基于技术经济范式进行社会效果评价,主要是作为经济评价或者环境影响评价的"附属品"。②

实践中将社会影响评价与环境影响评价和经济评价协同开展时往往存在一些问题,比如,评估主体的资格确认、专业团队的结构组成、评价和否决标准的确定,以及社会影响评价与环境影响评价、经济评价的权重分配,等等。社会因素存在一定的不确定性、难以量化,由于生态环境的影响可以通过设定门槛值而行使一票否决权,而对于地方差异性较大的社会影响则很难设定规范或否决标准,环境与社会、经济层面的效益或影响之间权重的设定也有相当的难度。在绝大多数国家,最终往往是以环境影响的程度作为是否开展深入评价或行使否决权的判断标准,从而导致社会影响评价退缩为环境影响评价的构成内容,在评价质量和影响效力上都相对不甚理想。③要实现社会影响评价与其他评价的整合,尚需要在制度和技术上的进一步探索。至于在具体实践中,对于各项评价之间合作方式的选择,需要根据现有法规、资源、技术和能力等条件加以权衡。④笔者认为,就我国而言,对于一般性项目,可以采用环境社会影响评价或经济社会影响评价的形式,即在环境影响评价或经济评价中增加社会因素,而对于涉及多数群众切身利益的重大规划、基础设施和市政建设等重大项目,则应形成独立的社会影响评价体系、评估制度和评估主体。

(二)项目"社会稳定风险评估"与"社会影响评价"的关系及评价范式之争

首先,就项目的社会评价而言,社会影响评价的范围和评价内容更为宽泛。从我国的项目评估实践看,项目可行性研究报告中,社会影响评价的内容包括政治、经济、

---

① JICA:《考虑环境与社会影响指导大纲》(2004)。
② 朱东恺:《投资项目社会评价探析》,载《中国工程咨询》,2004 年第 7 期。
③ Momtaz S., "Institutionalizing social impact assessment in Bangladesh resource management: limitations and opportunities", *Environmental Impact Assessment Review*, 2005(25): 33—45.
④ 刘佳燕:《社会影响评价在我国的发展现状及展望》,载《国外城市规划》,2006 年第 4 期。

法律、民族、宗教、文化等单方面或多方面作用下，可能产生或诱发的社会问题，或者社会学问题。在国家发改委2008年第37号公告中，明确在企业投资项目咨询评估报告中，应包括"社会影响评估"和"主要风险及应对措施评估"。① 在同期国家行业协会举办的相关培训中，明确社会影响评估应包括社会影响效果评估、社会适用性评估、社会风险及对策措施评估；而在"主要风险及应对措施评估"中，评估内容包括主要风险综述、风险影响程度评估和风险应对措施评估。显然，这里的主要风险，包括了社会风险。而近几年各地开展的"社会稳定风险评估"将关注点集中在重大事项，包括重大项目建设、重大改革、重大决策事项等。

表1 "社会影响评价"与"社会稳定风险评估"的范式

	"社会影响评价"		"社会稳定风险评估"	
	技术经济范式	社会学范式	技术经济范式	公共管理范式
理论基础	技术经济学	社会学	社会学	公共管理学
评价方法	以数学为工具、定量计算，辅之以社会调查	运用参与观察法、访谈法、问卷调查法等社会调查方法	问卷调查法、访谈法、指标法等	听证会、座谈会等公共参与的政府工具，以及访谈法、问卷调查法等社会调查方法
评价内容	财务评价、经济评价和环境评价以外的"剩余事项"	"项目社会"，即项目影响所涉及的人群	项目影响人群、利害分析、潜在冲突	项目的合法性、合理性、可行性、可控性
评价人员	工程技术专家、经济专家	社会学家、人类学家	社会学家	公共政策专家、社会学家

其次，评价范式不同、评价方法存在差异。社会影响评价的范式主要有两种：技术经济范式和社会学范式。技术经济范式以技术经济学为理论基础，把社会影响评价融入到经济评价或环境评价中，将社会事项视为"剩余事项"，在项目评价中处于从属地位。社会学范式以社会学为基础，提出"项目社会"的理念，引入社会学家、人类学家参与分析评估，应用社会学的方法对项目进行社会评价，特别关注项目实施中的社会公平和"项目社会"中的弱势群体。② 从"社会影响评价"实践看，社会学范式充分运用社会学的方法，特别关注项目实施中的社会公平和弱势群体，评价结果的受重视程度高，较之技术经济范式下处于从属地位的社会影响评价而言，评价效果要

---

① 国家发改委：2008年第37号公告：关于企业投资项目咨询评估报告的若干要求，http://www.sdpc.gov.cn/zcfb/zcfbgg/2008gonggao/t20080617_217724.htm。
② 陈阿江：《范式视角下的项目社会评价》，载《江苏社会科学》，2003年第5期。

好。本文认为，社会稳定风险评估的范式也可以分为两种：社会学范式和公共管理范式。其中的社会学范式主要基于社会学领域社会风险的概念，将社会风险管理的思路应用到具体的规划项目中。公共管理范式重视风险评估过程中政府工具的应用，除采用听证会、座谈会等公众参与方式外，访谈法、问卷调查法等社会调查方法也适用，风险评估内容集中在项目的合法性、合理性、可行性、可控性等方面，风险控制手段的核心是完善信息披露、利益表达、矛盾调处、监测预警和责任查究机制。实践中关于重大事项的"社会稳定风险评估"基本上是基于公共管理范式的。

第三，社会影响评价和社会稳定风险评估均离不开公众参与。需要指出的是，项目建设不仅要依赖专家话语和科技理性，更要经得起社会评价和公众耐受力的检验。无论是社会影响评价对社会公平和弱势群体的关注，还是社会稳定风险评估对互动方式的应用，公众参与式社会评价均有助于提高评价效果。国际上社会影响评价的发展趋势已经从原来的专家决策转化为大众影响决策的社会参与过程。公众参与式社会评价，尊重并承认受影响群体对他们自身所受影响进行评价的权威性，其基础就是要求规划、评价与管理人员真正参与到和当地群体的对话、协商中。美国等发达国家政府投资项目决策程序的核心在于听证制度的科学构建，其根本目的就是要以程序公正达到实质公正。[①] 决策机制由于缺乏双向、互动式科技与社会的沟通，忽视社会多元领域的价值判断与社会理性的反思，常使科技风险规制蒙上黑箱操作之弊。在风险社会，即便是专家委员会根据科学规范对科学数据的分析和推理，也无法弥合不同科学见解间的纵横捭阖。通过听证会之类的程序设置不仅可以整合公众参与等要素，还可以在科学和民主的紧张之间达成最优的选择。[②] 作为世界级的巨型水利工程，三峡工程曾饱受争议，主持此项目技术工作的潘家铮院士认为，对三峡工程贡献最大的人是那些反对者，"正是他们的追问、疑问甚至是质问，逼着你把每个问题都弄得更清楚，方案做得更理想、更完整，质量一期比一期好。"

（三）重大项目社会稳定风险评估的核心：利益分配与风险分担

纵观项目建设所引发的社会冲突和潜在社会风险，均与环境影响评价中的环境风险以及与经济评价相关联的利益分配有关。近几年，由重大工程项目引发的社会矛盾，越来越多地以社会冲突甚至群体性事件的形式出现，而且一些社会冲突的爆发时间也从影响后果产生之后，前移至项目实施早期甚至立项期。如一些动拆迁项目因补偿问

[①] 张昭、马治国、崔建军：《政府投资项目决策信息公开范围问题研究》，载《情报杂志》，2012年第11期。

[②] 宋华琳：《风险规制与行政法学原理的转型》，载《国家行政学院学报》，2007年第4期。

题或动迁安置不当，往往在项目实施的早期就会遭遇群体性抗争，像厦门PX项目、上海磁悬浮项目等一些涉及环境污染的工程计划，在立项期就引发了社会矛盾，而宁波PX项目、四川什邡钼铜项目则是在前期推进及开工建设之际引发群体性事件。冲突爆发的时间点越是滞后，项目的经济成本、地方政府的政治成本、社会的"维稳"成本也就越高。

因此，与社会稳定风险评估相联系，环境影响评价和经济评价的决策视角需要将宏观与微观相结合，不仅要关注宏观层面的经济影响和环境影响，也要保证微观层面利益分配的适当性和风险分配的适度性。公共政策的评价标准已由"成本—收益"分析转变为"收益—风险"分析。[①] 为应对风险社会的挑战，有必要强化公共政策分析中的平衡思维，在利益分析中引入风险意识的矫正作用，建构促进利益认定与风险识别之间双向反思的双轨式公共政策分析模式。[②] 无论是重大项目建设还是制度改革决策，不仅要有"利益相关者"参与，也要有"风险相关者"参与。[③④] 决策过程一定要明确"利益相关者"的得益与受损情况，以及"谁向谁分配风险"和"谁为谁承担风险"的问题。

三、重大项目"社会影响评价"与"社会稳定风险评估"整合的必要性

目前，我国处在社会转型与城市化加速发展的特殊时期，高密度的工程项目建设，在促进经济高速发展的同时，由项目建设所引发的社会矛盾和社会冲突也进入到高发期。项目建设涉及房屋拆迁补偿、土地补偿、移民及动迁人口的就业安置，以及由"邻避效应"、"负外部性"引发的周边居民的反应等诸多问题，由此引发的"群体性事件"已屡见不鲜。与社会影响评价相关的重大项目的社会稳定风险评估逐渐提上议事日程，并在我国部分地区开展评估实践。就各地开展的社会稳定风险评估实践看，尽管通过利益关系的协调和社会矛盾的及时化解在事实上促进了社会的稳定与和谐。但从总体上看，其应用范围和效果还是比较有限。首先，纳入社会稳定风险评估的范围难以准确界定，哪些具体的项目被列为重大项目，是否需要进行社会稳定风险评估，

---

① 童星：《公共政策的社会稳定风险评估》，载《学习与实践》，2010年第9期。
② 刘兆鑫：《利益—风险：面向风险社会的公共政策分析》，载《中国行政管理》，2012年第8期。
③ 王锋、胡象明：《重大项目社会稳定风险评估模型研究——利益相关者的视角》，载《新视野》，2012年第4期。
④ 郭巍青：《现代性风险反思呼唤公民社会建设》，载《探索与争鸣》，2011年第2期。

主要基于政府职能部门的判断，带有一定的主观性。在实际工作中，真正纳入社会稳定风险评估的事项还比较少。其次，评估指标的遴选标准以及指标体系的系统性、科学性和评估程序的合理性尚需进一步论证，评估过程中利益相关者，特别是公众参与渠道的顺畅性不足，专家话语的权威性受到一定挑战，这些均直接影响到评估结果的可靠性。第三，社会稳定风险评估结果对决策的影响力度带有一定的不确定性，监督与责任追究机制不健全。特别是现阶段项目建设通常作为政府政绩考核的核心指标之一，即使对于经评估存在一定社会稳定风险的项目，地方政府出于发展和政绩目标的考虑，仍可能倾向于坚持实施项目建设，使评估结果的效用大打折扣。第四，静态评估有余，动态跟踪监测不足，在管理和平抑风险方面缺乏持续性和有效性。当前的评估大多是静态的综合评估，缺乏分类有效管理，特别是对项目实施全过程风险跟踪监测的重视程度不够。

重大项目有其特殊性，单纯依靠"社会影响评价"或"社会稳定风险评估"，均不能满足重大项目对社会风险管理的要求。"社会稳定风险评估"源于且高于"社会影响评价"，其目的是及时校正项目的社会结果，强化社会风险管理。作为基于社会稳定目标必须嵌入的"保护性装置"，对重大项目的社会风险管理应该是常态的和动态的，其价值不仅仅局限于对"维稳"的贡献，更重要的是它能够降低政策的执行成本，构筑起政策执行的社会基础，实现稳定与发展的共荣共生。我国仍然是典型的政府主导型社会，对于一些对社会公众影响面广、影响力度大的重大工程项目，在工程项目审批程序中，应该将"社会影响评价"确定为必要环节，在"社会影响评价"中嵌入"社会稳定风险评估"的内容，实现"社会影响评价"与"社会稳定风险评估"的有效整合。

四、重大项目"社会影响评价"与"社会稳定风险评估"的整合思路

本文认为，从评价和评估实践的有效性看，"社会影响评价"应该是社会学范式的，而"社会稳定风险评估"应该是公共管理范式的，不同项目之间评估指标的遴选标准以及指标体系的构成应具有差异性。"社会稳定风险评估"应该有别于社会学领域的社会风险管理，按照公共管理范式开展评估，突出各种政策工具的应用价值。不同项目的"社会影响评价"和"社会稳定风险评估"既有共性，也有个性，即使同类型项目评估指标的遴选标准有一定相似性，但由于项目实施区域不同、所涉范围不同、面对的是不同的利益相关者，具体的评估指标体系仍然会存在差异。

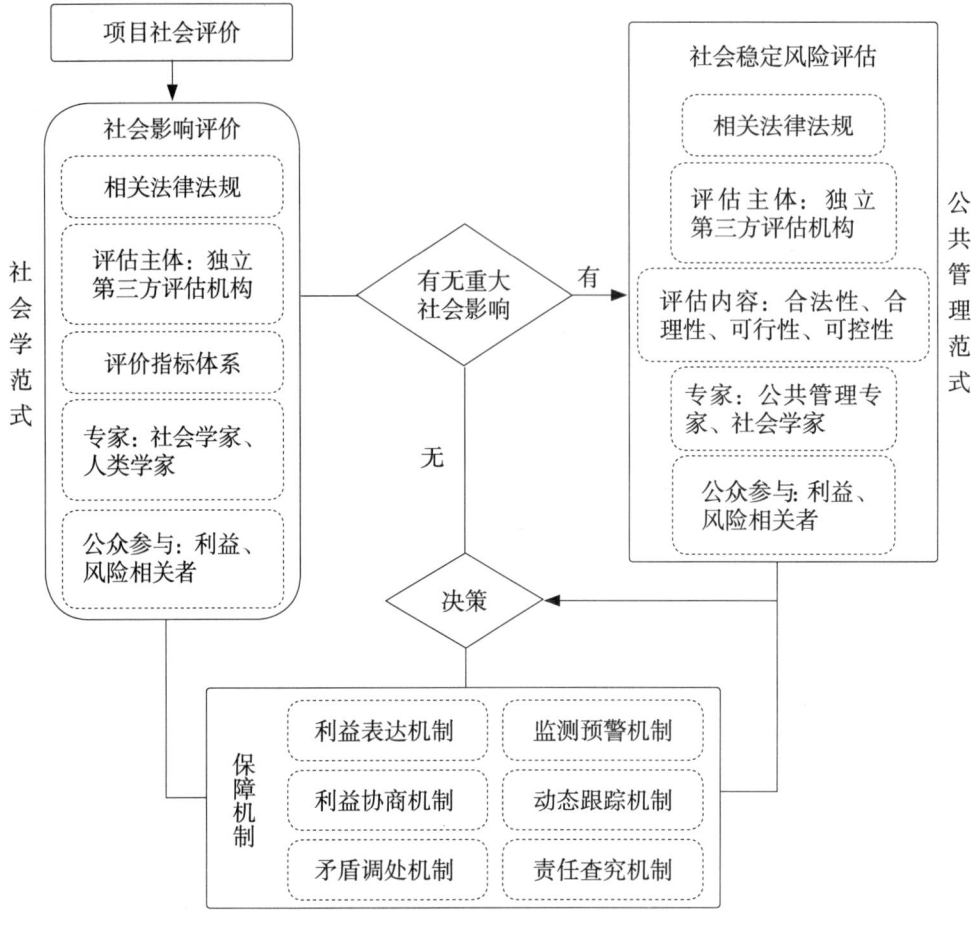

图 1 "社会影响评价"与"社会稳定风险评估"的整合思路

重大项目"社会影响评价"与"社会稳定风险评估"应该按照合理分工、资源共享的思路进行有效整合。重点解决以下四个方面的问题：

1. 评估顺序："社会影响评价"在前，"社会稳定风险评估"在后。在项目立项的可行性研究阶段，将"社会影响评价"作为一个必要环节，由工程咨询公司负责开展此项工作，根据"社会影响评价"的评价结果，将具有重大社会影响的项目进一步纳入"社会稳定风险评估"，由政府主管部门、评价机构、项目建设部门和利益相关群体共同参与决策。

2. 评估主体的延续性。就项目"社会影响评价"和"社会稳定风险评估"出台全国性的法规或指导性文件，明确独立第三方评估机构的评价主体地位，严格界定政府职能部门、评估机构等参与各方的权力、职责，规范细化评估流程。强化资源整合，进一步发挥"社会影响评价"评估机构、专家团队、利益相关者在"社会稳定风险评估"阶段的作用。

3. 公众参与式社会评价资源共享。 从专家决策转化为大众影响决策的社会参与是项目社会评价的发展趋势。"社会影响评价"与"社会稳定风险评估"涉及的公众主要是利益和风险相关者,但公众参与程度和方式有所不同。"社会影响评价"主要采用参与观察法、访谈法、问卷调查法等社会调查方法;"社会稳定风险评估"除采用上述方法外,还运用听证会、座谈会等公共参与方式。同一项目有着同样的利益相关者和风险承担人群,两个阶段的公众参与形式、评价结果可以互补共享。

4. 动态跟踪监测结合运用。 "社会影响评价"和"社会稳定风险评估"是基于前馈控制的思路开展的,在识别各种社会影响和潜在的社会风险之后,及时消除不利影响、化解和规避潜在风险更为重要,因此应建立监测预警和动态跟踪机制,保证对项目社会风险的持续性和有效性管理。对于同一项目,"社会影响评价"和"社会稳定风险评估"的动态跟踪监测可以合并进行。

嵌入与整合：超大城市公共活动风险管理体系优化研究

——从上海外滩陈毅广场踩踏事件切入

容 志*

摘 要：超大城市的特性决定其面对的现代安全风险日益增多，突发事件发生概率上升，尤其是公共场所的安全管理压力增大。从上海"12·31"事件来看，目前我国的公共安全管理体系和应急管理体系虽然逐步完善，但依然存在运动化、碎片化和单方化等弊端，公共活动风险管理体系亟待整合与优化。本文从灾害风险防控模型出发，剖析了该事件背后的体制机制问题，并从"风险嵌入"和"组织整合"的角度提出优化超大城市公共活动安全管理的意见和建议。

关键词：嵌入与整合；超大城市；公共活动风险管理

一、问题的提出

2014年12月31日晚，上海外滩聚集大量市民跨年。由于市民游客量过大和管控失序，陈毅广场发生拥挤踩踏事件，造成36人死亡、49人受伤的惨剧。2015年1月1日，国家领导人迅速对踩踏事件作出指示，习近平要求全力以赴救治伤员，加强安全措施确保节日期间民众生命财产安全；李克强就事件要求千方百计减少人员伤亡。事件的发生引发国内外高度瞩目，亦引起全社会极大震动。在反思中，从技术层面看，上海大型公共活动安全管理的经验是成熟的，组织方案是经得起检验的。无论是2010上海世界博览会，2014年亚信峰会，还是近几年来的国庆、元旦灯光秀等大型活动，在大客流的压力下，全市各部门协调联动，整合资源，一线部门坚守岗位、令行禁止，确保了公共场所的正常秩序和人身安全，体现了较高的城市安全管理能力

---

* 容志，管理学博士，上海行政学院教授。主要研究领域：公共危机管理，突发事件处置与应急管理。

和风险防控能力。特别是公安等部门总结出的"开关式过马路"、"单向流动"等管理技术，因为行之有效，还被国内其他城市所借鉴。因此，根据一般经验判断，这次拥挤踩踏事件是完全可以避免的。那么，问题出在什么地方呢？如何从体制机制层面进行反思，避免类似事件再次发生？进一步看，随着超大城市经济社会快速发展，人口、建筑和技术等要素高密度聚集，开放性公共场所越来越多，大型户外活动社会影响面增大，公共安全风险增多，灾害链条延伸，在这种背景下，如何切实维护城市正常运行，确保人民群众的生命财产安全，已经成为提升超大城市管理水平和管理能力的重要课题。

二、大型公共活动风险管理的基本模型

按照我国《大型群众性活动安全管理条例》的规定，大型公共活动，也称大型群众性活动，主要是指法人或者其他组织面向社会公众举办的每场次预计参加人数达到1000人以上的体育比赛活动；演唱会、音乐会等文艺演出活动；展览、展销等活动；游园、灯会、庙会、花会、焰火晚会等活动；以及人才招聘会、现场开奖的彩票销售等活动。

由于人员密集程度高，空间环境封闭、直接管控难度大、群体行为易受"广场效应"影响等原因，大型公共活动容易发生踩踏、火灾、交通堵塞等突发事件，影响社会正常运行，甚至危害参与人员的生命财产安全。近年来国内外公共场所发生踩踏事件并不罕见。如2001年4月8日，山西华阴市玉泉院庙会发生拥挤踩踏，造成16人死亡和6人受伤的事件。2004年2月5日，北京密云县举办迎春灯展中，彩虹桥发生拥挤、踩踏事故，造成37人死亡、37人受伤的恶性事件。2013年6月20日，上海同济大学因为贝克汉姆访问，引发观众情绪激动，造成踩踏情况，6人受伤。为总结这些前车之鉴的经验教训，提高类似活动的风险管理管理水平，国内外学术界和应急管理部门进行了大量研究和实践，形成了一定的认识框架和预防体系。

根据灾害系统理论，灾害可以被看做是一个由孕灾环境、致灾因子、承灾体和灾害损失组成的系统。在这个系统中，致灾因子的猛烈性和承灾体的脆弱性是决定灾害影响程度的关键要素。例如，美国学者怀特（G. White）等提出"风险—致灾因子"（risk—hazard）模型，将灾害后果视为自然因素与人类社会因素相互作用的结果。自然环境的变化产生"致灾因子"，社会面对"致灾因子"的暴露程度和特定人群的敏感性，成为灾害形成的必要条件，因此，这两者成为评估灾害影响的基本依据。Blaikie、Cannon、Davis和Wisner四人于1994年合著的《风险：自然致灾因子、人类的脆弱性和灾害》则进一步提出了著名的"压力—释放模型"(PAR)和"通道模型"（Access）。

在他们看来，除了致灾因子本身（如地震、海啸、泥石流、洪水等）以外，^①决定灾害形成原因和过程的重要原因还有承灾体自身的脆弱性。脆弱性是承灾体自身的一种抗逆化本性。灾难应该是两个相反力量的互动过程：一方是社会脆弱性的累积，另一方是致灾因子的生成。两者的互动过程就如一个用来夹核桃的夹子，夹子的两个铁嘴相互挤压，不断互动摩擦，产生对人类社会的压力。当压力超过临界值时，核桃就会破裂，变成灾害，压力也随之得到释放。[②] 因此，从根本上说，公共安全管理的目标是确保秩序和安全，基本思路是控制致灾因子，降低承灾体的脆弱性，防范或者减少致灾因子对公共安全造成的影响和破坏。

事实上，大型公共活动安全管理同样能够共享这种分析范式。从本质上说，公共场所的突发事件其实就是致灾因子作用于"人群"这个承灾体的灾害性后果。特殊性在于，这里的致灾因子不仅包括恐怖袭击、爆炸物、脆弱的构筑物等，还包括"人群"本身。也就是说，当人群密度超过一定阈值时，"人群"本身兼具致灾因子和承灾体两种属性：它既是灾害因素，又是灾害影响的对象。作为致灾因子的"人群"因为含有一定动能，能够在短时间内产生巨大作用力，对人体造成物理性伤害；作为"承灾体"的"人群"，又是暴露在这种动能下的脆弱对象，极容易受到物理性损伤。因此，从防控踩踏事故的角度来说，对人流进行有效控制和疏导，防止密集人群形成较大"压力"，既是减少致灾因子爆裂性，也是降低承灾体脆弱性的重要途径。

要实现对人流的控制，就需要根据大型公共活动的空间、时间、人群等特征，从环境管理、信息引导、交通调控、治安保卫、后勤保障等若干方面进行风险管控。从现实操作来说，我国各地方大型活动的安保工作已经形成了较为完整、成熟的风险管控体系，图1对这个体系的组织流程进行了抽象概括。

---

① 致灾因子论在对致灾因子分类的基础上，着重研究致灾因子产生的机制及其风险评估（重现率——超越概率的计算），目前研究最为深入的是地震机制及其风险评估。参见史培军：《再论灾害研究的理论与实践》，载《自然灾害学报》，1996年11月第5卷第4期。

② Ben Wisner, Piers Blaikie, Terry Cannon, and Ian Davis, *At Risk: Natural Hazards, People's Vulnerability and Disasters*. London: Routledge, 2004.

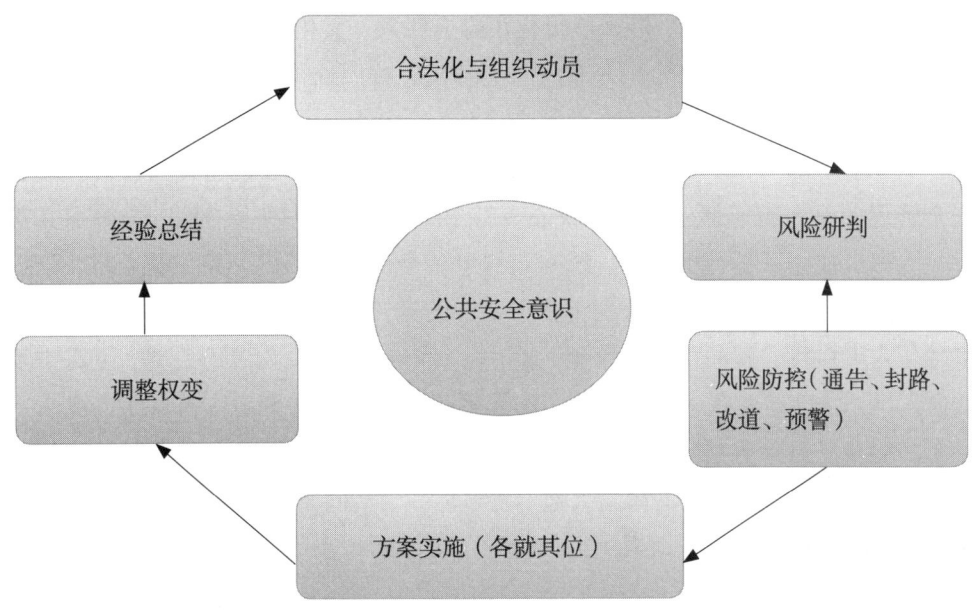

图 1　大型公共活动组织流程图

从流程上看，这个过程主要分为四个阶段。第一阶段是大型公共活动的准备阶段，在现有体制下，其实质是活动的合法化以及组织动员。所谓"合法化"是指大型活动获得政府特定管理部门的"安全许可"。根据我国《大型群众性活动安全管理条例》（以下简称《条例》）规定，公安机关对大型群众性活动实行安全许可制度。[①] 承办者应当在活动举办日的 20 日前提出安全许可申请，获得公安机关许可后，方能按照计划组织实施大型公共活动。

所谓组织动员，则是指政府有关部门为了保障大型公共活动安全而建立的部门协调、联动机制。一方面，《条例》中明确规定，大型群众性活动的承办者对其承办活动的安全负责，承办者的主要负责人为大型群众性活动的安全责任人。而如果大型活动是政府部门（如教委、旅游局等），那么这些部门必然要进入安全管理系统。另一方面，《条例》明确规定，对经安全许可的大型群众性活动，公安机关根据安全需要组织相应警力，维持活动现场周边的治安、交通秩序，预防和处置突发治安事件，查处违法犯罪活动。因此，公安机关也自然成为大型活动的安全管理主体之一。除此以

---

① 大型群众性活动的预计参加人数在 1000 人以上 5000 人以下，由活动所在地县级人民政府公安机关实施安全许可；预计参加人数在 5000 人以上的，由活动所在地设区的市级人民政府公安机关或者直辖市人民政府公安机关实施安全许可；跨省、自治区、直辖市举办大型群众性活动的，由国务院公安部门实施安全许可。

外,《上海市大型群众性活动安全管理办法(草案)》还明确规定,"安全监管、建设、工商管理、质量技监、交通、环保、绿化市容、气象、文化、卫生计生、体育、旅游、新闻、食药监、信访、国家安全等政府有关部门,按照法律、法规、规章的规定和各自职责,负责大型群众性活动的有关安全工作"。因此,大型公共活动的安全管理必然是一个涵盖多部门、多条线的巨系统,这些部门和单位之间的协调与管理,成为公共安全管理的重要组成部分和坚实保证。以2010年上海世博会为例,为确保其正常运行,上海市成立了运行指挥部,统一组织世博会的各项工作,并分设运行、安保、外事、内事和宣传五个小组,分别负责世博会的运营管理、物资保障、安全保卫、外事接待、内事接待、新闻宣传等工作。其中,时任中共中央政治局委员、上海市委书记的俞正声同志亲自担任安保组组长,显示对世博会安全保卫工作的高度重视。

第二阶段是风险研判阶段,即从各个方面预测和研判大型公共活动的安全风险,并排查其安全隐患。如可能的聚集人数、行进路线、空间密度、人流对冲、交通拥堵、交通运力、恐怖袭击、灾害因素(天气情况)等问题,在此基础上制定专项预案或工作方案。风险研判是大型活动公共安全管理体制的一个重要环节,也是制定有关工作方案和应急预案的基础与前提。例如,世博会举办之前半年,上海气象局组织灾害评估专家和相关技术人员成立世博气象灾害风险评估技术组,专门开展世博会期间气象灾害风险评估工作。制定了风险评估的技术规范,从气象灾害风险源识别、气象灾害风险评估、对策和建议等方面出发,先后完成了气象灾害风险评估初始报告、更新报告,针对重点部位进行了专项风险评估,共完成了《上海世博会气象灾害风险初始评估报告》、《上海世博会恶劣天气风险评估报告》、《世博轴阳光谷气象灾害安全评估报告》、《上海世博会开幕式恶劣天气风险评估报告》等风险评估报告,为相关部门及时整改提供依据。在世博会举办期间,又加强了短临天气监测预警,形成早通报、早会商、早准备、早应对的工作机制,与防汛指挥部、世博园区指挥中心协商并确定极端天气内部预通报的技术标准、提前时效和发布方式。①

第三阶段是风险防控,即在大型活动正式开始之前确定好安全组织方案,本质上就是针对各类风险因子的管控方案。例如,针对大客流这一"因子",可以根据具体情况采取区域封闭、凭票进入、交通管制、人流方向控制、警力分割等方式进行调控,以达到控制人员密度,进而维持正常秩序、防止发生踩踏的目的。这些组织方案的周密性和科学性,直接决定了现场风险防控的水平和效果。方案形成后,还要进行人员调配、设施建设、方案调试、现场勘查等具体工作,并将组织方案、交通调整方案、安全隐患风险等内容向全社会公示,以引起全社会对安全问题的了解和重视,形成一

---

① 容志:《城市安全风险防控体系的理论建构:基于上海世博会的启示》,载《上海大学学报(社会科学版)》,2012年第3期。

定的思想共识。

第四阶段就是方案实施阶段，即各有关部门按照预案的规定，各就各位、各司其职，共同协作，确保大型活动的顺利进行和公共安全。在实际的执行过程中，还需要调整权变，即根据现场的具体情况临时调整前期部署，并针对突发状况采取应对之策。最后，待大型活动正式结束，有关主办和参与部门还要及时总结经验教训，进一步完善相关预案，提高公共安全管理水平。

从这个过程可以看出，大型活动公共安全管理需要"嵌入性"的工作流程和"整合性"的组织体系。所谓"嵌入性"的工作流程，是指必须把风险管理的基本观念（风险评估、风险防控、风险监测、风险消除）嵌入到大型活动公共安全管理的各个阶段，并以此作为统领性、指导性的原则和方针。所谓"整合性"的组织体系，是指有关管理部门必须在公共安全这一目标下紧密合作，协同配合，克服管理缝隙和体制障碍，共同完成使命。现代城市越发达，风险因素越多，大型活动的公共安全管理压力就越大，则对"嵌入性"工作流程、"整合性"组织体系的要求就越高。可以说，这两个核心要件的实现成为大型公共活动安全管理的基本支撑和保障。

三、碎片化的管理机制及其解析

从以上模型的描述可以看出，我国大型公共活动的风险管理机制是比较成熟和科学的，真实效果也经得起实际考验。一是整个管理流程完整而闭合，形成一个周期性循环，符合应急管理中"事前、事中、事后"三分法的内在规律和要求，体现风险防控的基本逻辑与理念；二是比较切合中国政府管理体制和具体国情，发挥了"集中力量办大事"的体制优势。正因为如此，近年来北京奥运会、上海世博会、亚信峰会等重大盛会得以构筑强有力的安全机制，并最终得以成功举办，在这其中，有效的风险管理机制发挥了不可替代的作用。但是，从另一方面看，这种管理机制客观上也存在一定问题，具体表现在以下三个方面：

第一，运动化。根据上图可以清晰看到，目前我国开放性公共场所安全管理大多是一种"项目性"、"活动性"的动员机制，而非常态化的管理机制。由于大型公众活动容易引发人群聚集和拥挤，甚至造成安全生产事故，出于安全考虑，政府有关部门会预先采取各种措施管控人流，确保整个过程的安全。因此，这种动员机制往往应某项大型公众活动（如展览会、游园会、灯会、博览会等）而启动，强调针对特定活动时间和空间的安全保卫。我们也就习惯性地将这种动员机制称为"某某活动的安保工作"，如世博会的安保工作、园博会的安保工作等。我国《大型群众性活动安全管理条例》就明确规定，"影剧院、音乐厅、公园、娱乐场所等在其日常业务范围内举办的活动，不适用本条例的规定。"显然，这就将常态化的管理排除在"大型活动安全管理"之外。这种动员机制或者说安保机制具有一定的合理性。在没有大型活动的情况下，公共场合的人流和安全通常都是可控的，而且影剧院、音乐厅、公园等娱乐场所也积累了一定管理经验，具备比较成熟的管理机制和方案，一般并不需要启动多部门联动的安保措施。

但也要看到，这种动员机制存在明显不足。"大型活动→人群聚集→风险隐患"是一个简单的线性思维，虽然能覆盖大多数情况，但也存在管理"盲区"。现实中，人群的聚集并非仅仅是大型活动的结果，"认知惯性"（如城市特定区域的年度性的跨年活动等）、自发行动或其他偶然事件都可能引起大量人群集聚，并进而形成公共安全风险状态。但当后面这种情况发生时，"运动化"安保机制的弊病就会暴露无遗。事实上，"公共安全"这一目标是指向所有时间和地点的，而非仅仅是大型活动及其特定区域。这就需要建立一种常态化、全局性和综合性的公共安全管理体制，而非"运动化"的安保机制。

在上海"12·31"事件中，运动化的安全管理机制成为风险失控的一个重要原因。2011年起，黄浦区政府、上海市旅游局和上海广播电视台连续三年在外滩风景区举办新年倒计时活动。为保证倒计时活动的安全，每年12月31日夜间，都会启动大型公共活动的安保机制，投入大量警力维护现场安全。由于在安全等方面存在一定的不可控因素，黄浦区政府经与上海市旅游局、上海广播电视台协商后，于2014年11月13日向市政府请示，新年倒计时活动改在在外滩源举行。① 按照现有体制逻辑，整个安全管理的对象与重点就是外滩源活动现场这一特定的时间和空间。而与此同时，连续三年举办过倒计时活动的外滩风景区反而成为一个"管控真空"，这里虽然也有一定警力维持秩序，但相比往年的安保措施，以及外滩源的安保部署，显然是不足的。由于缺乏常态化安全动员机制，外滩风景区这一公共空间的安全风险管控就具有重大脆弱性。这种脆弱性主要表现在风险研判机制未及时启动。

虽然黄浦公安分局也制定了新年倒计时活动安全保卫工作方案，成立新年倒计时活动安保工作指挥部，并下设现场管控、外滩及南京路沿线秩序维护两个分指挥部。但专门针对外滩风景区的风险评估显然远不到位。因为外滩风景区是开放性的场所，人流管控难度相比封闭场所更加复杂。从现场警力配置来看，② 有关管理部门并未意

---

① 外滩源位于中山东一路33号，邻近外滩风景区，与踩踏事件发生地——陈毅广场步行距离约550米。以下有关事件原因调查均来源于《上海外滩拥挤踩踏事件调查报告》，详见《解放日报》，2015年1月22日，第2版。

② 新年倒计时活动共安排安保警力771名，主办方保安180名。其中，外滩、南京路沿线秩序维护警力350名（陈毅广场60名，阶梯处7名），其余警力分别用于外滩源活动现场管控、反恐处突、综合保障、公共安全管理、机动力量武警等。

识到人流会在段时间内集聚到如此水平，以及踩踏风险会随着人群聚集度提高而快速上升。这也是《上海外滩拥挤踩踏事件调查报告》直陈"黄浦区政府在新年倒计时活动变更时，未对可能的人员聚集安全风险予以高度重视，没有进行评估，缺乏应有认知，导致判断失误"的根本原因。这种风险预判失误一旦叠加巨大人流这一"风险因子"[①]，就容易演变成突发事件。

第二，碎片化。其实，"运动化"动员机制隐含的内在背景是公共安全管理的碎片化困境。一方面，开放性公共场所安全管理往往涉及多个部门，需要强有力的协调机制和整合能力。在现代社会，特别是国际化大都市，由于人群、建筑、基础设施等要素高度集中，风险链条较长，仅仅公安一个部门往往无力保障大型公众场所的安全秩序。例如，在上海江滩这样的大型开放性场所，调控人流需要综合协调公交、轨交、轮渡、路面道路、过江隧道、宣传、武警、消防和周边单位等众多机构，实现多部门的合作与联动。即使单一的路面交通管制，往往也需要向市级层面汇报、申请，由全市进行统筹安排，仅靠黄浦区的公安部门，可能也无力全部承担。但另一方面，在中国现有的官僚科层体制下，协调工作往往无法在同级官员中达成，而需要依靠更高行政级别完成。这就是部门协作的现实需求与现有体制瓶颈之间的矛盾。应该说，这一矛盾是始终存在的。只是当大型活动举办时（特别是政治属性较强的活动），由于自上而下高度关注，主要领导牵头挂帅（如市公安局长也是副市长），有效整合各条线、条块部门的资源，形成强大的工作合力，这一矛盾得以暂时解决。事实上，这也正是"运动化"安保机制存在的内在必要性与合理性。因为这种动员机制能够起到协调联动、克服碎片化的作用。但是，当没有大型活动，或者组织方、管理方不明确时，这种协调机制就会缺失，预案就难以启动，资源难以有效整合。在"12·31"事件中，这个矛盾不断强化，最终因为人流高密度聚集，又缺乏必要的限流管控措施，引发踩踏悲剧。

碎片化不仅体现在大型活动组织之前的安保阶段，也体现在预案的启动"窗口期"。从根本上说，预案机制其实是应急管理中的一种综合协调机制。依靠预案启动，激活指挥体系，就能够有效形成应急组织框架，整合行动资源，快速进行联动协作。但是，从目前实际来看，预案的这种"协调"功能还必须以更高级别官员的行政权力而非专业人员的岗位予以保证，当这种行政权力缺位时，各条线的"碎片状态"依然存在。事实上，即使某一区域的（如上海市黄浦区）应急联动指挥中心（往往设置在公安部门）及时捕捉到开放性场所的安全风险（如人群密度超过警戒值），但由于行

[①] 事后，根据上海市通信管理局、上海市公安局、地铁运营企业（即申通集团）等部门单位提供的数据综合分析，事发当晚外滩风景区的人员流量：20时至21时约12万人，21时至22时约16万人，22时至23时约24万人，23时至事件发生时约31万人。见《上海外滩拥挤踩踏事件调查报告》。

政级别较低，指挥中心也无力直接启动预案，调动各方面部门力量进行快速处置，而只能将情况上报，继续等待更高一级行政官员的决断。在现实中，这个过程往往是一种非线性发展轨迹，即有多种可能：既有可能快速解决问题，也可能在信息传递过程中浪费时间，贻误宝贵时机。

从事后的《调查报告》中可知，事发当晚，上海市公安局指挥中心多次向黄浦区公安局指挥中心询问现场人流情况，并提醒后者重视外滩风景区人员流量情况，落实安保措施；同时，在黄浦区公安局未提出警力增援的情况下，上海市公安局指挥中心于22时12分，调集周边区域警力共500名警力增援黄浦公安分局，因此，在这起突发事件中似乎并不存在上文所谓的"指挥碎片"。但其实，上海市公安局的"一系列动作"恰恰可以从另一个侧面证实"指挥碎片"的存在。也就是说，如果没有上海市公安局的"要求"和"增援"，黄浦区公安局要启动预案、调动各方面资源的可能性会更低。在这起事件中，黄浦区公安局主要指挥员的判断失误和处置失当固然是降低安全管理能级的重要原因，但也并不能就此否定指挥协调系统"碎片化"的客观存在。

第三，单方化。大型公共活动是囊括组织者、参与者、管理者等多方主体共时存在的巨系统。因此，其公共安全也必须依靠多方社会主体共同维护，而不仅仅是主办方和公安机关的责任。因此，构筑良好的公共安全文化氛围，最大程度上形成公共安全共识是确保大型公共活动安全的不可或缺的前提和基础。但是，在现有的风险沟通环节，有关管理部门往往只是将大型活动的情况和信息单方面向社会公众"宣示"，而缺乏"政府—社会"之间的良好互动。也就是说，如果政府部门只是单方面地进行安全警示，而不深入考虑公众的知晓度、理解度和关注度，这种警示信息的实际效果就可能大打折扣。

在上海"12·31"事件中，活动组织方——黄浦区政府于2014年12月9日第76次常务会议，通过了黄浦区旅游局制定的在外滩源举办的新年倒计时活动方案，但是，迟至12月30日上午9时30分，黄浦区新闻办才正式召开新闻发布会，由黄浦区旅游局对外发布新年倒计时活动信息。也就是说，改变连续多年传统、另择地址举办新年倒计时活动的重要信息是在这一活动举办前一天才向全社会公布，显得异常匆忙；而且，信息发布的渠道较为有限，未充分动用电视、广播、报纸等传统媒体，以及微博、微信、网络等新媒体进行全覆盖性宣传。这种匆忙性和局限性就制约了风险警示效果，导致大量市民（特别是外地来沪游客）对新年倒计时活动的方案调整完全不知情，依然凭脑海印象或口口相传聚集外滩风景区等待观赏新年跨年活动，这就与活动组织方的初衷完全背道而驰。在此基础上，由于公共安全警示的缺乏，以及公共安全共识的脆弱，现场部分人员表现非理性行为，22时37分，外滩陈毅广场东南角北侧人行通道阶梯处的单向通行警戒带被冲破，大量市民游客不顾现场值勤民警的劝阻，仍逆行涌上观景平台。23时23分至33分，上下人流不断对冲后在阶梯中间形成僵持，继而形成"浪涌"，并最终酿成踩踏惨剧。

造成这种运动化、碎片化和单方化问题的主要原因是计划经济管理惯性和条块分割的体制困境。受传统计划经济管理方式影响，目前我国大型活动安全管理乃至大多数安全事件管理，仍然都是遵循"谁组织、谁负责"或"谁主管、谁负责"的"条条"思维。当筹办某一项大型活动时，组织部门或者政府主管部门出于安全考虑，往往会进行风险评估，并通过"联席会议"或分管领导的协调机制，整合公安、旅游、广电、通讯、安监、质检、交通、水务等众多部门，甚至消防、武警等资源，共同研判形势，制定风险防控方案。活动启动后，各部门按照预案规定，各就各位，各司其责，协调联动，贯彻预案要求，确保大型活动的安全可控。因此，大型活动主办者的级别越高，统筹协调的层级就越高，协调联动的资源就越大。例如，在2010世博会中，"环沪护城河"工程就是由公安部牵头协调，上海、江苏、浙江等共同参与的。这就意味着，活动越大，安保力量投入越多，安全系数越高。但是，如果没有大型活动，但公众依惯性同样聚集起来；或者不需要政府组织，公众自发聚集起来，公共安全如何管理呢？谁来启动预案？何时启动预案？如何启动预案？从"12·31"事件来看，这恰恰是我们公共安全管理体制的一个软肋。

四、嵌入与整合：超大城市公共活动风险管理优化路径

2014年国务院发布了《关于调整城市规模划分标准的通知》，新标准将城市划分为五类七档，增设了"超大城市"，城区常住人口1000万以上的城市为超大城市，比如北京、上海、天津、重庆、广州、深圳就被划为超大城市。随着城市化的加速，以及经济社会日新月异发展，超大城市公共活动和公共场所的公共安全面临较为严峻的挑战，容易成为现代社会的"风险中心"。从客观层面看，由于人口、设施、交通等要素高度集中，致灾因子形成的概率提高，城市的脆弱性增大，突发事件的可能性上升；一旦形成突发事件，也易于借助"灾害链"造成连锁反应和次生灾害，致使影响范围扩大和伤害程度加深。从主观层面看，现有的"运动式"、"碎片化"的公共安全管理体制，也人为割裂和分散了管理资源与队伍，制约了管理效果和能级，又增加了超大城市的脆弱性。像"12·31"这样的突发事件，正是中国超大城市公共安全管理脆弱性的集中体现。如果不能认真总结反思，还有再次发生或者以改头换面方式再次发生的可能。

改变公共安全的"条线管理"和"碎片化管理"体制，打造更加整合、全面、长效的体制是提高超大城市公共安全风险防控水平的关键。当然，这一体制变迁不是抽象和先验的，而是针对现实体制瓶颈，并在实践中不断摸索和总结的过程。同时，它

也不可能完全脱离现有政府管理体制和应急管理体制的基本框架,而只能在这个框架中进行部分调整和综合。只有当量变达到某一个临界点后,质变才能够发生,最终实现对相关体制的重构。总体来看,超大城市公共活动安全风险防控机制的构建涉及两个层面的问题:一是管理机制上,要从重处置、轻防范,重事后、轻事前,重救援、轻准备的管理流程向预防为主、防范为先、关口前移、积极主动的管理流程转变,实现风险演变全流程的可控和可塑。这里的关键词是"嵌入",也就是实现对风险演变全流程的控制和引导。二是组织结构上,要从条块性、碎片化的组织结构逐步向整合型、综合型组织结构转变,实现资源、队伍、技术和指挥的有序排列,形成最大合力。这里的关键词是"整合"。这两者的内在逻辑可以由下图进行清晰表述。

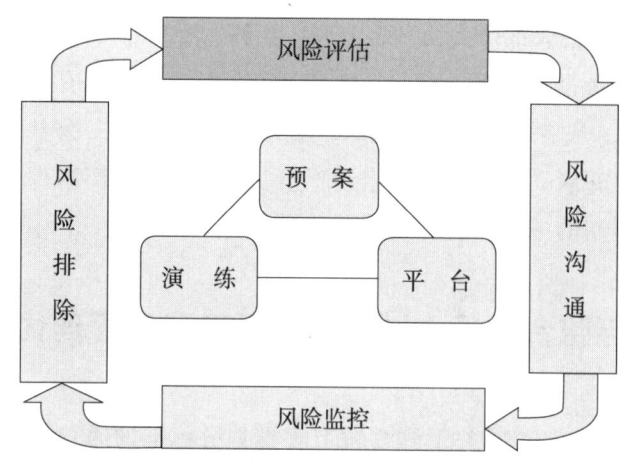

图2 公共安全风险管理体系优化与再造

（一）组织结构的整合

组织结构优化是公共安全风险管理体系优化的内核,因为组织架构及其运行必然是整个风险管理体系的骨架和支撑,缺少整合、协调、有序的组织结构,整个风险管理体系势必无法有效运转。要形成整合性的组织结构,需要从三个方面着手:

第一,预案的优化。从本质上说,预案是应急状态下政府各部门协同工作的组织架构和操作流程。通过应急预案的制定、演练和实施,相关部门能够在突发事件处置中克服常态下的管理缝隙和行动迟缓,形成统一、协调、分工、快速的应急体系。对于开放性空间的安全管理,预案启动和实施不应以是否有大型活动为标准,而需要以实时变化的人流密度作为标准。换句话说,不是有大型活动就启动安保,无大型活动就没有安保;即使没有大型活动,当聚集人群密度达到某一特定标准时,也要快速启动相应预案。因为,过密聚集的人群本身就是风险源,排除这个风险源是公众场所公共安全管理的一个重要内容。因此，需要针对超大城市中环境复杂、易于集中人群的开放性空间或单元（例如重点风景区、标志性公园、地标性景点、飞机场、高铁站，以及其他交通枢纽等），制定专项的大客流风险防控预案，一旦客流超过临界点，或发生恐慌、兴奋等群体情绪波动现象，由专业的应急管理部门和指挥人员启动预案，进行快速应急处置。大客流风险防控预案的内容应包括：

①**危险状态描述**。即可能造成突发事件和危及公共安全的场景与状态，包括客流水平、人员密度、设施损坏程度、人群情绪波动、气候变化、环境变化，等等。评估人员可以根据风险因素的质性和量化特性，将危险状态划分为不同种类和级别，形成管理等级。应该说，对危险状态的事前描述是现场研判安全风险临界状态的基本依据和标准，缺乏"情景想象"的预案是不完整的预案。因此，危险状态描述的全面性、准确性和科学性，就成为整个预案有效性的基础和前提。

②**应急处置措施**。即针对特定危险状态所采取的应急处置办法和手段，包括信息通报、队伍调动、客流管控、交通调整、信息发布等一系列动作。应急预案要规定和明确启动预案，开展应急处置的主体和岗位，赋予有关人员调动相关资源、协调相关部门的权力，同时，规定和明确协同单位的各自职责、主要任务和资源配备，实现统一指挥、协调联动。

第二，平台的优化。要进一步夯实城市应急联动指挥中心的职责和功能，增强其应急整合、协调能力，成为真正的"指挥"、"联动"中心。城市应急联动指挥中心是覆盖全市范围，囊括自然灾害、事故灾难、公共卫生事件和社会安全事件的全方位的公共安全管理平台。该平台的整合力度越强，则城市公共安全管理的综合、全面、长效机制就越牢固。换句话说，各职能部门眼中"盯着"自己条线的事情，而联动中心则"盯着"地区内的所有安全事件。这就为克服部门缝隙、联动盲区问题提供了一定机制保证。

但在实际工作中，应急联动指挥平台的整合功能受到一定制约，尚未被有效激活。其一，应急联动指挥的制度刚性不足。由于目前行政协调主要依靠行政级别、行政权力而非制度规定进行，因此应急联动指挥中心的制度性权威略显不足，往往难以有效调动其他政府部门和应急处置队伍，协调联动效果必然同指挥人员的"人格化"因素（资历、级别、关系等）高度关联。其二，由于缺乏必要的"免责"制度设计，指挥人员在具体场景中很容易陷入两难境地：如果"高估"风险，会因为"过度反应"受到上下级同事的指责和压力；如果"低估"风险，又可能错失防控机会，造成严重后果。作为个体，指挥人员的确承受相当的安全和体制压力，这就容易束缚指挥人员的手脚。最后，受制于个人的主观经验和判断水平，应急决策的科学性、准确性缺乏有效保障，应急联动指挥岗位的专业化水平还有待进一步提高，指挥人员的专业素养还需要进一步加强。

因此，进一步提高应急联动指挥平台的整合功能，发挥其"快速反应、协调联动"的独特优势就显得非常重要。市、区两级联动中心需要对城市若干主要地区（如机场、码头、外滩、公园、高铁等）进行全天候实时监控，一旦发现问题，快速启动有关地域的专项电子预案，激活地区管理主体功能，调动有关资源，开展应急处置和预案操作。在"12·31"事件中，市级指挥平台和区级指挥平台要动态实时监测现场情况，并进行密集沟通，当人流超过警戒线时，调动有关部门协同作战，快速处置。同时，从体制上赋予各级应急联动指挥平台启动预案、实施预案和协调指挥的制度性权力，防止因为层层请示汇报，再由相关领导进行部门协调，而造成的时间和时机损失。最后，还需要制定制度化的"免责机制"，科学、客观、准确地辨别指挥岗位责任，只要指挥人员按照既定程序和要求进行应急处置，就可以免去有关责任的追究，逐步改变"以成败论英雄"的思维惯性和文化氛围。

第三，演练的优化。现有的应急预案演练，多是根据灾种或职能部门的划分进行的"条线式"、"单兵种"实战操练。而现实突发事件的复杂性和超域性显然要复杂得多。因此，需要针对公共活动或公共空间的突发事件进行多部门、多层级的联合应急演练，强化部门之间的协作、沟通，以及指挥系统的统合性和协调性，通过演练来弥补部门之间、体制之间的缝隙，强化粘合与整合。

（二）管理机制的嵌入

另一方面，管理机制优化是公共安全风险管理体系优化的重点，因为管理机制及其实施必然是整个风险管理体系的主体内容，是人类改造社会和自然的主要表现。缺少科学、全程、嵌入的管理机制，整个风险管理体系也势必无法有效运转。要实施嵌入性的管理机制，需要从风险评估、风险沟通、风险监控和风险排除四个方面着手。

第一，夯实城市安全运行的风险评估机制。现代城市是一个流动、鲜活的生命体，因此风险评估的视野要放大，也要具有流动性。它不能仅仅关注一项活动本身，而要从全局的角度考察该活动的"外溢效应"。在"12·31"事件中，灯光秀虽然迁移到了外滩源，但不代表市民不会聚集到江滩，因为在一般人眼中，只要是具有一定高度的灯光秀，在一定范围内都可以观看。这样一来，外滩源的活动就可能给周边地区造成"外溢"影响。再如，我们在封闭的场所内举办演唱会，场内的安全固然重要，场外的安全同样需要考虑，因为大量未能入场或无法购票人群可能聚集并长久不散，在情绪激动的情况下，就可能引发安全事件。提高城市公共安全风险评估能力和水平的一个重要方面，就是改变完全由"条线"部门主导的各自为政的评估机制，形成综合部门与专业部门相结合的评估机制。从现实来看，要强化城市各级应急办的统筹功能，由其牵头开展若干重大活动、重大区域、重大事件的风险评估活动，并形成预案，付诸实施。

第二，夯实城市安全运行的风险沟通机制。风险沟通具有两个纬度：第一方面是政府部门之间的风险沟通。对现代政府来说，"直线职能制"还是无法突破和抛弃的组织架构，因为不如此就不能实现专业化。但与此同时，还必须构建一个横跨各部门的风险沟通机制，确保风险信息向预案相关部门顺畅传递和共享，为合作协调提供基础。这种沟通机制的启动也不以大型活动的存在为标准，而必须以公共场所的现实人流变化为标准。第二方面是政府同社会的风险沟通。在"12·31"事件中，如果政府有关部门提早进行更大范围、更大强度的宣传警示，告知灯光秀的演示地点、观看范围，以及观赏建议，就会降低市民的聚集行动，减少聚集程度，也可能避免过度拥挤造成的踩踏。因此，加强政府同社会的风险沟通，是增强社会安全意识，引导安全行为的一项重要保证。事实上，这也是世博会中主办方调控客流的一项重要经验。

第三，夯实城市安全运行的风险监控机制。建立"市级——区级——街镇"三级安全预警体系。加强对城市各类重大风险源，如台风、暴雨、危险化学品、传染疫情、高密度人群等的监测和管控，夯实智能监控信息平台，提高预报预测精准度，为及时启动预案提供坚实基础。同时，进一步完善各类突发事件的预警响应机制，充分利用移动网络技术，提高预警发布效率，扩大预警发布范围，强化预警信息和社会主体行动方案的关联性。在此基础上，依托城市政府应急办建设全市层面的安全预警体系，建立预警预报体系标准和框架，建设重大风险源数据中心，实现风险监测数据的全市性共享。

最后，夯实城市安全运行的风险排除机制。切实推进城市轨道交通、机场车站、旅游景点、大型商场等人员密集场所的应急管理单元建设。依托城市网格化管理模式，对应急管理单元内的风险隐患进行梳理，并加强应急管理队伍建设，不断提高应急管理人员的职业化、专业化水平，以保证能够准确研判态势，快速、准确做出处置决策，及时排除风险隐患，保证城市公共活动和公共场所的有序、安全。

参考文献

[1] 容志：《从分散到整合：特大城市公共安全风险防控机制研究》，上海人民出版社2014年版。

[2] 叶必丰：《大型公共活动中政府维护公共安全职责的履行》，载《上海交通大学学报（哲学社会科学版）》，2008年第4期。

[3] 吴必胜：《大型公共活动中行政定向干预机制的可行性研究》，载《学习月刊》，2009年第3期。

[4] 刘玉峰：《大型群众性活动安全管理责任分析》，载《吉林公安高等专科学校学报》，2012年第6期。

[5] 杨霞:《大型活动安全管理存在的问题及对策》，载《北京人民警察学院学报》，2005年第7期。

[6] 冯红新:《大型活动安全保卫工作应急处置模式构建》，载《江苏警官学院学报》，2006年第8期。

[7] Ben Wisner, Piers Blaikie, Terry Cannon, and Ian Davis, *At Risk: Natural Hazards, People's Vulnerability and Disasters*. London: Routledge, 2004.

案例分析

妇女组织在群体性事件治理中的作用与局限

程同顺　邝利芬*

摘　要：群体性事件的治理是一个系统工程，除了目前行之有效的各种措施和机制之外，群体性事件的治理还应该从性别的角度出发，充分发动妇女组织参与到群体性事件的治理中来。妇女组织对于防治群体性事件有其天然的优势，但在当前中国却存在致命的缺陷。

关键词：女性；妇女组织；群体性事件；治理

随着我国改革进入攻坚时期，各类社会矛盾逐渐凸显，群体性事件呈现出频繁发生的态势。如果对群体性事件的参与者从性别结构的角度进行考察，就会发现大量的女性也参与到了当前频繁发生的群体性事件中；而且，所有群体性事件的参与者都有女性亲属。因而，对于群体性事件的治理，如果辅之以性别的视角，充分发挥妇女组织的作用，可能会更加有效。

一、女性并未"缺席"群体性事件

目前学术界没有统一的有关群体性事件的定义，根据法制网舆情监测中心发布的《2012年群体性事件研究报告》中的定义，群体性事件是指具有某种共同利益的群体为了达到某种诉求和目的，所进行的没有合法依据的大规模活动，如通过集会、游行、示威、罢工、罢课、请愿上访、占领交通路线或公共场所对社会秩序产生负面影

---

* 程同顺，1969年生，山西闻喜人，南开大学周恩来政府管理学院政治学系教授、系主任，博士生导师，主要研究方向：政治学理论和中国农村政治；邝利芬，1981年生，湖南郴州人，南开大学周恩来政府管理学院博士研究生，主要研究方向：女性政治和高等教育。

响的事件①。

从已经发生的群体性事件来看，妇女并未"缺席"过群体性事件，因而加强妇女组织的建设，发挥妇女组织在治理群体性事件中的积极作用不是异想天开，而是非常必要的。女性与群体性事件的密切关系，主要表现在两个方面：

（一）很多群体性事件的导火索都是女性受到侵犯

由于群体性事件的破坏性、暴力性和非法治化，所以人们对群体性事件参与者的想象一般都是男性参与者。但是事实上各种群体性事件中女性参与者并不少见，而且很多群体性事件的发生都缘于女性。当然，这些所说的缘于女性，并不意味着女性是群体性事件的发动者，而是指很多群体性事件发生的导火索是由于女性权利受到侵犯引发了众怒，由此才导致群体性事件的爆发。

由于妇女在社会中各个领域的天然弱势地位，因而妇女遭受不公正待遇和侵犯时往往能够引起广泛的同情和义愤。这种对于受害女性的同情和施害者的义愤，往往能唤起人们莫名的正义感和使命感，促使人们以一种非理性的激情状态参与到群体性事件中。我们可以仔细分析一下，近些年发生的许多著名的群体性事件，都是由于女性受到侵害或者是人们相信某位女性受到侵害而引发的。

如2006年的浙江瑞安事件就是由于一名女老师坠楼身亡引发的。2006年8月18日凌晨，浙江瑞安市三中29岁的女教师戴某坠楼身亡，其家人以死者受不了教学压力自杀而报案，公安人员调查也认为是自杀。但该校师生都不认同这一结论，有人认为戴某是被其夫家谋害，瑞安市三中几百名学生自发游行呼吁调查真相。于是在9月6日和7日分别引发了两次大规模群体性事件，警方出动了二十多辆警车，特警队员也全副武装前往控制局势。

同年的四川大竹事件也是由于一名女性员工死亡引起的。2006年12月30日凌晨4时，大竹县竹阳镇莱仕德酒店一名女员工由于不明原因死亡。在公安机关调查侦破期间，死者亲属和酒店方发生争执，矛盾激化。2007年1月17日下午4时左右，近万名围观者中的少数人员冲进酒店打、砸、烧，从而发生了由维权到泄愤的群体性事件。

著名的贵州瓮安事件也是缘于人们对一名女中学生死因的质疑。2008年6月22日，贵州省瓮安县三中初二学生、17岁的李树芬被发现死于河中。公安机关做出"死者系自己跳河溺水身亡"的结论，死者家属对这个鉴定结果不满。6月28日下午，

---

① 范小军：《我国群体性事件的分类及特征》，载《法制与社会》，2012年第30期。

死者亲属邀约 300 余人打着横幅在瓮安县城游行，引发大量群众围观并聚集到县政府和县公安局。在县政府有关负责人接待过程中，一些人鼓动群众冲击县公安局、县委县政府大楼，少数不法分子趁机打砸烧，致使多间办公室和一些车辆被损毁。

再如 2009 年湖北的"洗脚妹"邓玉娇案，则引发了一场声势浩大的网络群体性事件。2009 年 5 月 10 日晚，邓玉娇出于自卫刺死了对其图谋不轨的乡镇干部，警方以涉嫌故意杀人罪将其逮捕，激起了群众不满，引发了网络线上线下呼应的群体性事件。

从这些著名的群体性事件可以看出，女性作为弱势群体，如果受到不公正待遇或权利受到侵犯，非常容易引起人们的同情和义愤，从而引发群体性事件。

（二）妇女是某些群体性事件的重要参与者

由于妇女的相对弱势地位，她们的利益受到侵害经常成为群体性事件的导火索并不奇怪，值得关注的是，大量的群体性事件中都有不少的女性参与者，其中有些还是特殊的重要参与者。从近来群体性突发事件的表现形式看，除了较为温和的集体上访之外，也出现了一些新的变化趋势，老人、妇女和未成年人等特殊人群参与其中，甚至在具体行动时站到了第一线。①

如每次煤矿群体性事件的发生，群众各执己见，一拥而上，应急处置和疏导化解工作很艰难。又如不少聚众集体上访是有计划有步骤进行的，花样多，有的甚至利用老弱病残、妇女、同乡等特殊群体，用静坐、围攻等手段，给处置带来一定的难度。②

某群体性事件中，叶县公安局民警依法对带头闹事者进行传唤教育，少数人鼓动该村近 200 名村民涌至案发现场，围攻、殴打工作组成员及公安人员，致使多人受伤。少数为首分子，就安排村里年老体弱者及妇女、儿童到现场闹事③。

妇女能成为群体性事件的重要参与者，首先是因为妇女，尤其中老年妇女，思想观念守旧，法律意识淡薄，遇事容易感情用事，且情绪偏激、走极端，做出非理性选择。其次，一些妇女的时间比较空闲，基层的农村妇女和城市的下岗待业妇女，时间更是充裕。再次，我国生活和法律观念中在很多情况下常把妇女作为保护的对象，群体性事件的组织者经常利用妇女的"弱势"身份让政府束手无策。最后，有些妇女的社会接触面相对比较狭窄，容易轻信谣言，被人利用，很多别有专心者也喜欢利用这

---

① 海云志：《近年来我国群体性突发事件的状况与地方政府应对能力建设》，载《唯实》，2012 年第 12 期。

② http://www.gzga.gov.cn/Web93/News/20130502/23258.htm.

③ http://www.jcrb.com/jcpd/jc11/201011/t20101103_461704.html.

一点，让妇女出面，自己则在背后指使、操纵。

妇女之所以参与到群体性事件中，有时也并不完全因为她们是直接利益的受损者，而是为了与之相关的家庭成员，维护家庭权益。[①] 在现实的生活维度，妇女可以作为多元的角色存在，她既可以是丈夫的妻子，也可以是孩子的母亲，还可以是父母的女儿等等角色。妇女一旦参与群体性事件，往往还能带动其家庭成员或对其"弱势群体"身份产生同情的人参与到群体性事件中来。

二、妇女组织在应对群体性事件中的优势

妇女组织是妇女为实现妇女既定目标而建立的群团或组织，也指为实现男女平等而组建的有关团体或组织，它的存在本身就是妇女需求的反应。因而激发妇女组织的活力，对群体性事件的预防与化解有着非常重要的工具价值和理性价值功能。妇女组织在应对群体性事件中的功能主要体现在以下几个方面：

（一）代表女性有效进行利益表达

弱势群体的一个重要的社会特征就是生存的离散化。他们的利益多元化，但无法整合为统一的利益要求，当诉求激烈到一定程度，又缺乏路径时，往往倾向于无组织的非理性行为。若能加强组织建设，以高度的组织化代替分散的个体利益，为利益表达提供制度化的渠道，毫无疑问能避免由集群活动而引发的不必要的冲突。妇女组织的存在和发展，无疑为相对弱势而分散的女性群体提供了一条组织化的利益表达渠道，从而能够避免由于女性权利遭到侵犯并且正义得不到伸张而引发的群体性事件。

相对于底层群体里的男性来说，女性在经济资源、组织资源、维权意识方面更加薄弱，碎片化状况尤为突出。一方面，碎片化造成底层妇女缺乏有效的利益整合能力，不借助外部资源很难实现群体内部的整合和组织；另一方面，底层妇女群体也缺乏有效的利益表达机制，即便形成了一致的群体利益，也无法在决策过程中发出自己的声音，从而维护和推进群体利益[②]。妇女利益诉求通道的阻塞、组织的缺乏造成了妇女要么继续忍受下去，要么参与其身份认同类似的群体结成的组织。

妇女组织能满足妇女多元的利益诉求，畅通利益诉求路径。民间妇女组织一般是国际组织援助，或者知名人士组建，或者草根人员结成的各类非营利性组织，涉及的

---

① 张明军、陈朋：《2012年上半年群体性事件分析报告》，载《中国社会公共安全研究报告》，2013年第2辑。

② 李强：《"丁字型"社会结构与"结构紧张"》，载《社会科学研究》，2005年第2期。

大多是政府或者市场无力或者疏忽的领域，为各种不同的妇女群体，提供教育、卫生保健等方面的援助，把分散的、单个的社会参与者聚合起来，为她们的利益表达提供制度化的渠道；新经济组织与新社会组织中的妇女组织，能创新妇女组织，弥补妇联组织在工作方式、工作内容等方面的力量之不足，填补社会活动在一定领域的欠缺和空白；网络妇女组织适应信息时代的要求，能有效地整合妇女利益，特别是边缘弱势妇女或边缘群体诉求；妇联纵向到底横向到边的组织网络，使得它拥有广泛的、权威的社会影响基础，在扶贫救弱、上传下达、整合其团体成员、联结各妇女组织与政府的关系方面具备基本有利条件。如果女性能够通过妇女组织有效地进行利益表达，那么如前面所列举的那些由于女性权利受到侵犯而引发的群体性事件就会大大减少。

（二）促进女性制度化地进行利益表达

妇女组织不仅可以代表弱势的女性进行相应的利益表达，而且还可以通过交流和学习，培育女性的现代公民意识，进行制度化的利益表达，减少和避免群体性事件的发生。

群体性事件的发生除了因利益受损公众诉求通道受阻外，民主精神的缺失也是一个重要原因。因为民主不仅是一种权利，更是公众参与社会公共事务管理的一种技能和现代精神。社会组织是一种组织化生活，通过参与组织内部的各种活动，能够锻炼公众思想表达、谈判沟通、协商对话、退让妥协等理性维权技巧，使他们更多地选择合法的手段，而不是极端的方法维护权益。所以，要有效预防群体性事件，还须重视社会组织在群体性事件预防机制中的"价值理性"功能。"价值理性"是一种生活理念，一种价值追求，它对公民社会的发展具有根本性、基础性和导向性作用。[①]公民社会能为公民意识的培育提供制度和文化保障。公民意识主要包括权利、义务、法治、纳税人、道德意识等，它能唤起普通民众参与社会危机管理的责任感和自觉性，全面看待权利和义务，兼顾个人和他人或组织的利益。妇女组织的"价值理性"功能有利于现代公民意识的形成，并促进公民社会的发展。

由于社会和历史的原因，长期以来形成了男性与女性分属于公共领域和私人领域，并逐渐构建起了男女各自不同的性别文化，女性更倾向于与家庭关联，把自我限制在"家庭"这一方小天地中。但无论妇女对家庭的"兴旺发达"作出多大的贡献，在男性眼中，从家庭方面对妇女进行的更为根本的界定总是凌驾于公共领域之上。[②] 这种

[①] 张锋：《社会组织在预防、化解群体性事件中的作用与机制研究》，载《延边大学学报》，2012年第4期。

[②] 朱爱岚：《中国北方村落的社会、性别与权利》，江苏人民出版社2004年版，第78页。

女性的自我认知以及男性对女性的认知趋势，使得女性对参与社会组织的能力和自信明显不足。当妇女权益受到侵害时，依附心理的缺乏造成妇女习惯性地求助妇联、专业性的法律机构等外在力量的"拯救"，或者利用"弱势"身份为武器进行聚众闹事，正如很多群体性事件所体现的，中老年妇女站到了群体性事件的最前列，而且参与比例越来越大。

而妇女组织能培育妇女现代公民意识，促进她们进行制度化地表达利益诉求。妇女组织有利于妇女生活体验的分享、思想的交流，促进妇女对自身生存状态的关注和对社会发展的反思，正如西方的女权运动史上的"觉悟"小组一样，在一定程度上凝聚部分妇女，避免妇女游离在组织之外，携手并进，共同致力于妇女的发展。妇女组织还有利于妇女提高参与能力、培养秩序与合作的现代社会公民意识，从而有助于妇女组织自我约束、自我完善、自我发展的自律性运行机制的建立，也有助于社会自治机制的形成和社会自治秩序的构建，从而实现社会的有序整合，减少政府治理的社会成本。

另外，妇女在社会中既是一名公民，也是孩子的第一位教育者，她是文化道德价值的传递者，妇女社会价值的实现，不仅有利于自身的发展，还能反哺家庭功能的健全，培育现代意识的"小公民"。理性的精神和秩序的民主是避免群体性事件爆发的利器，因此妇女组织的建立和发展，对预防群体性事件具有重要的价值理性功能。

（三）利用亲情的力量促使男性参与者回归理性

以上说的是妇女组织可以使弱势的女性有效地进行利益表达、制度化地进行利益表达，从而避免和减少群体性事件的发生。妇女组织还可以动员和组织女性，利用她们在对待群体性事件方面的天然性别优势，劝说和影响他们的男性亲属回归理性和家庭，不参与群体性事件，或者不使用非法和暴力的手段参与群体性事件。

虽然从总体性别特征上来说，男性偏重于理性思维，女性更多地偏好感性思维。但是在涉及家庭和外部关系的情况下，现实生活中女性更加富有家庭责任感，也更加不愿看到暴力行为的发生；而男性在特定事态和环境的刺激下，情绪更加容易失控，从而做出不理智的举动。从各种群体性事件中可以看到，做出破坏性行为的主要都是男性参与者。

因此，在群体性事件发生的萌芽阶段，如果妇女组织能够动员相关女性，以亲情的力量劝说她们的男性亲属回归理性和制度化的轨道，就能避免很多群体性事件的发生。在群体性事件的发生进程中，如果妇女组织中的相关女性，能够提醒她们的男性亲属他们身上承担的家庭责任，那么男性参与者就会减少很多不计后果的情绪化举动，从而降低群体性事件的破坏性，并且有助于群体性事件的有效解决。

三、妇女组织在群体性事件治理中的局限

妇女组织的发展以及功能的有效发挥,不仅能够有效地预防和化解与妇女有关的群体性事件,减少妇女对于群体性事件的参与,而且还能通过她们对于家庭成员的影响力减少男性对于群体性事件的参与,降低群体性事件的破坏程度。理论研究和实践经验证实,妇女组织在群体性事件治理中有非常重要的预防功能和控制功能。但当前中国的妇女组织因组织的匮乏、组织化程度低、组织结构不完善等方面的原因,妇女组织在群体性事件治理中存在着无力的一面,其作用的发挥还存在一定的局限。

(一)当前中国妇女的组织化程度明显不高

除了各级妇联这个官方的妇女组织之外,其他的妇女组织非常稀少。而各级妇联由于其过于浓厚的官方色彩,使其在处理群体性事件中的角色合法性大受质疑。更重要的是,各种妇女组织能够有效联系和动员的女性成员少之又少,而女性不论是作为个人还是群体,都对妇女组织缺乏认同。换句话说,当前中国妇女组织化程度远远不够,她们的这个状况使得理论上能够在群体性事件治理中发挥的作用在现实中几乎难以实现。

就我国的现实来说,尽管在社会变革的过程中,社会空间的扩大和妇女需求的变化,产生了众多代表不同利益阶层,承担不同社会职能的妇女组织。然而受传统文化的影响,我国妇女主体意识和结社意识淡漠,缺少组建妇女组织的思想文化动力,民间妇女组织发展极不充分。妇女大多把重心放在"家庭"上,即便有参与组织的意识,也难有参与组织的行动。像民间妇女组织这种自下而上帮助广大弱势妇女表达利益的组织,动员力和影响力都有限。一些受国际援助建立的妇女组织也都是雷声大雨点小,项目一完成,资金一撤,就难以维系了。

这会产生两个方面的问题:一方面,妇女组织的严重匮乏导致妇女在利益表达时离散化程度较高,无法及时使政府了解她们的利益诉求。当问题处于酝酿阶段时,政府没法知晓。而问题一旦扩大,又因组织匮乏造成利益表达的无组织化和无序化,政府很难找到协商的主体以及渠道。这时若采用暴力手段进行压制,将可能引发后果严重的群体性事件。另一方面,妇女组织尽管有良好的群众基础,但当矛盾纠纷演化升级时,由于妇女的组织化程度低、社会影响力较小、动员能力不足等原因,导致在群体性事件发生的过程中,难以有效引导民众采用理性、合法的诉求方式,维护其合法权益。

（二）现有的妇女组织难以充分发挥功能

虽然我国目前出现了众多种类的妇女组织，涉及几乎所有行业，也不乏高素质人才，但大多缺乏应对群体性事件的经验和实践，加之组织结构不完善，使其无法对事件的处置提供科学的决策建议、专业咨询和技术支持，从而有效地化解群体性事件。

一是妇联纵向控制机制弱化，横向联合乏力，这限制了其功能的发挥。妇联虽然是按照从中央到地方逐级向下的组织体系构建的，但还不是严格意义上的层级式组织结构，上一级妇联对下一级妇联只有业务上的指导和被指导关系，每一级妇联都必须接受同级党和政府在人、财、物等方面的领导和控制，这种状况造成了妇联与党和政府的密切关系超过了与同级党政机关、企事业单位妇女组织及妇联团体会员。妇联的官办色彩使得它一方面要将自己置于党和国家的领导下，围绕政府的工作做好助手角色；另一方面，它的性质和任务又要求它必须代表妇女的利益，充当妇女的传声筒。这两重角色有时会发生冲突，如维护打工妹权益受侵害和促进地方经济社会发展之间的矛盾，若处理不好将可能引发群体性事件。2009年的邓玉娇案，妇联就是在各方民间组织和团体的压迫下才发声，虽然及时挽回了形象，但也有点亡羊补牢的感觉。

二是民间组织的妇联团体成员身份限制了其功能的发挥。1998年颁布的《社会团体登记条例》明确规定了民间组织的成立要经过业务主管部门和登记管理部门两层政府机关的同意。并且规定同一行政区内已有业务范围相同或相似的组织不予登记。民间妇女组织作为来自社会的新兴群体组织，本身就受资金不足和女性结社意识薄弱等因素的影响而不足，审批的重重约束无疑会影响妇女组织的建立的步伐，这同时也是目前我国民间妇女组织竞争机制缺乏、组织活力不足等问题的原因所在。另外，民间妇女组织职能在成为妇联的团体成员时才能合法存在，这种身份限制使得民间妇女组织体现民众利益诉求，展现"群众"色彩方面大打折扣，导致了其在群体性事件中的功能发挥水平。

（三）妇女组织参与治理群体性事件的传导机制过长

发挥妇女组织参与治理群体性事件，还存在一个现实的障碍，那就是在当前中国通过这种方式治理群体性事件的传导机制过长，往往会远水不解近渴，不能及时发挥作用。这主要是由当前中国所处的快速城市化进程的特点决定的。

当前中国正处于快速城市化的进程中，出于生活和发展的需要，很多家庭的家庭成员并没有居住生活在一起，而是分别生活在不同的城乡地区，有的甚至天南地北，相距甚远。而这些家庭成员分离的家庭往往正是农民和农民工等弱势群体，正是群体性事件容易牵扯波及的人群。一旦这些家庭中的男性成员涉及群体性事件，分离的状况和距离的遥远都会成为阻隔。一是难以通过事发地的妇女组织联络到他们远在千里之外的女性家庭成员，二是即使联络到他们的女性亲属，也会由于距离遥远不了解现场情况无法做出有效的沟通和劝解。尽管手机和网络等现代通讯设备能够为她们联系亲属提供便捷，但是毕竟不是她们主动出面，而且不能当面沟通，还是存在一些隔膜，使劝说效果大打折扣。在当前快速城市化的进程中，家庭成员的分离和地理空间的距离延长了妇女组织参与群体性事件治理的传导机制，使其效果下降。

四、如何充分发挥妇女组织在治理群体性事件中的功能

妇女组织治理群体性事件的功效既与妇女组织自身的能力以及公信力有关，又与政府对妇女组织的包容度和支持力有关。因此，为扫除妇女组织参与治理群体性事件的障碍，我们一方面需要更进一步地促进妇女的组织化，提高各级各类妇女组织对妇女成员的吸引力和影响力，提升妇女组织参与治理群体性事件的公信力，另一方面还需要加强政府与妇女组织在群体性事件治理中的合作力度。

（一）有效提高妇女的组织化程度

在治理群体性事件中，当前妇女组织化程度低与功能发挥不充分，大多是受制于妇女组织传统的僵化的管理模式和工作模式造成的后果。积极推进妇女组织职能与作用的创新，首先要进一步解放妇女的思想观念，增强其结社意识，树立起个人的权利受到侵害时有必要维权的自主意识，妇女组织要克服计划经济体制遗留下来的"等、靠、要"的观念和做法，变被动的管理模式为主动的服务模式，以满足妇女主体利益的多元化需求。其次，要加强妇女组织建设，以适应"小政府，大社会"的社会治理模式下的要求，逐步实现妇联组织从政治性向社会性、从活动型向功能型的转变，同时放宽民间妇女组织成立的条件，弥补我国妇女组织发展不充足的缺陷。最后，要从法律层面规范和保障各级各类妇女组织的性质、地位、职能、权利和义务等，使其组织活动"有法可依"，但又不阻碍其独立性和正常发展。

（二）加强政府与妇女组织的合作

加强政府与妇女组织在群体性事件中的合作是国家—社会在公共事务治理层面上的一个缩影，两者的合作可以有效整合资源，及时预防和化解群体性事件。"邓玉娇

事件"中，妇联就是在由民间妇女组织整合成"女界声援团"类似倒逼式地情形下发声的，最终及时地阻止了一场大规模的网络群体性事件的进一步恶化，但这个事件也从反面生动地证实了政府与妇女组织合作的必要性。在政府与妇女组织的合作模式下，政府要改变"总体性社会"宏观制度下作为唯一治理主体的局面，把部分目前主要由政府承担而妇女组织有能力承担的社会治理职能，移交给妇女组织。这既能减轻政府的负担，同时又能激发妇女组织的活力。具体到处理群体性事件的过程中，加强政府与妇女组织的合作，充分发挥妇女组织的作用，不仅可以淡化对群体性事件治理的官方色彩，而且还可以促进群体性事件的有效治理。

冲突与达鹄：公众参与视野下的长三角公共冲突事件分析

——基于2010—2012年的案例

薛泽林[*]

摘　要：改革开放之后，随着社会利益多元化趋势的加强，已有个体与公共之间的联接机制式微，已有参与渠道与社会结构不匹配，以及由参与不足而来的经济侵权事件时有发生，由此导致了中国公共冲突事件的频发。作为政治现代化的重要命题，公众参与促成个体与公共机构联接的重构也为解决公共冲突提供了一条可行路径。以长三角地区公共冲突事件的解决为例，作为重要的中间变量，非制度化的公众参与以公共冲突升级为威胁，在促成公共冲突由冲突对抗到达鹄和解的过程中，不但解决了公共冲突，也在一定程度上推进了中国的改革进程。然而，在实现国家治理体系和治理能力现代化的过程中，我们仍需要注重运用法治的手段解决冲突，并以此巩固中国的改革发展成果。

关键词：公众参与；公共冲突；治理现代化

一、问题的提出

对于转型国家而言，随着改革发展过程中新社会力量的不断涌现，以及已有个体与公共机构之间联接机制的式微，如何将新的社会力量纳入到体系之内，正确处理好政治现代化过程中参政扩大化与社会稳定之间的关系（亨廷顿，1968），发挥参与的利益整合功能，一直以来是学界所关注的话题。对中国而言，改革开放以来，随着中国社会结构的不断发展和完善，由经济发展而来的利益多元化诉求也在一定程度上冲破了中国社会上长期存在的"义务意识"（杜维明，1972），人民群众的"规则意识"和"权利意识"（李连江，2010）不断提升，而与此相对应的新生社会力量与公共机

---

[*] 薛泽林，同济大学经济与管理学院博士研究生，主要研究领域：基层治理，公共冲突。

构之间的联接渠道却不健全，新生社会力量同政府目标之间的冲突开始时有发生，并表现出了冲突领域有所扩大，参与冲突主体更加多元，冲突组织化程度有所提高，冲突形式多样化、对抗激烈化趋势，经济发达地区和大城市群体性冲突增多等特点（国家行政学院课题组，2014）。公共冲突事件的不断增加，不仅给经济和社会发展造成了不同程度的损失，也在一定程度上影响了我国当前的改革发展进程。

与此同时，在实现国家治理体系和治理能力现代化的过程中，公众参与既是社会利益整合的重要方式，同时也是推进治理转型的重要条件。特别是在中国当前个体与公共机构之间联接不畅，公众参与严重不足的大背景下，公众参与作为公共冲突由冲突对抗到达鹄和解的重要变量，其作用的发挥不但有助于公共冲突的解决，也在一定程度上推进了中国的进一步改革与发展。本文以2010年—2012年发生在中国长江三角洲地区的几个典型事件为例，以公众参与重构个体与公共机构联接为分析工具，以公共冲突演变的"冲突与达鹄"为分析框架，试图概括出长三角公共冲突事件的现状与特征，并尝试探讨公众参与对于公共冲突解决的积极作用。需要指出的是，在中国的语境下，公众参与和政治参与经常是被混淆使用的概念，为了不给读者造成困惑，本文将采用公众参与的广义定义，将公民的权利争取和维护以及参与政治生活都视为公众参与的一部分。

二、文献综述

（一）公众参与理论梳理

在西方，公众参与是政治现代化的主要特征。自卡罗尔·佩特曼重拾古希腊参与民主的遗珍以来，公众参与对于政治现代化的价值开始重受关注，学者也基于不同的价值理念给出了公众参与狭义和广义的解释。公众参与的狭义解释偏向于保守的参与行为，如《社会科学百科全书》所解释：公众参与是指社会成员在选择统治者，直接或间接地在形成公共政策过程中所分享的那些自愿活动，[①] 而非自愿的活动就不是。诺曼·尼等则进一步认为，公众参与是指平民或多或少以影响政府人员的选择及（或）他们采取的行动为直接目的而进行的合法活动，[②] 而非法的活动则不属于公众参与。广义的公众参与往往将整个政治过程都视为参与行为，如《布莱克维尔政治学百科全书》中将公众参与定义为"参与制订，通过或贯彻公共政策的行动"，并认为这一定

---

① ［美］亚当·库柏：《社会科学百科全书》，林勇军等译，上海译文出版社1989年版。
② ［美］格林斯坦·波尔斯比：《政治学手册精选》（下卷），储复耘译，商务印书馆1996年版。

义适用于从事这类行为的任何人，甚至于是否自愿都不重要。① 同时，在塞缪尔·亨廷顿和琼·纳尔逊看来：公众参与应包括影响政府的所有活动，而不考虑这些活动根据政治系统的既定规则是否合法。② 而一般认为，公众参与是普通公民通过一定的方式影响政治权力体系及公共政治生活的政治行为，它是现代社会民主制度赖以存在的基础。

在中国，公众参与具有特殊的内涵。在参与的特征方面，陶东明和陈明明基于现实的分析认为，当代中国政治参与制度的基本特征是执政党领导下的统合型政治参与渠道，它主要是用来提高政府对人民的控制力，而不是用来提高人民对政府的控制力。③ 也即在当代中国政治参与中，制度化的政治参，也即由政权力所认可的，并由法律或制度所规定的合法的参与方式占据重要位置。④ 在参与方式方面，王丽萍等认为，为一项社会活动组织募捐或者筹集资金，参加与政治有关的各种会议，向上级政府领导表达自己的观点，通过社会组织表达自己的观点，为某项特定的理想或事业加入组织或者团体，在互联网有关政治主题的论坛或者讨论组中发表自己的观点，在请愿书上签名，通过媒体表达自己的观点和游行、静坐、示威等都可以视为公众参与的具体形式。⑤ 此外，还有学者进一步把中国的公众参与划分为强政治参与和弱政治参与，⑥ 以及个体制度化参与、个体非制度参与、群体制度化参与和群体非制度化参与⑦ 等几种具体的类型。在中国，公众参与要么是指政府主导的制度化参与，要么就与公共冲突事件相联系。

（二）公共冲突理论梳理

一般意义上讲，冲突理论勃兴于 20 世纪 60 年代，它吸取了近代以来马克思、韦伯、齐美尔等古典社会学家有关冲突的思想，在批判结构功能主义的基础上逐渐形成⑧。

---

① ［美］戴维·米勒、韦农·波格丹诺：《布莱克维尔政治学百科全书》，邓正来译，中国政法大学出版社 2002 年版。
② ［美］塞缪尔·亨廷顿、琼·纳尔逊：《难以抉择》，汪晓寿译，华夏出版社 1988 年版。
③ 陶东明、陈明明：《当代中国政治参与》，浙江人民出版社 1998 年版。
④ 王亚玲：《近年来中国公民政治参与状况评述》，载《四川行政学院学报》，2006 年第 3 期。
⑤ 王丽萍、方然：《参与还是不参与：中国公民政治参与的社会心理分析——基于一项调查的考察与分析》，载《政治学研究》，2010 年第 2 期。
⑥ 左珂、何绍辉：《论新生代农民工政治参与：现实困境与路径选择》，载《中国青年研究》，2011 年第 10 期。
⑦ 麻宝斌、马振清：《新时期中国社会的群体性政治参与》，载《政治学研究》，2005 年第 2 期。
⑧ 时和兴：《冲突管理学源流探析——兼论公共冲突管理学的发轫》，载《国家行政学院学报》，2013 年第 5 期。

从学科渊源上看，西方的冲突管理产生于国际关系与和平研究、管理与组织研究、替代性争端解决，以及公共冲突解决等四个主要领域。①而公共冲突指那些事关公共利益的冲突，它既包括直接围绕公共事项产生的冲突，也包括围绕私人事项产生，但发展影响到公共利益的冲突。②在中国，公共冲突之前常被称为群体性事件、社会运动、社会动乱、社会泄愤事件、无直接利益冲突等。近年来，学界通常将公共冲突定义为那些事关公共利益的冲突，具体可以包括：政策制定或公众参与中的冲突，土地纠纷与拆迁纠纷，社区冲突，环境冲突，劳资冲突等。③公共冲突发生的客观一般原因通常为社会变迁与利益格局变化，而特殊原因则与政治机会、当前政府治理体制、参与者和治理者可用资源等因素有关；主观原因经常为目标的不相容性，特殊原因则包括参与者与治理者的主观认知、素质和国外敌对势力的煽动。④在当前条件下，中国社会的政府格局，公共冲突的解决不当经常会导致"二阶冲突"。⑤

如赫尔德所言，最坏的事情莫过于在结果尚未适当讨论之前就匆匆地付诸行动。⑥公共冲突的解决关注冲突的本质、类型、发展规律，强调通过创建对话与协商平台，运用公平、公正、科学的程序和方法，使当事方的关系由对抗转向协作，进而寻求能实现共赢的创造性解决方案，以此来化解冲突。可以说，近年来中国群体性事件之所以增多，与地方政府在公共决策过程中的不公开、不透明密切相关。⑦与以往相比，中国群体性参与的公共冲突出现了一些值得高度关注的新特点和新趋势，主要表现为：一定地域内的"邻避运动"时有发生，重在宣泄不满的"阶层冲突"明显增多，着眼利益表达的"罢工行为"接连不断，围绕权利展开的"价值追求"初现端倪。⑧尤其是处在社会转型时期，在群众的需求发生变化，公共服务供给不足，人们渴望公平正义，协调利益和化解矛盾机制不健全的现状之下，⑨政府重视"稳定"与民众过

---

① Ya Li, Zhichang Zhu, Catherine Cerard, "Learning from Conflict Resolution: An Opportunity to Systems Thinking", *Systems Research and Behavioral Science*, 2012, 29.
② 常健、许尧：《论公共冲突管理的五大机制建设》，载《中国行政管理》，2010年第9期。
③ 李亚：《中国的公共冲突及其解决：现状、问题与方向》，载《中国行政管理》，2012年第2期。
④ 张春颜：《公共冲突发生机理问题研究综述》，载《行政论坛》，2013年第5期。
⑤ 王玉良：《缺失与建构：公共冲突治理视域下的政府信任探析》，载《中国行政管理》，2015年第1期。
⑥ 戴维·赫尔德：《民主的模式》，燕继荣等译，中央编译出版社2008年版。
⑦ 李婷婷、李亚：《调解社区公共冲突：基于3个案例的分析》，载《北京理工大学学报（社会科学版）》，2015年第2期。
⑧ 王赐江：《中国公共冲突演变的新趋势及应对思路——基于典型群体性事件的分析》，载《中国行政管理》，2015年第1期。
⑨ 龚维斌：《当前群体性冲突的特点、原因及建议》，http://www.nsa.gov.cn/web/a/zixunbaogao/20140623/4157.html，2015-03-31。

度"维权"相互博弈加剧，[①]政府在区分和处理冲突处置、冲突化解和冲突转化三个层次上认识不足，[②]以及非利益相关者的围观现象明显增多[③]，这些都提升了公共冲突的治理难度。

（三）中国的公众参与和公共冲突解决

在中国，已有公众参与和利益整合渠道同公众的需求缺乏耦合大大制约了公众参与的程度。如北京大学中国国情研究中心 2008 年通过大规模的问卷调查发现：作为公众参与的主要形式，市民的参与率普遍较低，而在较低的投票率中，基层社区或居委会的选举又高于县乡人大代表的选举；城镇居民的参与水平又高于农村居民。[④]熊易寒在对上海市 L 镇 Z 小区的观察中也发现，在 1.2 万人的小区举行选举时，只有 3%的居民进行了选民登记，而真正的投票率则更低。[⑤]这说明长期在中国生活的公民非常清楚何种政治参与更加有效，因为在中国，非制度化的参与所给政府造成的压力是公民政治参与最有效的形式之一，而且这种形式的参与具有其他方法不可顶替的优势。[⑥]然而，作为转型国家，政府其实也有意通过"政治吸纳"的方式将更多的精英吸收到体制中去，最具代表性的就是"三个代表"的提出和富人参政的出现，而精英则以"政治投资"的意愿积极地参与到了国家政治中去。[⑦]总体来说，中国的政治参与的现状正如俞可平所说的那样，存在着：在政治上参与热情度低，缺乏通畅合法的参与途径，经常与政府发生大规模冲突，以及公民参与失去控制等问题。[⑧]

拓展公众参与，整合社会利益，重构个体与公共机构的联接机制，是解决公共冲突的重要方式。当前，在公共冲突事件的处理过程中，缺乏广泛的公众参与，不适当地将冲突处置的价值理念和作法用于冲突转化过程中，是冲突转化机制建设中突出的

[①] 李冰心：《秩序建构视野下的中国公共冲突事件治理路径选择》，载《行政管理改革》，2015 年第 1 期。
[②] 常健、许尧：《论公共冲突治理的三个层次及其相互关系》，载《学习与探索》，2011 年第 2 期。
[③] 原珂、齐亮：《"旁观者"现象：旁观者介入公共冲突的过程分析及破解策略》，载《社会主义研究》，2015 年第 1 期。
[④] 沈明明等：《中国公民意识调查数据报告》，社会科学文献出版社 2009 年版。
[⑤] 熊易寒：《从业主福利到公民权利——一个中产阶层移民社区的政治参与》，载《社会学研究》，2012 年第 6 期。
[⑥] 谢岳：《维稳的政治逻辑》，香港清华书局 2013 年版。
[⑦] 郎友兴：《政治吸纳与先富群体的政治参与——基于浙江省的调查与思考》，载《浙江社会科学》，2009 年第 7 期。
[⑧] 俞可平：《公民参与民主政治的意义》，见贾西津编：《中国公民参与：案例与模式》，社会科学文献出版社 2008 年版。

问题,如:在制度的建立、修改、补充的过程中,行政机构的意志发挥着过大的主导作用,而缺乏不同利益群体的广泛参与,缺乏不同观点的激烈交锋与碰撞,从而使所建立的制度缺乏公众认同。① 因此,对于现阶段频繁出现的公共冲突事件,以开放的视野建立起规避这种冲突的体系制度,构建民众与社会交往的制度规范,是预防和解决公共冲突的主要方法。② 与此同时,在公共冲突的解决中,具有较高公信力的第三方加入,③ 通过专业组织的参与,对冲突的解决往往有积极影响。④ 说到底,从机制建设的视角出发,公共冲突的有效管理需要建立不同主张的表达机制、对立观点的交流机制、冲突利益的整合机制、争议事项的裁决机制以及对抗行动的制动机制。⑤ 也即以参与为主要方式,通过市民的有效参与促成公共冲突各个主体之间的谅解,重构社会联接,并实现由冲突对抗到达鹄和解的转变。

三、长三角公共冲突中的公众参与

作为中国经济最发达的地区之一,近年来,长江三角洲地区的经济社会发展水平和各项综合改革措施均走在全国的前列。同样,由于发展过程中参与渠道和参与诉求不匹配所导致的公共冲突事件在这一地区也有凸出表现。本文分别选取江苏苏州,浙江湖州和上海J镇的典型事件为例,试图概括长三角地区公众参与和公共冲突的主要特征,并探究其发展动态。

(一)苏州通安征地引发公共冲突⑥

2010年7月14日至21日,江苏省苏州市高新区通安镇村民因动迁补偿款被基层政府克扣,以及不同地区补偿标准的不平等而在镇政府前聚集,冲突紧张时甚至一

---

① 廖克勤:《中国公共冲突治理的困境与破解》,载《经济研究导刊》,2012年第36期。
② 李冰心:《秩序建构视野下的中国公共冲突事件治理路径选》,载《行政管理改革》,2015年第1期。
③ 徐祖迎:《公共冲突管理中的第三方干预》,载《理论探索》,2011年第2期。
④ 赵伯艳、常健:《论吸纳民间团体参与决策对公共冲突化解的积极作用》,载《天津商业大学学报》,2011年第3期。
⑤ 常健、许尧:《论公共冲突管理的五大机制建设》,载《中国行政管理》,2010年第9期。
⑥ 案例来源:网易新闻:《苏州"通安事件"善后》,http://news.163.com/10/0819/04/6EE3R30A00014AED.html(访问日期:2014年9月20日)。和网易新闻:《苏州通安征地引发千人聚集,镇长书记被免职》,http://news.163.com/10/0722/02/6C5Q1HP80001124J.html(访问日期:2014年9月20日)。

度封堵了312国道。期间，聚集群众与防暴警察发生肢体冲突更是激怒了群众，而由此导致的更多市民的参与以及公共冲突的升级，最终迫使上级政府对相关责任人进行了问责处理。

1. 征地拆迁缺乏透明引发争议

通安镇原属于苏州市相城区，本是苏州最落后的乡镇之一，2002年区划调整之后并入高新区，并被规划为高新区新的经济增长点——"通安产业园"，由此也开始了通安地租价格的飞涨。2003年，华通花园和阳山花园的居民以40万/户的补偿标准被动迁，大大低于苏州工业园区100多万/户的补偿标准，由此导致了部分动迁户的不断上访。2010年，高新区新一轮征地开始，此次拆迁同等面积的补偿标准竟然超过2008年补偿标准的3倍以上，接着，2010年7月初，与通安镇相邻的浒墅关镇一村民宅基地被拍出13.12亿元的高价，由此导致了村民对于土地收益分配不公的极大愤慨。与此同时，坊间还传言，原通安镇副镇长、拆迁办主任由于存在总额达2.3亿元的巨额现金来源不明罪被捕，使得村民更加相信自己的拆迁款被基层政府克扣。于是从7月14日开始，村民开始陆续前往镇政府交涉补偿问题，村民提出按照3万元/人的标准进行补发，但镇政府只同意按照3万元/户的标准补发，由此引发了村民同镇政府工作人员的争吵，村民一怒之下将镇党委书记围堵在了镇政府。

2. 政府不当行为引发公共冲突

围堵事件发生后，镇党委书记宣称拆迁款的问题是自己的上一任领导留下的，应该由上一任官员负责，然而该官员当时已经被捕入狱。群众觉得执政官员无心解决他们面临的问题，由此也引来了更多的不满者围聚在了镇政府周围。事件发生之后，通安镇政府为了迅速解决问题，竟然纠集了当地黑恶势力团伙前去"营救"，此举更是引发了拆迁户的强烈反抗，拆迁户们愤怒地砸毁了镇政府的部分办公设备，与此同时，非利益相关群体也都聚集到镇政府周围。至7月15日晚，由于没有等到有用答复，大量群众继续围堵镇政府，但镇政府并没有派代表同村民进行谈判。而到了7月16日凌晨，大批全副武装的特警突然抵达镇政府周围，特警在"营救"被围堵镇长的同时，还对围堵群众进行了暴力驱散措施，并抓捕了部分围堵群众。16日白天，公共冲突直接升级，几千名愤怒的群众堵占了312国道，要求释放被捕群众并给出相应解释。而政府除了进行多次暴力驱散活动之外，并没有对群众的诉求做出回应。政府的不当行为非但没有消解冲突，反而使得冲突愈演愈烈，聚集的群众也越来越多。

3. 冲突升级迫使上级政府回应

通安的公共冲突事件引发了国内外媒体的广泛关注，也使得苏州市政府承受着巨大的舆论压力。7月21日，苏州市虎丘区政府紧急宣布通安镇暂停动迁，镇党委书记和镇长就地免职。同时，虎丘区政府宣布将组成5个工作组，进驻2008年以前被拆迁的社区，上门了解情况、征求意见，以切实解决群众的问题。然而，事情却没有就此结束,通安的抗议似乎引发了当地其他镇的连锁反应,21日当晚,虎丘区浒墅关镇和东渚镇都发生了几千人的群众聚集现象,同样要求补发拆迁款,兑现动迁与富民并进的诺言,查处贪污腐败官员。鉴于通安暴力驱逐事件带来的负面影响,此次执勤警察采取了被动保护而非主动驱散的措施保护两个镇政府不受冲击,同时,镇政府领导也积极与群众对话,当日深夜,聚集群众逐渐散去。7月28日,苏州市委宣布,报省委同意,苏州高新区党工委书记、虎丘区委书记王竹鸣就地免职,有关群众诉求会着力解决。至此,通安公共冲突在市民的非制度化参与过程中得到解决。

(二)浙江湖州织里税费冲突①

2011年10月26日—29日,浙江省湖州市吴兴区织里镇因政府随意操控税费征收数额,并实施强制征收措施,引发了以安徽外来务工者为主体的业主集体抗议,以至于演变成为群体公共冲突,在维稳的压力下,政府不得不重新审视正在实施的政策,引入更多的公共参与,由此才化解了冲突。

1. 未经法定程序征收的税费

湖州织里镇的童装产业起步于20世纪70年代,是全国文明的童装生产基地,童装是其支柱产业,家庭作坊式企业是其主要特色。2011年,全镇约有人口30万,其中外来人口20万人,以安徽安庆籍为主。为了解决家庭作坊式工厂订单大、时间紧、难以完成任务的问题,由外来务工者组成的更小的个人作坊便应运而生,个人小作坊的产生虽然解决了织里的订单效率问题,但也使得织里的服装产业更加破碎。起初,政府部门对个人小作坊并不征税,但随着小作坊的持续增多,从2009年起,当地税务部门开始向这些小作坊征税,一台缝纫机征税100多元,这便是所谓的"机头税";到了2010年,政府开始按工作人数征税,每人征税300余元,5人起征;但从2011年10月开始,政府对每人征税额突然涨到了626元;与此同时,坊间还有传言说明年税款将会涨到每人每年1000元,而这些税费的征收均未有任何公示或意见征询,这在当地特别是外来人员中引发了普遍的不满(因为外来人员的作坊多不到5人却要按照至少5人收费)。

2. 意外的流血事件激化冲突

在织里,"机头税"的征收并非由税务部门负责,而是由当地村委会派税收协管

---

① 案例来源:百度百科:《浙江湖州织里镇群众聚集事件》,http://baike.baidu.com/view/6940848.htm?fr=aladdin(访问日期:2014年9月20日),和中国纺织网:《浙江织里"抗税"事件详细调查》,http://www.texindex.com.cn/Articles/2011-12-19/247265.html(访问日期:2014年9月20日)。

员采用社会化征收的方式进行。也正因为此，收税协管员在操作上的随意性非常大，收税不开发票，不交税就采用"锁门"、"恐吓"等方式威胁的现象广泛存在。2011年10月26日上午，织里镇在征收"机头税"的过程中，由于一名安庆籍小业主对征收数额和协管员的态度多有不满，于是便同协管员发生了肢体冲突，当中安徽籍的业主被打受伤（官方回应说没有人员受伤），由此引发了安徽籍外来人员的集体不满。26日下午，受伤的业主纠集百余同乡聚集于镇政府前上访，要求解决上午纠纷问题，但未得到政府回应。当晚，又有上千人同籍业主聚集在镇政府前讨说法，而就在此时，一辆湖州籍的奥迪汽车却意外驶入聚集人群，司机惊慌中先后撞伤了十余人，由此引发了外地业主的愤恨。当晚，聚集群众开始用暴力表达了多年来对织里政府的不满，并造成了非常大的公私财产损失。

3. 参与解决冲突并实现达鹄

10月27日中午，不满的业主再次在镇政府前聚集，在诉求得不到回应的情况下，部分激动的安徽籍业主涌入镇区，不但对湖州籍车辆进行拦砸，还将一辆负责执勤的警车点燃。由于政策歧视造成的公共冲突直接升级，此后，公安部门对滋事者进行了抓捕，事态才趋于稳定。10月28日，织里镇政府发布公告称，"税收协管员许某因工作不细，方法简单，经研究已予以解聘"，同时，织里镇的社会化征收工作也暂时停止执行，公共冲突事件开始暂告一段落。然而，10月29日，织里当地人组织的"护厂队"又对安徽人的产业进行了报复，迫使浙江省紧急调动数千名特警前来制止，事件直至10月30日才基本平息。此后，织里镇政府转变工作思路，通过派专员分别同安徽籍业主和织里当地人沟通，在协商一致的基础之上制订了新的税费政策和产业升级策略。织里镇的社会治理也实现了由参与到达鹄，由冲突到共赢的转变。

（三）上海业主网络参与解决冲突[①]

面对通过正常途径参与公共事务的无效困境，受过高等教育且对国家政治生态有一定认知的上海J镇年轻网民，选择了通过网上业主论坛或跨社区的网络平台进行意见的交流和表达，在由公众参与的过程中，不但解决了公共冲突的"隐患"，也探索了公共冲突预防的新途径。

1. 温和手段向政府表达诉求

上海J镇位于上海市区边缘和上海卫星城郊区的结合地带，由于公共设施配套既不在市区范围内也不在卫星城的覆盖之内，使得J镇成了市区与郊区之间的一块"公

---

① 熊易寒：《从业主福利到公民权利——一个中产阶层移民社区的政治参与》，载《社会学研究》，2012年第6期。

共服务洼地"。并且随着近些年来J镇人口的猛增，公共资源配置矛盾，城市管理落后，以及社会公共安全等问题显得愈加明显。J镇公共服务的现状引发了当地居民的强烈不满，也激发了他们通过"联合行动"来改变自身处境的想法。面对制度化沟通的无效现状，2008年初，为解决"出行难"问题，J镇北面多个小区的热心业主（多为40岁以下的年轻人）聚集在一起，自发成立了网上"镇北联席会议"，不断向各级领导政府部门反映问题。2008年4月，"镇北联席会议"的论坛版主和热心业主们联合签名向市政府发了《J镇居民致人民政府的求助信》，在政府内部引发了一定反响。2008年7月，一位副市长在信访办会见了联席会议版主代表，接着，2008年秋，"镇北联席会议"的版主代表又参加了由市长主持的网民代表见面会，再次反映了J镇城乡结合部的管理问题，由此开启了J镇网上参与之门。

2. 同政府官员达成参与共识

就在镇北联席会议运作风生水起之时，2008年底，华女士调到J镇任副镇长，分管社区事务。受2006年J镇某小区要求居委会干部选举属地化"选举风波"的影响，青年业主的"镇北联席会议"让刚刚上任的华镇长感觉特别紧张。同时，由于J镇处于上海公共服务的洼地，而J镇的北部又是洼地中的洼地，为了改善自身的生活环境，镇北地区的居民参与公共事务的热情度又非常高。上任之初，华镇长整日忙于群众接待工作，不但事务繁忙且成效不大。接着，在与居民深入沟通时，华镇长发现年轻人多在网上以论坛的形式表达自己的意见，并且整个参与相对有序和规范，这让其对网上参与产生了关注。2009年，在解决公建配套等问题时，华镇长开始邀请相关的网民、版主参与，并约定一周以内给予居民答复。刚开始，华镇长与网民的见面是不定期的，也没有固定的人员。但渐渐地，经过一年的磨合，华镇长和70后、80后的网民代表逐渐打破隔阂，相互信任。在实际操作中，华镇长替居民解决实际问题，而居民则以建设性参与的方式为华镇长取得政绩，居民和官员之间由参与实现了达鹄，相互之间也形成了互惠的关系。

3. 以参与化解潜在公共冲突

到了2010年，J镇的网民见面会步入正轨，讨论的时间、主题和议事规则也逐步成型，版主和网民采用罗伯特议事规则，自发维持会议秩序。与此同时，见面会也不再由镇社区办唱独角戏，华镇长会根据会议主题邀请相关职能部门负责人与网民见面，现场答复并解决问题。到2011年，镇政府不再被动地听网民讲，而是主动将政府未来的工作计划告知网民。这样，政府与网民的沟通会议基本保持每月一次，遇特殊情况就两个月开一次，主题围绕J镇的卫生、治安、交通道路建设等公共服务问题展开。2012年5月，"镇北联席会议"的版主经商议后将联席会议更名为"志愿者联合会"，一方面使得官方更容易接受，另一方面也有助于打破"镇北"与"镇南"的藩篱，吸收一部分镇南地区的热心业主加入，成立代表性更加广泛的"J镇志愿者联合会"。自 2008 年至 2012 年的 4 年间，志愿者联合会定期召开政府和网民圆桌会议，所提出的 87 条有效建议和意见中有 63 条得到解决，镇政府与青年网民之间已经形成了一种良性互动关系，公共冲突的隐患也在参与的过程中得到化解。

四、长三角公共冲突的现状与特征

以长三角地区为例，在转型背景下，已有个体与公共机构之间的联系机制逐渐式微，而新的联系机制尚未完全建立，在表达无门的情况下，公众往往倾向于用非正常的参与方法来解决正常的利益诉求，由此造成了当前我国公共冲突事件的频发。而以正当利益诉求为起点的公共冲突，其解决也在一定程度上孵化了新的联系机制。

（一）经济民生诉求为主要问题

经济领域的利益冲突是公共冲突产生的主要原因。在林茨看来，在转型政体中，一般人对政治性事务乃至于政治性社团集会意愿不高，民众有一种对政治的"被动服从和冷感，退而扮演偏狭的和臣属的角色"[①]。上文案例也表明，在中国的农村和城市地区，居民的政治参与在很大程度上是由于自身利益受到了切实侵害才导致事件发生。在上海 J 镇网络参与的案例中，市民关注的不是政府公共服务提供不力背后的治理效能问题，而是关注自己该如何切实改善自身享有公共服务的水平问题。明显的民生诉求在苏州通安事件和浙江织里事件中更是表现无遗，贪污腐败和程序非法并不是公众所关注的目标，而当基层政府的行为确实危害到自己的经济收益时，民众才奋起反抗。这也印证了已有研究所表明的：在城市地区，公共冲突和市民的政治参与多跟自己的物业产权有关；在城乡结合部，中产阶层的政治参与在很大程度上是由于公共服务的"洼地效应"导致的；[②] 而在农村地区，农民的政治参与多跟集体收益或者土地拆迁有关。可以说，由于利益表达渠道不畅和前期参与不足而导致的经济民生利益受损，以及由此引发的公共冲突事件，也给市民通过参与来解决冲突埋下了伏笔。

---

① ［美］胡安·林兹：《极权与威权政权》，见格林斯坦、波尔斯比编：《政治科学大全》（第 3 卷），台北幼狮文化事业公司 1983 年版。

② 熊易寒：《从业主福利到公民权利——一个中产阶层移民社区的政治参与》，载《社会学研究》，2012 年第 6 期。

（二）冲突升级倒逼问题的解决

"强政策—软措施"，也即在政策制订之时较少考虑客体的诉求，而在政策执行时却对客体实施迁就行为，一直以来是中国公共政策的一个主要特点，[①]因此，非制度化的公共冲突以及冲突升级的潜在威胁，成为市民非制度化参与的主要策略。在中国，制度化的公众参与包括参加县、乡人大代表选举，参加居委会/村委会的选举，以及向本级政府信访部门信访等。然而，一方面，由于中国人大代表选举以及居委会/村委会的选举在实际运作中的种种问题，使其在国民中的影响力有待提升；另一方面，信访执行过程中"谁的孩子谁抱走"的政策，也使得信访非但解决不了矛盾，反而成了社会矛盾激化的重点。[②]因此，当普通公民的权益受到极大侵害时，处于底层的中国公众不得不频繁地采用非制度化参与的公共冲突对基层政府施压，以此引发上级政府的注意，并通过中国自上而下的压力型体制来解决问题。在苏州通安和浙江织里的案例中，经过大规模的非制度化参与而来的公共冲突之后，为防止公共冲突的进一步加剧，当地的上一级政府不得不走上前台，采取有效措施回应公众诉求。基于正当利益诉求的出发点，政府以扩大公众参与的形式有效回应公众利益诉求，重构官民联接机制，这在很大程度上促成了公共冲突由对抗冲突到达鹄解决。

（三）政府尝试以参与解决冲突

在转型时期，由于公众参与而导致的不稳定因素和稳定因素并存，在"维稳"的压力之下，面对社会公众的参与诉求，地方执政官员更愿意采用"消极策略"来解决问题，也即如果公众不主动采取行动，政府就不会主动倡议；如果公众采取了集体行动并且危害到了社会稳定，政府会尽量在制度的框架内解决问题。并且随着时间的推移，地方政府在面对公共冲突时，其应对也越来越程式化。以苏州通安和湖州织里公共冲突为例，在应对苏州通安事件和浙江织里事件时，执政者刚开始采用了激进的措施，但当矛盾进一步激化之时，地方政府立即启动了自身学习系统，软硬兼施地解决了复杂的公共冲突。同样，在上海 J 镇市民网络参与案例中，面对公众的合理诉求，上海的执政者非但没有采取强硬手段去解散该组织，反而通过部分回应公众诉求的方式，先是稳定大众的情绪，然后再通过疏导的方式让居民参与进来，并在参与的过程

[①] 孙志建：《中心工作与边缘性治理：中国城市摊贩监管的政策变迁研究》，载《公共行政评论》，2013年第3期。

[②] 于建嵘：《对信访制度改革争论的反思》，载《中国党政干部论坛》，2005年第5期。

中与居民实现达鹄。可以说，在解决公共冲突的过程中，虽然存在动机上的缺失，但为了避免更进一步的公共冲突，政府也渐渐学会并接受了以参与整合利益，以参与解决冲突，以参与实现达鹄的策略，政府已开始尝试重构个体与公共机构的联接。

五、结 论

在转型时期，由于个人与公共机构之间的联系机制不畅，新社会力量的参与诉求不能得到满足，以及参与不足而导致的经济侵权问题时有发生，在我国实现治理体系和治理能力现代化的过程中，公共冲突的频发有着客观的社会背景。与此相对应，面对后发国家民主转型的困境，中国政府采用了渐进式的改革道路，也即在解决问题的过程中发现问题并进一步解决问题，这种由问题倒逼的改革是中国全面深化改革的主要策略，同时也在一定程度上强化了中国通过公共冲突促进体制改革的既有路径。因此，在我国，非制度化的公众参与往往与公共冲突事件的发生相伴随，而公共冲突事件的解决又往往会对公众参与具有推进作用。可以说，作为一个中间变量，中国的公众参与对于公共冲突的解决起到了正向的推动作用，正是由于市民的参与，才促使了社会矛盾由冲突向达鹄转变，并进而在达鹄的基础之上推进中国的下一步改革进程。

然而，我们也应该看到，当前，我国的公共冲突往往因经济民生问题而起，在冲突进一步升级的威胁之下得到解决，且政府也开始尝试以公众参与促进公共冲突解决，但这并不能证明以公众参与解决公共冲突，以公共冲突推进体制改革就是一条可行之路。已有实践也表明，公共冲突的解决既不能只靠强权力的推动，也不能依靠妥协让步而勉强维系，而必须以博弈双方的互信为基础。[1] 因此，在实现"四个全面"建设过程中，以全面建成小康社会为价值目标，以全面深化改革为主要推手，以全面依法治国为主要目标，通过法治来重建个体与公共机构之间的联接，通过法治整合社会多元利益诉求，通过法治来保障公众参与的权利同时约束政府的行政权力，通过法治的方式将公共冲突解决在事前，这不仅有助于解决我国当前面临的公共冲突问题，对于探索具有中国特色的政治现代化道理也具有重要意义。

---

[1] 王玉良：《缺失与建构：公共冲突治理视域下的政府信任探析》，载《中国行政管理》，2015年第1期。

移动互联时代群体性事件的
网络动员演化机制及对策

庞 宇*

摘 要：移动互联时代群体性事件的网络动员频频出现，网络成为公众表达意见的平台。一方面涉事的草根阶层寻求公平正义，唤起事外公众的同情援助；另一方面带有泄愤滋事的网民掀起网络聚集行动。基于不同目的群体利用社交媒体实现动员，造成事件在更大范围的影响。分析群体性事件中动员的形式、结构组成，以及运行轨迹等，有助于管理者对突发群体性事件的先期处置，实现有效的社会治理。

关键词：群体性事件；动员结构；治理路径

转型中的我国社会面对结构变化、贫富差距扩大、地区发展不平衡等诸多问题，很多微小事件处理的失时、失当就会因为蝴蝶效应的作用波及社会整体。网络成为公众寻找事实真相的新平台，并开辟了舆论监督和评议的新通道，突发群体性事件的频繁发生，甚至通过网络线上线下动员，集结成跨区域甚至全球化的社会行动。集体行动背后的情绪传染和集体看客的无意识盲从在互联网环境下可能瞬间引发网上聚集和现实社会群体性事件。互联网环境下突发群体性事件的网络动员极易造成社会舆论爆发、社会情绪失控以及现实生活的群体性聚集，成为社会管理的难点。对群体性事件中的动员机制深入分析，了解其动员结构组成，从而对其进行有效管理。

---

* 庞宇，传播学博士，国家行政学院博士后，北京行政学院讲师。主要研究领域：应急管理、媒体沟通、领导科学。国家社科基金青年项目"大数据背景下网络突发事件社会情绪演变的治理模式"（14CGL049）阶段性成果。

一、移动互联时代网络动员的涵义与特点

（一）移动互联时代网络动员的涵义

"社会动员"由美国学者 K. 道易治（Karl W. Dueoth）提出，他将其定义为"人们所承担的绝大多数旧的社会、经济、心理义务受到侵蚀而崩溃的过程；人们获得新的社会化模式和行为模式的过程"。我国学者从社会活动和社会影响的角度来定义社会动员。郑永廷认为："所谓社会动员，就是广义的社会影响，也可以称之为社会发动。它是指人们在某些经常、持久的社会因素影响下，其态度、价值观与期望值变化发展的过程。"[①] 社会动员对社会的影响和作用可以分为积极作用和消极作用。突发群体性事件动员包含了组织社会学的基本要素，例如：互相沟通的个体，某些人愿为集体的利益贡献力量，不同的个体为实现目标共同的努力。突发群体性事件动员是一种有组织的集体行动。巴纳德认为，必须存在一定数量的人，并且人与人之间要形成互动；这些人具有为集体出力的意愿；这种意愿通过实践的行动得到了验证。[②]

移动互联时代下突发群体性事件动员是一种有组织的集体行动。因为互联网等新应用、新技术元素的加入，使得动员的规模、动员的速度、动员的效率以及动员范围等都比传统的动员复杂多变、难以把握。

（二）移动互联时代网络动员的特点

移动互联时代的动员与传统的动员相比，概括地说在规模和速度上得到了进一步的提升，具体来说，网民在更广阔的范围集结更广泛的动员力量，网络动员的诉求趋于多样化，"线上发动、线下行动"更便捷，网络动员成员中青年成为最活跃群体。借助移动互联网，社会成员参与的集体行动在网上网下互动频繁。主要表现在线上网络呼吁、网络签名、网络搜索；线下示威游行、集体上访、集体静坐。具体来说，主要体现在以下几方面：

1. 快捷性。 互联网的迅猛发展，微博、微信等新技术的应用使得突发事件中网民发表的言论即时交流互动，表现为跨时空的组织传播、人际传播和大众传播交融。这种裂变式信息扩散格局为网络群体动员提供了巨大传播效能。特别是充分体现即时

[①] 郑永廷：《论现代社会的社会动员》，载《中山大学学报（社会科学版）》，2000年第2期。
[②] 李华俊：《网络集体行动组织结构与核心机制研究》，上海大学博士论文，2012。

性、传播速度快、交互性强的微博信息，一旦形成议题聚集，就会呈现迅速蔓延、无线扩张的链式反应。手机媒体是互联网媒体的延伸，成为具有通讯功能的迷你型"电脑"。在 3G 网络、手机这些微博传播媒体加入互联网后，更易整合各种信息渠道，形成融传统媒体和新媒体为一体的多元信息传播网络。新媒体技术发展日新月异，为突发群体性事件动员提供了快捷的技术平台，使得瞬间影响国内外网民行为取向成为可能。

2. 隐蔽性。一是网络动员主体具有隐蔽性。在网络空间里，每个人只是出现于电脑屏幕上的信息。这就给网络动员发起者提供了隐蔽身份的条件。二是网络动员渠道具有隐蔽性。由于动员主体是通过网络这一虚拟渠道发起的，其隐蔽性不言而喻。虚拟空间极大拓展了现实动员的可能空间。三是利用电子商务等各种消费模式进行网络动员。随着互联网的发展，电子商务正成为现代生活重要组成部分，网上购物、网上消费已经成为时尚。人们在消费产品的同时，也在消费不同的文化，接受和逐渐认同其价值观。这也是一种隐形网络动员。

3. 互动性。传统动员模式中动员的主客体间互动交流的机会很少，动员客体大都是被动接受来自动员主体的信息，动员是单向的。而在互联网环境下动员的主体和客体实现了即时互动沟通。在动员过程中，动员的主客体界限模糊，可随时转换。此外，动员客体还可以就动员某些内容发起新的动员，展开网络的讨论与争辩，使得网络动员主客体互动空前活跃。

4. 广泛性。随着互联网的发展，快捷便利、不受时空限制的网络动员速度异乎寻常，所能达到的规模也不可限量。这种动员速度和规模的无限性，使网络动员影响空前广泛。

二、群体性事件网络动员体系的构建

（一）群体性事件网络动员的主体和客体

动员主体是指动员活动的倡导者、发起者或组织者。动员主体在整个动员过程中处于主导核心地位，设置动员主题、制定活动计划、策划动员方式等。互联网动员的主体可以是政府、媒体、公民以及社会组织等。动员主体的自身素质和结构组成决定了动员活动实施地顺利与否。

动员客体是指动员活动中的参与者，可以是分散的个体或是社会组织。动员客体的结构，如文化程度、社会阶层、参与程度以及其思想和行为服从状况和配合程度也决定着动员活动能否成功。

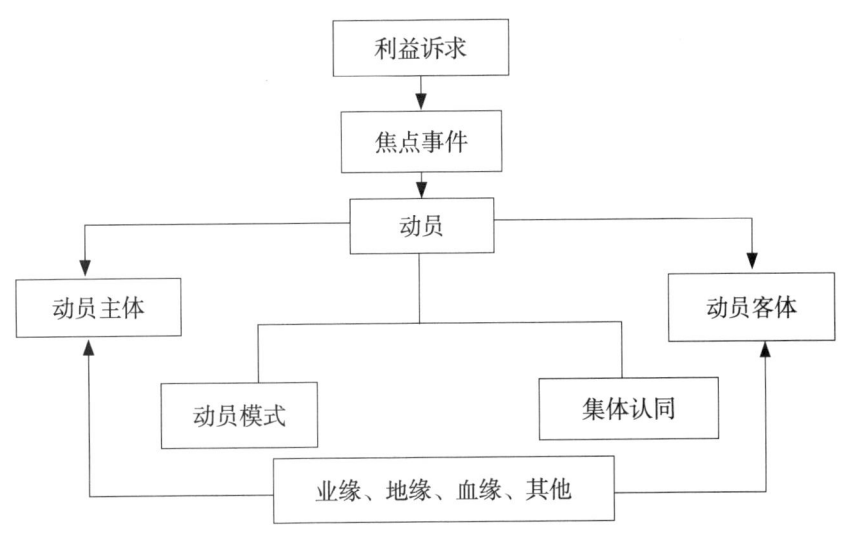

图 1　互联网环境下群体性动员的机制

互联网环境下突发群体性事件动员的模式如上图，一系列突发事件基于一定的利益诉求，在网络上或现实中形成焦点事件，引发公众的围观、参与，自然形成群体事件中的动员主体和动员客体，在两者交互过程中构建了集体认同感，集体认同的形成使得动员主体和客体通过业缘、地缘、血缘等关系建立了相对稳定的关系和组织，然后采取一定的动员模式实施集体行动。

网络环境下突发群体性事件动员从动员理论看，集体动员的力量并非既存的实体，而是建构的过程。换言之，人们在网络的虚拟社区里，相互沟通、协调、讨论、情感交流、凝聚共识，建构群体性想象，然后借由群体性想象进一步打造集体行动。动员通过网络，每一个人成为网络的一个节点，动员时依赖每一个节点来散布消息。除了动员团体内成员，也动员更多的非成员参与即动员客体。

在动员过程中，成员由初步认知进入情感投入期，而核心动员网络的形成则为关键。动员的能动力在于核心团体的能动力与密度，核心动员成员即动员的主体成为中心结点来散布议题组织扩大动员力，企图动员每个网友，有学者称其为征募网络，研究显示，认知需求与集体认同感受的增加与人际互动程度呈正相关，即表示在不同的网络场域的互动模式确实会影响人际关系的质量与方向。人际互动关系愈强者，愈容易强化认知需求与内团体认同。因此，网络社群互动的质与量可强化在线人际关系的互动，进而活化团体人际互动与强化认知需求与团体认同感。

网络动员转化为实体的动员力量即现实中的群体行动。网络集结是一个建构、谋求团体利益的过程，而成功的集结可以转化为实体动员力或具效力的动员力量。动员主体在这一阶段的工作即是要先确立动员的目标，并获得其他成员的共识，对议题的讨论应有组织性原则与架构。动员主体是动员的核心成员,根据群体的共识来形成动员原则、组织架构(目标),在网络上可以持续利用电子邮件、论坛、微博、QQ等持续交流互动。动员力量属于由下而上,属自发性的力量,针对特定议题实现成功的集结与动员。

(二)群体性事件网络动员的路径

突发群体性事件动员的发生是因为自身或公共利益受到损害或无法满足,个人或相关组织利用社交媒体发送、传播信息或转发评论,使得网民在网络上集结,要求涉事部门公平、公正、公开。纵观近年来的突发群体性事件,网络工具诸如QQ、网站论坛、微博在动员之初,成为公众青睐的媒介,在这些平台上网民就某些话题展开讨论。通过话题论坛置顶、焦点事件大V关注、微博转发等,在网上迅速掀起舆论高潮。随着事件的发展,涉事公众和围观公众在网上及时更新事件的进展,图文视频的多媒体发布激发了更多网民的关注和参与热情,引来大量网民围观。从而引发现实世界的群体聚集。例如,江苏启东事件中,最先以学生为主体的部分网友在微博及QQ群聚集声讨王子纸业会带来环境污染,谴责当地政府被日企买通,网友制作了电子宣传海报倡议大家参加更大规模的示威游行,并号召当地民众向厦门和大连的PX项目抗议者学习,抗议口号定为"文明散步,理性抗污"。虽然当地政府倡议劝说民众不要参与反对南通王子排污启东群体性游行,但是群众游行如期举行。在示威游行中,民众不时将现场的图片上传至网络,从图片中可以看到示威人群高举抗议标语以及激烈的暴力冲突画面。

(三)从"启东事件"透视群体性事件网络动员生成机制

2012年7月28日,江苏省南通市下属县级市启东暴发大规模群体性事件,事件的起因缘于当地民众抗议王子纸业(中日合资)有可能造成严重的环境污染。王子纸业创业于1873年,是目前世界范围内规模较大的综合造纸集团。1995年王子纸业在上海设立代表处,正式进入中国市场。之后的十几年间,王子纸业在中国发展了20多家公司,覆盖造纸、加工、物流、贸易等业务。据王子纸业官方网站称,2006年该公司南通项目通过中国国务院的审批,2007年成立了投资总额近20亿美元的江苏王子制纸有限公司,2011年正式投入生产。由于造纸行业对环境所产生的多方面不利影响,世界范围内的造纸产业都曾遭遇人们的抗议。王子纸业南通项目自2007年开工建设以来,当地民众在网络上的抗议声音就从未中断过。当地网民通过论坛、博客等网上渠道表达自己的抗议,呼吁大家"为了新鲜的空气,为了湛蓝的天空,为了洁净的水源，为了家乡，为了后代，加入到反对王子纸业的环保行动中来"。在这些网络抗议声中，尤以上海和南通下属的县级市启东市较为集中，因为上海位于王子纸业排污下游，启东不仅同为其排污下游，且一条计划中的排污管道将直通启东市的吕四渔港。随着王子纸业正式投产，该排污管道的建设日益迫近，启东当地居民的网络抗议也日趋激烈。

1. 动员过程：民众动员与政府反动员并行

2012年6月9日，南通启东上千人示威游行，反对建设排污管道。当地居民抗议的主要原因在于，废水中含有致癌物质危及生命健康，当地丰富的渔场资源会受到污染。

7月15日前后，以学生为主体的部分网友在微博及QQ群聚集，声讨王子纸业会带来环境污染，谴责当地政府被日企买通，并计划将于7月28日进行更大规模的游行示威。这一网络抗议在7月23日至25日之间达到小高潮，网友们制作了一系列的宣传海报，通过互联网传播，并号召当地民众向厦门和大连PX项目的抗议者学习，抗议口号定为"文明散步，理性抗污"。

启东市政府相关部门对这次计划中的游行示威也做了相应的准备，通过机关、学校、居委会等多种渠道劝说民众承诺不要参与此次活动，并要求民众签署承诺书。承诺书称，7月28日至30日的集会游行为非法活动，签名者应承诺不参与，否则"会受到治安处罚，并会直接影响进入高校深造学习，乃至影响个人前途命运"。7月24日，启东一些学生家长收到以校方名义发送的短信，称"为了孩子的进步成长，请您的孩子务必不要参加与王子达标水排海工程有关的游行示威活动，也希望你不参加、不围观、不张贴"。也有市民收到的短信内容为："接上级通知，最近启东维稳形势严峻，为了安全起见，请管好自己的孩子，7月28日、29日、30日不要上街外出，不要参与反对南通王子排污启东群体性游行、散步等活动，违者责任自负。"

7月26日晚，启东市副市长张建新发表官方视频讲话《至全体市民的一封信》，表示"南通大型达标水排海基础设施工程"正在进一步深入论证评估，其建设工程将暂停，并要求市民不组织、不支持、不参与、不围观非法集会游行示威活动。7月27日，启东机关报《今日启东》在头版发表《维护和谐稳定是我们的共同责任》，中新社、人民网等对此进行报道。同一天，王子纸业官方网站发布《关于排海管道的说明》，称排海管道是江苏王子纸业的配套工程，但实施主体不是王子纸业。说明中还称王子纸业水质管理系统以国家标准为准，在厂内经过净化处理后再将达标水排放。

7月28日凌晨，启东市公安局官方微博发布通告："维护和谐和稳定是我们的共同责任。请大家不信谣、不传谣，像爱护自己的眼睛一样，倍加珍惜，共同维护好当前启东来之不易的稳定发展的好形势、好局面。"之后又发布公告："请坚信各级党委政府一定会从人民群众的根本利益出发，审时度势，对人民负责、对启东负责。

不理智、不慎重的行为极有可能被别有用心的人所利用，事态会朝着不可估计的方向恶化。请全体市民从自身及他人的安全出发，从我市的整体利益出发，务必保持理性、克制。"但是，计划中的游行示威活动还是如期举行了。7月28日早6时许，聚集人群发现原定的永安广场被封锁后，转而涌向政府所在地，并在7时许冲入政府大楼，微博及论坛上无数图片对此进行现场直播。从图片中可以看到：示威人群高举抗议标语，人群将警察挤至墙角并试图抓扯，年轻女孩站在办公桌上向文件资料浇水，人们从办公室拿出名烟名酒，政府办公楼上的人群欢呼胜利……

上午11时左右，启东市公安局发布通知："南通市政府决定：'南通排海工程'已决定永久取消！请市民放心回家。"但事态并未平息。据网上图片显示，启东市市委书记孙建华被示威群众团团围住，群众扒掉了他的上衣要求他换上一件支持环保诉求的宣传衫。在政府高音喇叭反复播报"永久取消"的通知后，中午时分群众陆续开始离开现场。然而从中午时起，大批武装执法人员走上街头，与仍未离开者发生冲突，网络上的一些图片和视频显示了激烈的暴力冲突画面。有网友称这是从附近其他地方调集来的警察，还有网友称现场示威者被打死。当天下午，启东的游行示威活动平息。

2. 动员的组成：区域性特征明显，中青年成为最活跃群体

环境群体性事件多因为邻避效应的出现，即当地政府规划大型项目或公共设施产生社会和经济效益，但是项目设施产生的污染由附近居民承担，于是项目选址周边的居民集体反对抵制，这种"不要建在我家后院"的"邻避效应"屡见不鲜。因为是基于某地居民担心建设项目设施对身体健康、环境质量以及资产产值带来的负面影响，可能涉及污染的居民产生一种嫌恶的情绪，组织当地居民采取强烈地、高度集中的行为方式对政府和企业施压，进行集体反对和抗争。而其他地区的民众通过网络或其他媒体渠道了解某地的环境群体聚集，多是网上声援，表示同情，一般不会参与当地民众的网络动员以及线下聚集事件中。

环境事件的全民参与性已经是不言而喻，谈及环境问题即是全民的问题，人们之间的阶层、贫富、地位等差别瞬间模糊化了，大家回归到对生存的最基本要求。当环保项目令当地民众不满意时，人们打出保护家园、保护身体的旗号，无论是儿童、老人、妇女，还是工人、农民、学生都被动员起来。以学生为代表的中青年熟悉网络的信息传播规律，通过微博、论坛、手机短信散发抗议游行聚集信息，使得线上动员在线下聚集成为现实。在此次启东事件中，我们看到90后学生所发挥的不可或缺的重要作用。有网友在论坛里指出，启东民众虽然早有怨言，但直到放暑假后学生的参与才使事件最终成型。从启东政府的通告及短信、承诺书等内容中也可以看出，政府针对的也主要是学生群体。年轻的学生群体涉世未深、情绪易被煽动，特别是能够熟练运用网络技巧，这些因素为启东事件的最终爆发起到了决定性的作用。一些研究者也指出，当民众受教育程度较高、网络通信设施较发达、学生等年轻群体比重高、百姓对政府持续不满等这些条件具备时，高危群体性事件更易发生。政府相关部门需要对此有足够的重视。

3. 动员的诉求：不再是经济赔偿，更多要求健康权

环境类事件涉及的利益关系比较清晰，此类群体聚集事件主要涉及三方利益主体，即当地政府、排污企业与当地民众。环境动员事件发生大多遵循这样的模式，产生污染的企业申请在某地办厂或扩建——当地政府在没有信息公开和征求当地民众意见下同意企业要求——民众通过非官方途径得知污染企业的信息——民众通过信访渠道向当地政府反映问题，当地政府未能快速做出回应或答复意见不合民意——矛盾积聚升温，民众通过网络途径传播扩散串联组织，引发群体性事件。

此类事件的利益冲突一般是当地政府与企业形成某种"统一战线"和当地民众形成正面"对抗"。当地民众参与动员并形成聚集不再是想通过"抗争"获得经济赔偿，而是在"环境保护"相对宽泛的诉求下，民众要求更高的环境权和健康权。不像强拆征地等涉及个人私益的事件，此类事件有着群体性的共同利益诉求，容易形成强大的群体情绪和力量，企业通过物质补偿收买人心已经行不通，民众越来越关心自身的生存环境，拒绝救济性的物质赔偿。此外，当地民众要求地方政府对于涉及排污的项目和企业事前信息公开，对于当地的经济发展和环境保护站在客观公正的立场，拒绝以牺牲环境为代价的经济发展，当地群众更多地从自身健康出发与政府决策博弈。

4. 动员的助推剂：从众心理到示范效应

近年来环保维权事件频发，并且其中个别事件带来的恶劣影响极大，比如厦门抗议 PX 项目事件和什邡抗议钼铜项目等，这些项目都因当地民众的抗议而未能进行下去，无疑为公众树立了一种"模板"。而且厦门的"散步"行动得到了一些媒体或意见领袖的正面评价，使得厦门的和平"散步"及什邡的激烈冲突，既从正反两个方面提供了可以借鉴的样本，也给活动组织者和参与者提供了"技术性经验教训"。启东事件中网络流传的宣传海报上特意提到了什邡，并号召大家"文明散步，理性抗污"。

三、移动互联时代群体性网络动员治理的对策

（一）避免群体性权益焦点问题叠加

纵观近年来的群体性事件，当前社会群体差异较大，关系交错复杂，每个人具有多重群体属性，各群体又有各自的权益诉求。当某一群体权益受损时，如果得不到及时妥善处理，单一群体矛盾可能会与其他社会矛盾叠加，形成多群体联动，导致矛盾

蔓延升级，影响社会稳定。在类似事件的处理过程中，重点要防止矛盾方向的转变。

1. 各种社会群体共同组成了立体交叉网络

在互联网环境下群体性事件动员过程中，一般涉及这样几类人群。第一类是利益相关群体，他们扮演着"弱势群体"和"受伤害对象"的角色，以身体行动的方式表示抗议。第二类是媒体名人或者所谓的"意见领袖"，他们经常出现在媒体上，就社会热点问题发表评论，具有较高的社会知名度和舆论影响力。第三类是法律和专家学者，他们通过接受媒体采访等形式，从学术角度对事件进行分析评论，影响较大。这三个不同群体通过某个事件联系在一起，互动、联动，使事件逐步升温。这种多群体联动与当前的社会现状十分吻合。一方面，随着社会分工的细化，社会群体类别日益增多；另一方面，随着社会结构的深刻变化，各个群体之间交叉重叠，个体可能具有多个不同的群体身份，单一事件也可能牵扯到多个不同群体。所以，社会群体结构的总特征是各种社会群体共同组成了立体网络，他们即是相互独立，又是相互关联的；每个社会群体都是一个点，具有相近社会地位或收入水平的社会群体就相互组成了面，不同的社会面组成了社会立体网络。

2. 个体的多重群体属性使各社会群体可能形成联动

群体性事件发生时，个体的多重群体属性有可能造成多个社会群体的联动。比如在"北大访民事件"中，孙东东的言论直接伤害了访民这个群体，刺激了访民所代表的弱势群体，触怒了那些为弱势群体"伸张正义"的维权人士和意见领袖们，也惹恼了医学和法学领域的专家学者。在此事件中，多群体的相互联动使得其诉求也呈现出多样性：访民要与孙东东对话，要求其道歉，要求北大开除孙东东、卫生部撤销孙东东的专家资格；媒体和学者则质疑孙东东的言论是否有依据，讨论专家应当如何表达观点，质疑其专家资格，讨论孙东东式人物对社会和国家政策造成的危害。这些联动使得事件发展方向变得复杂，如果把握不好会引起各社会面更广泛的参与。

3. 群体权益成为社会焦点，谨防群体矛盾碰头叠加

由于每一个群体社会地位、收入水平、话语权不同，以及生存状态、政策关照度的不同，造成彼此之间存在差异，也增加了各群体对与自己相关权益的敏感度。当某些社会个体感到权益受损或与其他群体相比待遇不公时，如果得不到及时妥善处理，极易引发群体性权益诉求，或与其他矛盾问题碰头叠加，使处理难度增加。在这种事件的处理过程中，重点要防止矛盾方向的转变，疏堵结合，使事件尽量控制在简单、低级的范畴中，避免升级、转化。当某一群体的权益受损或与其他群体相比待遇不公时，如果得不到及时妥善处理，极易引发群体性权益诉求，或与其他矛盾问题碰头叠加，使处理难度增加。在这种事件的处理过程中，重点要防止矛盾方向的转变，疏堵结合，使事件尽量控制在简单、低级的范畴中，避免升级、转化。

（二）构建网络民意凝聚和汲取机制

突发群体性事件在发生蔓延初期网络上都会有端倪，做好舆情的监测研判和分析，避免其扩大和全面爆发，甚至转化为现实行动。一是加强网络舆情监测。建设舆情监测站和舆情分析团队，及时发现网络舆情热点和跟踪负面言论和行动，掌握信息源，建立即时动态的舆情跟踪和处理机制。在移动互联网快速发展的新媒体环境下，群体性事件经网络动员使得事件发生发展过程，在短时间内会产生海量的信息，信息种类和话题繁复庞杂，传播速度快、难以掌控，因此，在事件没有引起爆点和炸点的时候，做好监测预警，在一定程度上有效防止事件升级扩大化。二是建立网络舆情快速反应机制。提高政府对网络民意"敏感点"发现、"热点"预警、"爆发点"掌控力，建立针对突发事件、热点事件、重大事件的网络舆情快速反应机制。三是建立网络民意导入政治决策程序。网络民意只是部分民意，或者说民意的一种表达形式，其特点是直接、快速、方便。把网络民意转化为公共意见和公共利益，需要有一个特定程序。四是建立网络民意和传统民意衔接机制。虽然互联网在表达民意方面影响和作用越来越大，但网络民意的局限性也十分明显。必须始终坚持从"主渠道"途径了解民意，建设沟通民意的制度化、程序化通道。建立完善的网络表达机制，建好各级政府政务公开网、"市长热线"，维持人大代表、政协委员博客、微博的长期化，做好各种网络论坛民意汇聚工作；完善网络民意与传统民意通道的联动和衔接，推动网络媒体与传统媒体联合进行网上调查，双方共享资源，互利合作。

（三）加强网络舆论的引导机制

互联网的发展，已使它成为一个重要的舆论空间。这个舆论空间不是孤立存在的，和现实社会的联系越来越紧密，一些网上言论落地化、行动化、组织化迹象日益明显。掌握舆论主导权，尤其是在网络突发事件发生后，把握正确的舆论导向，营造网上主流舆论强势，增强正面舆论的引导力量，必须建立和完善快速反应的网络舆论引导机制。

1. 把握时间性

所谓时间性问题，就是突发性群体事件发生后，什么时候出来发布权威声音，网络突发事件首要坚持的原则是"越快越主动"。新媒体、新技术的快速发展加快了信息的发布速度、扩大了传播范围，对政府及时发布信息提出了更高的要求。在应对公共突发事件中，必须重视和遵循新闻传播规律"黄金 4 小时法则"，力求在 4 小时内主动发生、通气协调、披露信息。迅速反应意味着以人为本、责任政府，最大限度地减少不稳定和不确定因素。具体体现在以下几个方面：

第一，政府成为权威的信息源。政府通过调动各种资源，与各方及时沟通，对于事件的情况尽可能快速全面的掌握，通过官方微博或新闻媒体进行信息发布，保证政府成为权威的、可信度高的信息源，避免网络谣言替代真相在网上大肆传播。

第二，先报态度，再报进展。群体性事件经常混杂着众多的因素，一时间很难得出结论，在没有结论的时候，先表明立场和态度，给公众一种负责任的态度。

第三，持续关注，连续发布。事件的处置需要一个过程，网友对事件的关注也呈现出连续性，边处置，边发布，避免网友的主观猜测。

2. 增强主体性

所谓主体性，就是在舆论引导过程中掌握话语权。话语权就是对舆论的主导力和控制力，简而言之，就是所要传达的声音是否能够按照本来的意图传播出去，并收到良好的效果。只有用好话语权才能掌握主动权，进而提高舆论引导力。构建话语权主要从以下几方面：

第一，提供真实全面的信息和数据。真实的信息和数据是构建话语权的首要条件，也是树立威信，保持公信力的重要支撑。虚假和敷衍的信息，经不起时间的检验和事实的推敲，也无法为公众的判断和行动提供指导意见，只能引发更多的混乱。此外，公众对于事件信息的需求是持续不断的，随着事件处置的进展，就公众关心的问题做出解释和回应。除了对事实做出客观介绍和呈现外，还要提供反映观点、立场、情感的信息，用这样的意见信息影响人、感染人，达到引导舆论的效果。

第二，打造第三方权威话语体系。充分发挥专家咨询团队的作用，引领媒体和公众意见。第三方介入公共舆论表达，可以为公众从专业角度、知识层面、法律方向提供权威信息解读，引导舆论朝着建设性方向发展。意见领袖是指为他人提供信息，同时对他人施加影响的"活跃分子"，他们在大众传播过程中起着中介和过滤的作用，并对传播效果产生重要的影响。"意见领袖"发布的信息对于普通网民具有高关注度、高转发、评论数、高信任度的特征，其影响舆论、引导舆论的能力越来越强。培养体制内意见领袖，使其具有大局观、社会责任感、具有学术功底和理论高度，使其能够在热点话题和热点事件出现的时候负责任、有担当，主动承担起澄清事实、揭露真相的责任，引导网民调节情绪，使其理性、科学的态度看待问题；团结有独立想法和思维方式、在网友中有相当高威信的意见领袖，引导他们理解党和政府的方针政策，以及理解政府解决复杂问题的基本思路和实际操作，引导网络舆论向健康、理性的方向发展。

第三，注重平衡表达，巧用"两面提示"。群体性事件一般涉及多个利益方，不能仅从自身的利益、角度出发思考问题，发布信息，要充分考虑公众的心理期待和媒体的信息需求。一味地按照自己的套路和规范将相关政策、措施发布出去，不考虑受众的感受，造成自说自话，使得发布的信息得不到很好的反馈，也收不到好的效果。对事件中存在对立因素的问题，人们通常向公众展示自己一方的观点或有利于自己一方的判断材料，称为"一面提示"；另一种是在提示自己观点或有利材料的同时，也以某种方式提示对方的观点或不利于自己的材料，成为"两面提示"。"一面提示"给人一种"咄咄逼人"的印象，容易使受众产生心理抵抗。而"两面提示"给人一种"公平感"，可以消除受众的心理反感。

第四，适当干预，把握发布节奏。任何群体性事件都会对公众心理带来影响，恰当地评估事件带来的后果，正确判断事件发展的走向，适度干预公众心理。过度干预可能高估了事件的影响力和范围，采取过激的应对措施，必然会导致公众心理的失衡和失控；反之低估事件的影响力，缺乏干预，导致公众对政府的公信力下降，传言或不实的媒体信息可能左右公众的判断力和行为，造成公众的心理社会影响扩大，社会混乱加剧。

3. 提升影响力

所谓影响力，是指在赢得时间、把握主体的基础上，能够获得媒体和公众对于事件的深度共识，实现公众社会动员，有效平息事件的舆论焦点，重新恢复社会秩序。提升影响力主要从以下几方面着手：

第一，打通官方与民间两个舆论场，开展融合互动。目前，官方舆论场与民间舆论场之间仍然存在很多盲区，形成了沟通的壁垒。许多突发事件在民间舆论场已被传的沸沸扬扬，但在官方或主流媒体上，消息却迟迟未能发布。另一方面官方媒体报道时宣传的内容、方式往往只针对事件本身，互动性较差，公众易失去对官方媒体的关注和兴趣。因此，对事件的信息发布沟通应做出全局谋划，做出战略性调整，在"打散"反面阵营的舆论场的同时要积极引导公众进入官方舆论场，掌握事件发展中的主动权。

第二，秉承公开，坚持透明，让事件处理进程与媒体发布、公众见证同步。在事件处理中，政府应该鼓励有序的开放，从"把关人"转换成为"开门人"，把专家、媒体和公众请进来，有话直说，坦诚相见，让各方知道"错"在何处、"对"在哪里。这种公开透明的做法，实际上是通过"摆事实、讲道理"，让人们觉得自己不是事件的旁观者，不是单纯的受害者，而是协力度过困境的主人。真正有效的社会动员，不是把公众当作单纯的"被救助者"，而是使他们在见证、参与和体验中，成为理性的问题解决者。

第三，加强公众心理抚慰。传播学理论认为，有效的信息传播不仅要"打中人"，而且要"打动人"。因此，要依靠专业的力量设计公众心理抚慰方案，并使之落到实处，避免"解决了问题，失去了人心"情况的出现。同时，要认真对待事件中可能产生的谣言，有些谣言要合理合法地坚决予以驳斥，有些谣言在人的内心深处和精神世界确实有存在的市场,则不宜"一棍子打死",而是要通过专家学者(特别是人文社科领域的专家学者)和公众代表以体贴入微、合乎人情的方式予以化解。

第四,转变信息发布的语言风格,把官方语言和政策语言转化为平民化语言。言之无文,行而不远,专家自以为"明了"的技术语言、官员刻板僵化的政策语言不利于事件中的舆论引导,甚至会导致人们的漠然或愤怒。因此,在必要的情况下,应由专业的传播学者、公关顾问团队介入,对所有关键性的信息发布内容进行修辞优化,将之翻译为媒体和公众真正"喜闻乐见"的语言。

(四)建立制度化的表达渠道

2008年5月颁布实施的《政府信息公开条例》从法律和制度上切实保障了公民的知情权,依法保证公民更好地行使参与权和监督权。公众对政府决策程序、依法行政内容的公开和透明有了更多的要求和期望。一些突发群体性事件在萌芽发生前大都经历了合理诉求、理性维权的过程,但一些地方政府没有重视公众的呼声,导致小事拖大,大事拖炸。公众合法的权益没有得到满足,进而通过网上网下组织最广泛的社会参与。从世界各国的社会运动看,以"公共产品"作为诱因的大规模的公众参与而引发的群体性事件,无论采取理性的网络声讨还是非理性的集会暴力形式,公众的目标都是极力维护自身的权益。在事件升级扩大前,与公众的有效沟通,化解矛盾和冲突,建立完善的公众表达和反映渠道,对于避免大规模突发群体性事件的发生是有益的探索。

一是要用好网络的互动平台。通常情况下,当民众利益遭受到侵害时,政府成为民众寻求合理合法解决问题的主要对象。政府与公众的良性互动与沟通有利于消解民众通过非正常途径的大规模聚集。近些年随着新技术新应用的发展,政府网站、论坛、政务微博、微信公共账号等广泛使用,政府与公众的互动有了新的突破,政务微博成为各地、各部门、各层级政府部门执政、行政的重要渠道。一方面,政府部门利用新媒体及时主动公开政务和公共决策,公开形式喜闻乐见,易于大众接受;另一方面新媒体即时互动,保证公众与政府部门的互动过程、内容公开透明。

二是倡导非政府组织合理合法维权。很多引发的群体事件的起因和诉求有其合理性,公众参与的人数多、持续时间长、容易反复。网络的关注、声援和动员使公众参与更具复杂性。由于公众在问题上对政府解决的依赖性,如果得不到政府的满意回复,容易出现矛盾与非理性冲突。社会组织不是洪水猛兽。允许有组织性、有法律意识的维权行为,有利于培养公众理性维权,有利于政府与社会沟通,并减少打砸等非法事件的发生。

参考文献：

[1] 邹建华：《突发事件舆论引导策略》，中共中央党校出版社 2009 年版。

[2] 张克生：《国家决策：机制与舆情》，天津社会科学出版社 2004 年版。

[3] [美] 克特·W. 巴克：《社会心理学》，南开大学出版社 1984 年版。

[4] [法] 古斯塔夫·勒庞：《乌合之众》，广西师大学出版社 2007 年版。

[5] 周湘艳：《从传播学视角反思网络群体行为》，载《东南传播》，2007 年第 8 期。

[6] 喻国明：《网络舆情热点事件的特征及统计分析》，载《人民论坛》，2010 年第 4 期。

[7] 杜骏飞：《网络群体事件的类型辨析》，载《国际新闻界》，2009 年第 7 期。

[8] 赵金、叶匡政：《网络群体性事件之看上看下》，载《青年记者》，2009 年第 7 期。

[9] 李弼程：《突发事件网络舆情研究探讨》，载《情报杂志》，2010 年第 7 期。

[10] 娄成武：《论网络政治动员：一种非对称态势》，载《政治学研究》，2010 年第 2 期。

大学生群体性事件的演化过程及治理

黄小玲*

摘　要：转型社会的迅速来临，使得群体性事件成为一个敏感的现实话题。在群体性事件的整个谱系中，大学生群体性事件是重要一维。但是，对大学生群体性事件的分析不能仅局限于其概念及危害。实际上，分析大学生群体性事件的演化过程更为重要。发生在N大学的群体性事件向人们展示了大学生群体性事件如何从一句留言演化成一个事件。窥探之，"前奏——发酵——爆发——消失"是大学生群体性事件的一般过程。对于其演化逻辑，博弈论可以从参与者行动逻辑的角度来解释大学生群体性事件的演化过程。但是，任何行动都是在一定的组织结构中产生的，而这一组织结构又是在相应的心理驱动下形成的。因此，从这个意义上讲，从众心理学也可以对大学生群体性事件的演化过程作出分析。治理理论给化解大学生群体性事件提出了积极的借鉴意义。而事实上，大学生群体性事件的应对也需要"治理"。总体上看，其治理之策需要坚持三个原则：治理不是"堵"而是"疏"；治理需要大学生的理性参与；有效的治理在于持续互动。

关键词：大学生群体性事件；治理；博弈；从众心理

一、问题的提出

伴随30多年的改革开放，中国社会逐渐进入到转型社会、风险社会和网络社会三大社会同步来临的状态，人们的思维观念、行为方式、抉择模式都发生了巨大变化。然而，不断变化的思维方式和行动策略，遭遇到了诉求表达渠道狭窄乃至不畅通的现实阻碍。

---

* 黄小玲，法学硕士，南京信息工程大学滨江学院讲师。主要研究领域：高校思想政治教育。

美国著名的政治学家塞缪尔·亨廷顿（S. P. Huntington）在其名著《变化中的政治秩序》中提出了一个为后人常常引用的论断——现代性孕育着稳定，而现代化过程却滋生着不稳定。深刻原因就在于，现代化的进程激发了人们的思维观念，革新了人们的行为方式，进而扩充了政治参与，但是既有的制度化表达渠道又极为不足，于是，就出现了"不断增强的政治参与——狭窄的制度化表达渠道"之间的紧张关系。矛盾和冲突自然随之产生，群体性事件的日益增多也就成为必然。

根据2005年发表的《社会蓝皮书》，自1993年到2003年，中国群体性事件的数量已由1万起增加到6万起，参与人数也由3万增加到307万。根据长期从事群体性事件研究的于建嵘教授分析，中国的群体性事件每年都在以8%的速度在增长，且其对抗和激烈程度日益剧增。华东政法大学中国社会公共安全研究中心是目前国内专门研究社会公共安全的学术机构。根据其测算，2014年发生在全国的群体性事件大约为19万起，其中主要以沿海及发达地区为主。

作为培养高层次人才的高校，近年来也成为群体性事件的爆发地。爆发在高校里的群体性事件简称大学生群体性事件。刘能在对未来中国群体性事件走向作出分析时指出，大学生群体性事件的爆发可能性处于第三位。也就是说，大学生群体性事件在中国整个群体性事件序列中居于前列。而事实上，自2000年高校扩招以来，随着大学生规模的日益增多和外在环境的深刻变革，大学生群体性事件一直处于高发态势。由大学生引发的群体性事件不仅具有一般群体性事件的常见特征，而且有其自身的不同特质，既对校园安全产生威胁，也对整个社会秩序构成挑战。

二、大学生群体性事件：内涵与特征

群体性事件的关键词是"群体"。而所谓"群体"有两个显著特征：一是人数在5人以上；二是"变态群体"。按照组织行为学的解释，所谓变态群体主要包含以下特征：没有明确行动目的；初始关注个人利益，随着事态的演化会关注群体利益；过激行为会不断显现；成员之间的联系较为松散。大学生群体性事件中的"群体"正是同时具备这两个特征。但是，"大学生群体性事件中的大学生群体既不是如学生会这样有组织、有各自的职责和分工的大学生集体，也不是学生社团。这种因为共同的兴趣爱好和观点自愿组织在一起的群体。而是大学生为了表达他们的主张和诉求，或者是争取并维护权益，或者是发泄不满而临时组织在一起，并对学校的和谐稳定造成影响的群体。"[①]

---

① 王静：《大学生群体性事件的预防及处置策略研究》，中北大学硕士论文，2011。

对于大学生群体性事件，目前较具有代表性的观点是："大学生群体性事件，指受国内外形势和学校管理等因素的影响，发生在校园内外，以学生为主要参与者，具有明确政治目的或实际诉求，影响学校和社会稳定的聚众性突发性行为活动。"[1] 也有学者认为，"高校群体性事件一般是指高校中的部分师生，因某种共同的注意中心或共同利益临时聚集，具有明显的自发性、一定的组织性和言行的一致性，并构成较大影响的特殊事件"[2] 等。

实际上，群体性事件的定义对于理解大学生群体性事件有借鉴意义。基于一般层面的群体性事件，可以对大学生群体性事件作出如下解释：一定数量的大学生为了表达某种利益诉求而采取非正当的方式聚集到一起，并实施过激行为的群体事件。"它是一种在特定的氛围下，由众多大学生在激烈的互动中自发产生的，无任何指导、无明确目的、不受正常社会规范制约的众多学生的狂热行为。"[3] 其表现形式是：聚众闹事、罢课、非正当的游行示威、狂乱起哄、非法集会、散布谣言等。

不同于一般层面的群体性事件，大学生群体性事件有其自身的显著特征。

1. 参与主体同质性

任何群体性事件都是一定特质的群体参与而引发的。大学生群体性事件的参与者自然主要是青年大学生这一群体。这也就意味着，不同于其他类型的群体性事件参与群体复杂多样，大学生群体性事件最鲜明特征就是参与主体同质性较高，都是青年大学生。大学生一般都处于青年时期，"这一时期的人，其生理、心理都在发生着很大的变化，尚未完全定型，可塑性很强。而相投的兴趣爱好、相似的思维定势、相仿的行为方式，使得大学生成为社会结构中具有极高的同质性的群体。所以，在大学生群体性事件的形成中，认知非常容易趋同。"[4]

笔者开展的问卷调查也显示，参与主体同质性是大学生群体性事件最鲜明的特征。如在回答"您认为，大学生群体性事件都是哪些人在参与？"的问题时，63.8%的受访者认为是大学生。大学生群体性事件之所以具有较强的主体同质性，同青年大学生极富从众心理直接相关。以下对一位大学生的访谈记录也许对此可以作出形象说明：

> 其实，很多同学参与一些突发性事件，并不是真正跟其有利益关联。有时候几乎就是跟风、模仿。比如，某一同学受到欺负了，他的好朋友可能会为其"报仇"。而一旦几个好朋友参与进来了，其他同学也会慢慢加入进来。过不了多久，

---

[1] 杨启富：《大学生群体性事件诱因及干预机制研究》，载《当代教育论坛》，2010年第6期。
[2] 章清、金劲彪：《新时期高校群体性事件刍议》，载《当代青年研究》，2005年第10期。
[3] 胡启先：《当代大学生社会心理问题及其对策》，江西人民出版社1999年版。
[4] 张立林：《大学生群体性事件预防研究》，北京邮电大学硕士论文，2008。

估计会有更多的同学参与进来。所以，到最后，全部是这个同学的朋友、朋友的朋友、朋友的同学、同学的同学。

2. 事件爆发的突发性

"从政治学的角度看，虽然群体性事件的发生根本上源于民众日益增长的利益需求与现有表达渠道狭窄之间的制度性冲突，但是从其实际表现看，因偶发事件和不确定因素引发的典型群体性事件呈日益增长的趋势。对于大多数群体性事件来说，其发生虽然在逻辑关联上看，具有很强的客观性，但其发生的具体时空环境则具有极大的突发性。"① 对于大学生群体性事件而言，这种突发性更为明显。

其突发性主要表现在对于事件会在什么时候发生、会以什么方式发生、在什么地方发生，师生都始料未及、难以准确把握。对事件突发性产生直接影响的是某个因素的一触即发。比如，2009年5月18日南京航空航天大学将军路校区城管与大学生之间的群体性冲突就是对其突发性的直观描述。事件发生前，没有任何征兆。而导致事件发生，主要是摆摊学生与城管之间的言语冲突，随后演化为肢体冲突，以至于最后发展成大规模的聚集和群体性冲突。

正是其突发性特征，使得学生本人和高校教师及管理人员一旦面临事件发生，都显得手足无措。以下是对一位辅导员的访谈笔录：

> 从我的感触看，现在的大学生群体性事件基本上没有任何前兆。也可能前一个小时，学生们都在认真学习，但是一旦遇到某件因素的刺激，他们可能会立马放下书本，参与集会了。而且由于是发生在校园里的群体性事件，都是大学生，群体同化，因而，易组织、易参与。对于这些群体性事件基本上可以说是三无现象：无征兆、无规律、无预知。

当然，认为大学生群体性事件具有突发性并不意味着它没有任何规律可循。实际上，隐藏于其突发性背后的依然有其客观规律：不断成长且个体意识不断增强的大学生与短缺的高校管理及校园文化生活之间的矛盾与冲突。

3. 演进过程的扩散性

对于大学生群体性事件来说，这种扩散性的特征更为明显。群体的集群性和开放性，使得发生于某一团体中的群体事件会在很短的时间内迅速波及、传递到其他群体。"一方面，对于绝大部分参与者来说，其主要目的是希望能将事件的影响扩大化，为

---

① 张明军等：《2011年中国社会典型群体性事件分析报告》，载《中国社会公共安全研究报告》，2012年第1辑。

此伊始就希冀事件能有一定程度的扩散性。于是，不遗余力地借助网络、手机等现代通讯传媒技术，将事件的每一步进展都大力扩散。这种扩散的传播速度之快，涉及面之广，影响之大，均是前所未有，令人始料未及。从积极层面看，这反映了现代社会的进步，有助于人们对相关议题的关注，进而督促政府予以研讨解决，但其消极影响也是显见的，它极易被少数人所利用，故意夸大事件及其过程，进而影响社会秩序的安定和谐，也使人们难以有效辨别信息真伪，进而作出判断。另一方面，事件结果的潜在影响具有扩散性。当某种类型的群体性事件产生一定的结果后，它实际上潜在的对面临相似问题的人释放出了一种信号：遇上这样的问题，采取群体性聚集的形式可以解决。于是，一种蝴蝶效应随机而起，其他群体纷纷仿效。"①

客观而言，正是这种扩散性使不少人认为大学生群体性事件难以调控、化解。因为，易于扩散，人们难以掌握其规律，难以对症下药。但是，反过来讲，如果不具备扩散性，发生在一个群体间的事件也将难以传递至其他群体，进而形成大规模的群体性冲突。

网络信息技术的迅速发展对大学生群体性事件的扩散性发挥了直接影响。当前，一个无以回避的客观事实是："随着社会信息化步伐的加快，网络日益成为各种思想、社会思潮和利益诉求的公共领域，成为汇集各种信息的超大舆论场。"②在大学生的日常生活中，网络已经成为其重要的组成部分。微信、QQ、飞信等网络媒介已经成为大学生日常交流的重要载体。在这种情况下，一个事件的发生便会在顷刻之间迅速传递、即刻扩散。

4. 行为的短暂易逝性

从大学生群体性事件的类型看，目前宣泄性质的事件占主导。所谓宣泄性质的群体性事件，主要就是指参与者没有明确目的，没有直接的利益相关性，而是基于情绪宣泄，不断参与事件最终引爆事件发生。于建嵘教授在讨论中国的群体性事件时认为，当前宣泄性的群体性事件占有极大比例。对于大学生群体性事件而言，宣泄、发泄是其核心关键词。以下是一位辅导员对大学生群体性事件的访谈记录。

> 在我看来，大学生群体性事件并不具备政治性，大部分事件属于宣泄性质。也就是说，为了宣泄压抑在心底的不满情绪。这是目前大学生群体性事件最为明显的特征。我自己就亲自处理过好多起这样的群体性事件。总的感觉是宣泄的多。

---

① 张明军等：《2011年中国社会典型群体性事件分析报告》，载《中国社会公共安全研究报告》，2012年第1辑。

② 刘洋等：《关于构建群体性事件动态预警信息网络的思考》，载《辽宁警专学报》，2012年第2期。

这说明，当前大学生群体性事件的宣泄性质甚为明显。宣泄性的特质给大学生群体性事件带来的影响就是它易于发生但也易于消逝。"一哄而散、转瞬即逝"是对其最直观的概述。从诸多案例看，大学生群体性事件之所以行为短暂，主要是源于两个因素：群体的无组织性、参与者的非理性化。缺乏组织性使得事件的内部结构是松散的，参与群体的非理性化使得事件容易因人而变，缺乏稳定性。

问卷调查显示，43.8%的受访者认为大学生群体性事件总体上耗时在5个小时之内，最长的事件基本上不会超过一天。

三、大学生群体性事件的演化过程：基于一个案例的实证分析

实际上，作为一个群体性事件，其演化过程是最能反映其内在逻辑的重要内容。本文描述的案例发生在N大学的一所独立学院。该独立学院目前有在校学生12000多人，18个本科专业。学生来自全国各地，地域差异大、思维活跃、行为独立是其在校学生的鲜明特征。2014年12月13日，该校学生与社会人员之间发生了一起群体性事件。这起事件可以描绘出大学生群体性事件的演化过程。

（一）一句流言：事件的前奏

1. "同学被欺负了"

2014年12月13日晚，8点半左右。N大学西门外夜市场景如同往日，摊主们正在忙碌着招揽生意，大学生们三五成群结伴而行、讨价还价。

在一个首饰摊前，该校一名大二学生H及其三位同学正在与摊主讨价还价，准备购买一款胸针。由于双方对价格存在较大分歧，以至于最后未能成交。随后，H及其三位同学来到隔壁摊位，发现了先前看中的同款胸针，而价格也比先前的便宜。H毫不犹豫地买了两枚。

这时，H突然回头对第一家摊主M说"叫你便宜点，你不同意。看，我在别家买到了两枚，而且很便宜，气死你"。H说完以后，见那家摊主并无多大反应。又补充了一句"像你这样做生意，只会亏本"。听到此话，原先一直没有回应的M摊主，气不打一处出，顿时，扯开嗓门喊："你有本事再说一遍。"H立马补充说，"像你这样做生意，只会亏本"。

当H再次提到"亏本"，摊主气急败坏地拉扯H的衣服，说"做买卖是双方的事情，不要出言不逊"。看到M摊主拉扯自己的衣服，H顿时以几十分贝的声音高喊"你不要耍流氓"。一刹那间，附近正在逛街的学生不断涌向这边看热闹。原本

就狭窄的街面变得越发拥挤。

不断汇聚的人流、车流将 H 及其同学和摊主围在最里圈。里面的人在看热闹，外面不明状况的人问"里面怎么了"。有的说是学生与摊主在打架，有的说是学生及摊主与城管打架，有的则直接说女生被摊主耍流氓了，总而言之，都在传学生被打了。

2."对方好几十人呢"

眼看周围的人越来越多，H 及其同学似乎也发现情况不妙。于是，其中的一位同学给班里同学打电话，告诉同学"赶快来救援"。在简短地向同学描述事情经过以后，H 要求其舍友迅速请班上同学过来"解救"他们。

接到 H 电话的是其舍友 C。C 接到电话以后，迅速展开了召集活动。她首先在其隔壁宿舍喊了几位同学，然后又打电话、发手机信息和微信。同时，在班级 QQ 聊天群里发布了"H 被欺负、被耍流氓了"的信息，邀请有空的同学一起去夜市街救援。

刚开始，回应的同学并不多。大部分同学以为 C 是在闹着玩的，没怎么理会。见没有多少同学回应，C 又通过电话和短信的方式加强了宣传发动。也许是出于同学个人情谊，也许是对实际情况的不甚了解，也许是真想去"解救同学"，C 最后在 QQ 群里抛出了一句，"我们的 H 同学真的被人围困在夜市街，而且对方好几十人呢，我们去救救她吧"。

按照事后调查材料，C 当时这样说，其本意是希望有更多的人参与进来，跟她一起去夜市街救护 H。可万万没有想到，就是这句"对方有好几十人"的留言，在顷刻间发挥了巨大的推波助澜的作用。原本对此不以为然的同学，似乎也被震撼住了，纷纷留言询问事情的缘起和经过。

见到不少同学询问事情的缘由和过程，C 最后统一回复大家"具体情况我们一起去夜市街看看吧"。

（二）流言四起：事件在发酵

1."是我们班的就走"

然而，尽管 C 统一回复并邀请同学"一起去夜市街看看"，但是仍有少数同学对此持不同意见。他们认为，C 本身对此事并不是特别知情，提供的信息也许不够真实。有的说，现在天气这么冷，夜市基本上没多少人了，H 不可能去夜市逛街。有的同学则怀疑 C 的 QQ 被盗，是别人冒充她在发布假信息。

就在同学们对信息的真假进行甄别的时候，跟 H 在一起逛夜市的同学又打电话催促 C，问她是否通知同学，是否已经过来。而且在电话里告知她们被越来越多的人围困，情况很危急。面对一边是被围困且等待救援的 H 及同行，一边是犹豫不决的同学，C 实在难以一一回复同学们的疑问。于是，她在微信群和 QQ 群里最后说了一句:"是我们班的就走,如果我说假话,天打五雷轰。"敲完这句留言,C 就带领舍友和隔壁的几位同学,一起赶往夜市街。

C 离开宿舍后,微信群和 QQ 群就再也没出现她的任何留言。对此,很多同学逐渐意识到 C 说的信息也许是真的。于是,一位男生 W 说,"看来 C 说的事情是真的,H 真的被欺负了,我们一起去看看吧"。W 的这句话很有激发作用。不久,十几位同学纷纷响应去解救 H。

2."老师知道了"

在 C 和 W 带领同学一起赶往夜市街的时候,从外面上自习回宿舍的班长 Y 得知情况后,立即报告给了辅导员 G 老师,并赶往夜市街。

G 老师得知情况后,第一反应就是电话 H,由于 H 处于非常嘈杂的环境中,根本没有听到 G 老师的电话。面对没有接听的电话,G 老师感到非常紧张。于是,G 老师又拨打了 C 和 W 的电话,C 的电话也无人接听。好在 W 的电话接通了。但一知半解的 W 根本无法详细介绍事情的来龙去脉,只是大致介绍了事情的经过。

G 老师感到事情的严重性和复杂性,便向主管领导 L 书记作了电话汇报,同时急速从家驱车赶往事发地。

在达到夜市街口的时候,Y 惊呆了:眼前的场景几乎是被车流和人流围得水泄不通。短短 200 多米的夜市街,外围的人和车根本无法进入。好不容易挤入人流,Y 遇到了 W 同学,他们使劲力气,终于挤到了最里圈,看到了被围困的 H 和 C 同学,并告知她们,"老师已经知道了,正在过来的路上"。

到这个时候,虽然从外围看,聚集的人很多,场面很很乱,但是实际上并没有发生严重的肢体性冲突,因而也没出现强烈破坏性的行为。充其量就是发生了一些推搡行为和言语冲突。

（三）流言演化成行动:事件的爆发

1."摊主的东西被抢了"

在 Y 和 W 感觉到似乎没有多大问题的时候,情况发生了逆转。也许是人多相互推搡而难以控制的缘故,M 摊主的售货车受到推扯,以至于一些物品撒落在地。M 摊主非常恼火,叫人们不要推搡,但此时的提醒已经无济于事。外面的人听到他的叫喊,推扯的力气也越来越大。

M 摊主气愤地将矛头指向了 H 同学,带着责备和气愤的语气说,"要不是你招来这么多的人,我的货物也不至于弄丢了,生意也不至于做不成了"。看到 M 摊主这样埋怨自己,再想想事情已经被老师知道了,因而有可能会受到处分,H 同学也很气愤。于是,她回击 M 摊主说:"又不是我弄丢了你的东西,怪得着我吗?要不是你拽着我不放,我们同学也不会过来,老师也不会知道。"

于是,在 M 摊主和 H 同学之间再次爆发了语言冲突。此时,不断涌入的人流在推搡之中再次将 M 摊主的东西弄翻了。面对不断洒落的货物,M 摊主急得叫喊"别弄我的东西"。

流言的传播是非常有魔力的。M 摊主叫喊别人不要弄他的东西,可外围的人不断将其转换成"摊主的东西被抢了"。当听到 M 摊主的东西被抢了以后,其余摊主似乎形成了同情,顿时之间响起了"不要抢摊主的东西"的叫喊声。

2."摊贩和同学都搅在一块了"

当 G 老师和 L 书记赶到现场时,场面基本失控。G 老师回忆说,他们赶到夜市街的时候,初步估计当时聚集的人数最少有 100 多人,推搡声和叫喊声混在一块。

"但总的感觉是摊贩和同学是搅在一块了。他们相互叫喊、相互推搡。"这是 Y 班长后来的回忆。当时,Y 班长及其同学被包围在最里圈,基本上处于无法动弹的状态。从最开始主要是 M 摊主一人与 H 及其同学发生冲突,到"别弄我的东西"、"摊主的东西被抢了"的流言四起,其他摊主日渐形成了"集体团结",一致同情 M 摊主,并共同抵制 H 及其同学。所以,事件逐渐将摊贩和同学搅在一起了。

面对摊贩的一致行动,不断加入的同学也形成了一致意见,共同声讨摊贩。这时,不断涌入的学生纷纷指责摊贩占道经营,影响校园周边秩序,破坏校园环境。摊贩也不甘示弱,纷纷予以还击。然而,口头上的还击逐渐升级,最后一些情绪失控的学生不断推搡,将一些摊贩的东西纷纷撞落在地。看到同伴的货物撞翻在地,其他摊贩加大了叫喊声和回击声。顿时,整个场面失控,打骂声和叫喊声混合在一起。

被 L 书记叫来的学校保安见到此景也束手无策。可是,看到学校保安不断进入,一些摊贩高喊,"保安来了,保安来打人了"。这一喊,使得原本处于中立立场、过来维持秩序的学校保安尤为生气。"我们本来不是打谁的,实际上是来维持秩序的,但是被人这样一喊,我们觉得非常委屈,所以,我们就将正在参与打斗的摊贩和学生都控制住了"。一位保安回忆当时的场景说。

然而,保安的到场并没有宁息事态,反而使事态变得更加糟糕,现场秩序并没有得到有效控制。

(四)行动止于博弈:事件的消退

1."领导和警察都来了"

事态的难以控制,让保安和 L 书记感受到巨大的压力。经过仔细思考,L 书记毫不犹豫地向学校领导作了电话报告,并且重点描述了现场场景。

学校分管副校长 F 指示:立即报告街道派出所,请其出面制止事态进一步恶化。

L 书记迅速联系了当地派出所。接到报案的当地派出所，迅速启动了应急预案，并向上级公安局作出了汇报，请求在需要的时候，能够予以支援。

15 分钟后，当地派出所的五位警察达到现场。半个小时后，F 校长达到现场。他们来到现场后，第一反应就是劝离处在外围的人群，并同时向最里圈的摊贩和学生喊话，请其停止一切言语和行动冲突。

听到校领导和警察的喊话，处在最里圈的同学似乎进一步感觉到事态的严重。于是，在不自觉中先停止了吵闹和打斗。看到学生停止了冲突，摊贩们也逐渐停止了反击。

2."三方谈判"

然而，处于最里圈的同学和摊贩停止了打斗，并不意味着他们散去、离开现场。首先提出要求的是摊贩。摊贩们要求学校要处理带头闹事的 H 及其同学，并要赔偿损失。面对这些要求，H 及其同学自然不同意。相反，他们提出要学校联合有关部门一起清理摊贩，整治校园周边环境。学校对此的回应是，请他们都先散去，任何要求都可以回去慢慢商量，一起寻找解决问题的办法。

由此，一起简单的事件逐渐演化成对校园周边秩序整治的问题。学校、学生、摊贩成为互相博弈的三方。他们有各自的诉求，并且都认为自己的诉求是合理的，必须得到解决。然而，囿于日常沟通协商机制的匮乏，在事件现场的三方博弈并不顺畅。对于学校来讲，学生的要求固然有其合理性，但是整治校园周边秩序，需要政府部门的协调与配合，不是学校单方面能解决的，因而，无法立即给予学生答复；对于学生来讲，本来就是摊贩的进入，造成了学校周边秩序的混乱，影响了学生正常的学习生活，因而，对其进行清理是理所应当的；对于摊贩来讲，自己在这场事故中是最大的受损者，因而，获得赔偿也是天经地义的。

也就是说，学校、学生、摊贩三者之间有利益交集，具有博弈的基础，但是由于三者之间利益分殊太过于明显，以至于他们难以形成完全一致性的意见。

3."终于散场了"

尽管在三方博弈的开始，学校、学生、摊贩都没有如愿以偿。但是，事件一直处于胶着状态，毕竟对三方都没任何好处。所以，随着时间的不断推移，他们也在思考如何对自己有利。

时针指到了晚上 10 点。尽管这时再也没有出现新的冲突和矛盾，但是必须对事件作一终结。F 校长委托 L 书记进入最里圈与摊贩和学生对话。L 书记说，F 校长答应明天上班以后向校委会报告，商讨事件解决方案。如果经过讨论，认为 H 及其同学要负责，将依法承担赔偿责任，同时，如果认为学生提出的整治校园周边环境的要求合理，也将协助政府有关部门尽快开展整治工作。

L 书记原以为这样解释会得到各方理解，但是，事情并没有他想像的这么简单。学生和摊贩并没有因为他的解释和承诺而离去。眼看解释无效，L 书记只好向 F 校长求助。F 校长再次向学校主要领导作了电话汇报。随后，F 校长得到指示：先同意学生和摊贩的基本要求，让他们散去，然后再商议具体的处理办法。

于是，F 校长代表校委会现场作出了答复：原则上同意学生和摊贩的要求，先由学校垫付摊贩的赔偿，并尽最大努力协调政府有关部门着手开展校园周边环境整治。得到这样的答复以后，学生和摊贩才终于慢慢散场离去。

四、大学生群体事件的演化逻辑：从众心理和博弈论的分析视角

实际上，对于大学生群体性事件的研究，不仅应该描述其演化过程，而且还深入分析隐藏在其演化过程中的内在逻辑。从理论分析工具看，从众心理和博弈论对分析大学生群体性事件具有重要的借鉴意义。

（一）从众心理促动的大学生群体性事件

如组织行为学的基本理论所言，任何行动都是在一定的组织结构中产生的，而这一组织结构又是在相应的心理驱动下形成的。因此，从社会心理学的视角出发，从众心理是最适合解释大学生群体性事件演化过程。

从社会心理学的角度看，任何行为都是在一定心理因素的作用下产生的。对于一种集群行为来说，从众心理是一种重要影响因素。一般而言，从众心理（conformist mentality），即是指个人受到外界人群行为的影响，而在自己的知觉、判断、认识上表现出符合于公众舆论或多数人的行为方式。很多实验表明，只有很少的人保持了独立性，没有被从众，所以从众心理是大部分个体普遍所有的心理现象。

笔者开展的问卷调查显示，高达 53.2% 的受访者认为，从众心理是当前大学生群体性事件的直接影响因素。也就是说，受到别人的影响，进而产生盲从的行为是促动大学生群体性行为的重要原因。比如，C 在 QQ 群和微信群里发布信息后，没有得到大部分同学的回应，就只好自己带领一部分同学前往。而其他同学看到 C 及其他同学"真的去了以后"，便开始思考事情的真实性。于是，在同学 W 的号召下，陆续有同学不断加入到"解救"H 同学及其同伴的行动之中。所以，在后续的访谈中，几位参与的同学都认为，"当时不知道是什么想法，就是看到别人去了，我就去了"。

发生在 N 大学的群体性事件中，"个人的才智被削弱了，从而他们的个性也被削弱了。异质性被同质性所吞没，无意识的品质占了上风"；"每种感情和行动都具有传染性"；"传染的威力甚大，它不但能迫使个人接受某些意见，而且能让他接受

一些感情模式"。在这种从众心理及情绪传染机制的作用下,行动者的思维方式极其简单化。他们大多将复杂问题简单化,甚至简约地理解成"响应一句口号"。从这个意义上讲,事件中的"领头羊"的作用至关重要。他们往往是从众心理的发起者和引领者。他们的言语和行动给其他参与者会提供佐证、引领。

从众心理的影响作用不是凭空产生的,而是在一系列影响因素的作用下出现的。这些因素简约起来看,主要集中表现在三个层面:其一,群体因素。一般而言,群体的规模越大、凝聚力越强,就越容易促进形成从众心理。因为,在一个群体性事件中,事件的真伪是很难在较短的时间内予以甄别的。这时,"人多自然不会错"、"法不责众"的心理很容易形成,进而对事件的走势发挥影响。于建嵘教授在对群体性事件的研究中发现,决定一个群体性事件能不能形成的主要因素不是官方控制,而是参与人数的多寡。参与人数较少,给其他人传递出来的信号就是没有规模。于是,就会形成一种"参与人数少——事件难以形成——激发更多的人参与——事件容易形成"的怪圈。

其二,情境因素。群体规模只是对群体性事件发挥影响的因素之一。实际上,外界的信息和有影响力的人物则是更为重要的因素。这两个因素会对事件的进展产生直接作用,它们影响着事件的走向和趋势。比如,在N大学的群体性事件中,H同学在事件伊始,将摊主对其的推扯上升描述成"要流氓";C同学见其留言无人理会时,为制造轰动效应,将对方参与人数说成"几十人";M摊主发现自己的东西被推搡在地,便高喊"别弄我的东西",而这句话又被外围的人传递成"摊主的东西被抢了"。这就是信息传递的过程。很显然,这是一种信息不对称的过程。而事实上,也正是这种信息不对称,才使得事件不断升级。有影响力的人物也是影响事件的重要因素。这个人物相当于事件的"领头人"和决策者。在N大学的这起群体性事件中,C同学和F校长处于这一角色。对于C而言,是她负责召集、组织同学前往事件现场,进而对整个事件产生了直接影响。对于F校长来讲,是他决定了事件的最后走向和处理结果。

其三,个体因素。这简而言之就是指事件参与者的文化水平、知识层次、性别差异、性格特征等。一般而言,大学生正处于人生观、世界观和价值观成长定型的关键时期,容易受到外界的影响和促动。从N大学的群体性事件来看,参与者主要是在校大学生。这一群体的个性特征非常明显,容易接受新生事物,但是也极易冲动。这即说明个体因素对群体性行为具有直接的刺激性影响。笔者对辅导员老师的访谈都反映出个体因素对于大学生群体性事件的重要作用。

其实,大学生群体性事件并不是真的具有明确所指。很多学生参与进来,都是抱着好玩的心态。因为这一年龄阶段的学生就是这个心理特征。思维活跃、行动敏捷、好动活泼,但是经验不足,容易受到鼓动和影响。所以,也就成了群体性事件的主要参与者。

其他研究者的类似研究也发现，个体因素对于大学生群体性事件的影响非常直观。

（二）博弈下的大学生群体事件

博弈论的核心关键词自然是博弈。所谓博弈，就是指行动主体通过交往活动决定胜负的过程。简约地判断，博弈就是行动主体在交往结构中，各自运用对自己有利的策略，与对方展开较量，以最终达到取胜的目的。

博弈论内涵有五个要素。这五大要素如下图所示：

要素	内容
局中人	在每一次行动中，每一个有决策权的参与者都可以称之为一个局中人。只有两个局中人的博弈现象称为"两人博弈"，多于两个局中人的博弈称为"多人博弈"。
支付	即在每次博弈行动中，每个行动主体都有利益考量。这种利益考量就是支付。而为了每个人能实现利益最大化，行动主体会尽可能地掌握有用信息。
策略	在博弈行动中，每个局中人都有选择实际可行的完整的行动方案，即方案不是某阶段的行动方案，而是指导整个行动的一个方案，一个局中人的一个可行的、自始至终的行动方案，称之为这个局中人的策略。如果在一个博弈中局中人都共有有限个策略，则称为"有限博弈"，否则称为"无限博弈"。
得失	即博弈过程的结果。实际上，每个局中人在一局博弈结束时的得失，不仅与该局中人自身所选择的策略有关，而且与全局中人所取定的一组策略有关。所以，一局博弈结束时每个局中人的"得失"是全体局中人所取定的一组策略的函数，通常称为支付（pay-off）函数。
博弈涉及到均衡	均衡意即相关量处于稳定值。在供求关系中，某一商品市场如果在某一价格下，想以此价格买此商品的人均能买到，而想卖的人均能卖出，此时就说，该商品的供求达到了均衡。所谓纳什均衡，它是一稳定的博弈结果。

以上理论阐述对分析大学生群体性事件有重要启发意义。因此，这里尝试以此作出解读。

就"局中人"而言。发生在N大学的群体性事件，主要有学校领导F校长、院系领导L书记、辅导员G老师，以及处于关键位置的H及其同学C、W、Y，还有M摊主及其他摊主。当然，还有少量的社会人员。这些行动主体都是独立的行动者，共同构成这起事件的主要行动策略者。再进一步细分，在这些群体中，实际上归属为四大集团：F校长、L书记和G老师可以看作是代表学校管理者的第一集团；H及其同学C、W、Y，还有其他参与的同学，可以看作是代表事件制造者的第二集团；但是，进一步放大而言，这两大集团实际上也是处于同类性质。M 摊主及其他摊主可以看作是制造事件的第三集团。不过，这一集团的内部结构不稳定，往往会因利益的变化而团结或瓦解。少量的社会人员则可以看作是推动此次事件演化的第四大集团。只是这一集团人数较少，参与结构较为松散。

就"支付"而言。以上四大行动集团都有其自身的利益考量。这些利益考量成为贯穿在这起事件中的核心因素。具有最明显利益考量的是 H 及其同学 C、W、Y 等其他参与的同学的第二集团和 M 摊主及其他摊主的第三集团，他们要求赔偿损失、整治校园周边秩序。而这两大利益诉求，最终都需要 F 校长所代表的校委会这一第一集团来回应或者说满足。很显然，围绕这些利益诉求的博弈，不是在短时间内就能解决的，它需要这三大行动集团之间不断地交往乃至妥协互动。

就"策略"而言。四大行动集团均持以不同的行动方略，但是每一个行动集团的行动策略都不是一成不变的，而是随时而动的。比如，对于 H 及其同学 C 来说，其最开始只是想邀请更多的同学来"解救"，而随着参与人数越来越多，她们及后来也逐渐参与进来的 W、Y 等其他同学，其策略又发生了变化：不仅是要"解救"同学，而且是要为被围困的 H 同学及其同伴"伸张正义"、"维护合法权益"。而一旦当摊主提出"赔偿"的要求后，这些学生的策略又再次发生变化：不仅形成一致意见——不愿意支付赔偿，而且形成集体性团结，要求学校整治校园周边秩序。对于 M 摊主及其他摊主来说，其最开始的策略是"分化"的：当只有 M 摊主的货物被推搡散落在地的时候，其他摊主并没有参与进来。而当有人高喊"别抢东西"的时候，尤其是其他摊主的东西也被推搡散落的时候，其他摊主才集体参与进来，并一起对抗 F 校长、L 书记和 G 老师等代表学校管理者。而对于 F 校长、L 书记和 G 老师来说，其策略也是不断变化的。比如 L 书记和 G 老师最开始寄希望于自己能妥善解决事件，但是发现场面无法控制以后，便向上级领导 F 校长汇报。F 校长得到汇报以后，对于摊主和学生的要求，现场答复说可以慢慢解决，但是要求所有参与人员先离场。这显然是在信息不对称情况下的策略选择。因为，对于摊主及参与学生来讲，"问题慢慢解决"是一个很不确定的答复，既可能实现自己的利益诉求，但也可能被"放鸽子"。所以，他们不愿意妥协，必须现场作出准确答复，才愿意撤离现场。无奈之下，F 校长只好继续改变策略，向主要领导报告，随后现场作出同意学生和摊贩的要求，先由学校垫付摊贩的赔偿，并尽最大努力协调政府有关部门着手开展校园周边环境整治的答复。得到这样的答复以后，所有人员才逐渐离去。

就"得失"而言。整个事件的最后结果是让所有参与者都"皆大欢喜"的：学生要求整治校园周边秩序的要求得到了满足；摊贩要求赔偿也得到了回应；H 同学也受到了严重警告的处分；其他参与学生也接受了公共安全教育。很显然，这种"得失"结果，是所有参与者相互妥协的结果。如果从博弈类型来看，很显然这是合作博弈，尽管合作的过程是曲折的，各方获得的收益也是不均衡的。

五、大学生群体性事件的治理之策

大学生群体性事件对校园及社会秩序构成了严峻挑战，有的甚至产生了直接的破坏性作用。但是，这并不意味着它不可化解。实际上，从问卷调查看，超过9成的受访者认为，大学生群体性事件是可以得到有效化解的，只是需要寻找合适的策略。

（一）大学生群体性事件的应对缘何需要"治理"

"治理"（govemance）源于拉丁文和古希腊语。随后，在20世纪90年代在全球迅速兴起。相对而言，在治理的各种定义中，全球治理委员会的表述具有一定的权威性。该委员会于1995年对治理作出如下界定："治理是或公或私的个人和机构经营管理相同事务的诸多方式的总和。它是使相互冲突或不同的利益得以调和并且采取联合行动的持续的过程。它包括有权迫使人们服从的正式机构和规章制度，以及种种非正式安排。而凡此种种均由人民和机构或者同意、或者认为符合他们的利益而授予其权力。它有四个特征：治理不是一套规则条例，也不是一种活动，而是一个过程；治理的建立不以支配为基础，而以调和为基础；治理同时涉及公、私部门；治理并不意味着一种正式制度，而确实有赖于持续的相互作用。"[①]

治理的核心要义即在于鼓励和引导合作，通过互动实现引导、疏通和协商，因而要告别传统的管控和命令，以最终实现互利共赢。由此观之，它对化解大学生群体性事件具有重要的启发意义。

首先，预防、化解大学生群体性事件，不能单纯依靠学校管理者的个体力量，而需要充分激发学校教育管理者、大学生本人、家长、社会相关利益者、媒体等的合力作用。因为这些多元主体都是对大学生群体性事件的产生、发展和消逝发挥直接作用的影响因素。事实证明，对这些因素的忽略，必将难以有效应对大学生群体性事件。对此，笔者开展的问卷调查也予以了证实，充分激发这些多元主体的积极作用，对大学生群体性事件的有效治理是有重要意义的。如在回答"您认为，有效治理大学生群体性事件主要依靠哪些力量"的问题时，84.4%的受访者认为，应该发挥学校、大学生、政府部门、家长、公众等主体的合力作用。

其次，预防、化解大学生群体性事件，不能靠传统枯燥的说教和灌输乃至管控，

---

① 俞可平：《治理与善治》，社会科学文献出版社2000年版。

而必须寻求合作互动，通过协商、沟通的方式实现信息互通、真诚体谅。治理的实质就是合作、互通、协商、共赢。从一些案例来看，很多大学生群体性事件之所以容易发生，主要原因就在于高校教育管理缺乏真诚的沟通、互动，而是片面地强调管制和服从，继而使处于成长发育时期的青年大学生心生对抗和厌倦，以至于最终酿成事件。从这个意识上讲，治理理论对预防和化解大学生群体性事件具有显见的启发意义。

（二）大学生群体性事件的治理之路

治理理论为预防、化解大学生群体性事件提供了重要的启发意义。基于此，可以从三个层面作出具体探索。

1. 治理不是"堵"而是"疏"

近年来，随着高校教育改革的深入推进，尤其是市场化浪潮的强力推进和社会转型的迅猛来临，当前的大学生已不是传统意义上的大学生。基于这种背景，传统的"堵"的思维和行动方式必将难以奏效，有时甚至适得其反，进而直接引发大学生群体性事件。由此可见，当前必须革新思维，告别"堵"寻求"疏"。

其一，正确认识大学生群体性事件，思想是行为的先导。大学生群体性事件对校园秩序和社会稳定构成了挑战，有的甚至产生了严重的破坏性作用。但是，任何事情也是一分为二的。大学生群体性事件在产生消极的破坏性作用的同时，也能发挥出一定程度的积极作用。从广泛意义上讲，这是任何社会冲突的基本特征。实际上，"适度的社会冲突不仅可以使社会系统及时释放不满和紧张，更重要的是冲突提高了社会系统对环境的适应性和有效整合社会资源与利益分配的能力。"[①]达伦道夫在论述社会冲突时则提出，"冲突也是社会进步的源泉。"[②]大学生群体性事件也是如此。它虽然在一定程度上冲击了高校校园的教学科研秩序，但是也彰显出了积极作用。首先，它让大学生释放了长期因压力而产生的积怨、压抑乃至愤懑，继而使部分学生心理失衡的情况得到缓解。群体性事件在某种意义上讲，可以看作是社会"安全阀"，这个阀门的打开可以纾解不良社会情绪，继而实现社会均衡。其次，它对高校教育管理服务起到了警示作用。从大学生群体性事件中，教育管理者可以从中发现自身工作的失误或不足，进而寻求改正的突破口和努力的方向。从问卷统计结果看，43.1%的受访者能正确认识到大学生群体性事件的积极作用。

其二，巧用"软"办法，慎用"硬"手段。约瑟夫·奈创设了"软权力"概念并使之风靡世界。在他看来，硬权力可以迫使他人改变行动取向，进而做自己原本不愿

---

① 刘勇：《政治妥协：社会冲突视阈中的公共理性》，载《国家行政学院学报》，2010年第2期。
② ［英］拉尔夫·达伦道夫：《现代社会冲突》，林荣远译，中国社会科学出版社2000年版。

意做的事情。而软权力主要是一种吸引力和劝服力,它依赖的不是强迫命令,而是发自内心的信任和托付,进而自愿接受。"通过对作为政治权力的软权力的分析和研究我们发现,软权力是一种通过其潜在的影响力、理性的说服力和内在的吸引力发挥效能的权利形态,它深刻地揭示了现代国家权力的内在品格和基本属性,为分配权力和维护社会结构稳定发挥了共识塑造和生产真理的功能,为达致秩序的广泛认同提供了理论和制度上的资源,已经越来越为国际社会所普遍重视。"①一般而言,软权力就是一种软办法。它不是靠强制、惩戒为支撑,而是靠鼓励合作、协商、信任,因而具有润物无声的积极作用,进而促进行动者实现同化的目标。从这个意义上讲,它有助于降低治理成本,提升治理效益。

对于大学生群体性事件治理而言,正需要运用这种"软"办法。在日常管理中,充分相信大学生的主体地位,积极引导大学生参与日常事务的管理,努力与大学生展开积极沟通与协商,让大学生充分体会到自己是大学校园的主人翁精神。在事件过程中,要尽可能尊重大学生的利益诉求,让其情绪得到和平释放。比如,在N大学的群体性事件中,F校长代表校委会在事件现场做出了让学生满意的答复,进而实现了事件的消退。

2. 解铃还须系铃人:治理需要大学生的理性参与

库·伊曼和范·费利埃特指出:"治理的概念是,它所要创造的结构、秩序,不能由外部力量强加;它之发挥作用,是要依靠多种进行统治的以及发生相互影响的行为者的互动。"②这对大学生群体性事件治理来说,就是要尽可能吸引大学生参与学校的管理和教学科研活动,让其内心的真实想法得到释放,自我价值得到实现。基于此,两个层面的内容非常重要:

其一,培养大学生的责任感,树立起校园主人翁的精神。不可忽视的一个事实是,高等教育体制改革让大学校园"活"了起来。在高校思想教育工作中,要引导学生爱护自己的校园,遵纪守法,不做违法乱纪的行为。"同时,加强大学生的形象教育,应提倡大学生佩戴校徽、学生党员佩戴党徽,从而产生标签效应,使之在任何场合都能意识到自己的角色和责任。不致产生匿名效应,不做与大学生形象相悖的事,减少直至杜绝匿名状态下的反社会行为。另一方面要对学生进行'爱国、爱校'教育,激发他们的自豪感和归属感,自觉维护学校的荣誉。使学生懂得学校的发展与学生个人的成长是联系在一起的,增强'一荣俱荣,一损俱损'的责任感。"③不过,有一点

---

① 门中敬:《行政软权力的特征和价值与功能》,载《法学论坛》,2009年第1期。
② [法]皮埃尔·卡蓝默:《破碎的民主·试论治理的革命》,高凌翰译,生活·读书·新知三联书店2005年版。
③ 张立林:《大学生群体性事件的预防研究》,北京邮电大学硕士论文,2008。

要注意,"任何一个人都生活在特定的社会现实中,充当一定的社会角色,人们不仅对自己的环境无法选择,而且他们的生活模式也不能超越这个特定社会环境所提供的选择范围,学校也不例外。"①在强调大学生要树立主人翁精神和主体地位的同时,大学管理者也应积极转变教学和教育方式,要在舆论道德引导、校园文化建设、日常社团活动等方面通过灵活的方式,激发大学生参与校园文化生活,真正做到热爱校园、关注校园。

其二,拓展校园参与渠道,搭建师生沟通互动的平台。治理的核心关键之一固然是参与,但是参与不是凭空产生的,而是建立在一定的平台的基础之上。对于大学生而言,有效的参与平台就是活跃在校园文化生活中的各级各类的社团。所以,在讨论拓展校园参与渠道、搭建参与平台的时候,重点即在于引导大学生社团发展。所谓社团就是,由志趣相投、心理相容的大学生在校园内或校际间自发组成的群体性业余团体。根据团中央和中国青少年研究中心的一项调查结果,59.7%的大学生认为自己参加了校内社团,平均每人参与的社团数为1.8个。由于社团组织是建立在自愿、自然、自发的基础上,成员间没有领导与被领导、支配与被支配的关系,所以,容易在成员之间形成较为默契的行为和较强的号召力、吸引力。从组织形态看,学生会、各类协会、兴趣小组都可以看作是校园社团。这些社团组织在校园生活中的作用较为明显,因而,完全激发起积极作用,引导它们共同参与大学生群体性事件的预防与治理。在笔者组织的问卷调查中,25.7%的受访者认为社团组织具有一定程度的作用,14.9%的受访者认为作用较大,两项相加大约有40.6%的受访者认为社团组织在校园生活中具有起积极作用。

3. 有效的治理在于持续互动

对于大学生群体性事件治理而言,多元互动自然至为重要。但很显然,这种互动主要是在利益相关者之间的持续互动。这里面所讲的持续互动包含两层意思:一是要以过程的视角来对待群体性事件;二是要强调合作。

其一,根据群体性事件的演化过程,采取不同的治理对策。借用张立林的研究作出进一步阐述。

---

① 章清、金劲彪:《新时期高校群体性事件当议明》,载《当代青年研究》,2005年第10期。

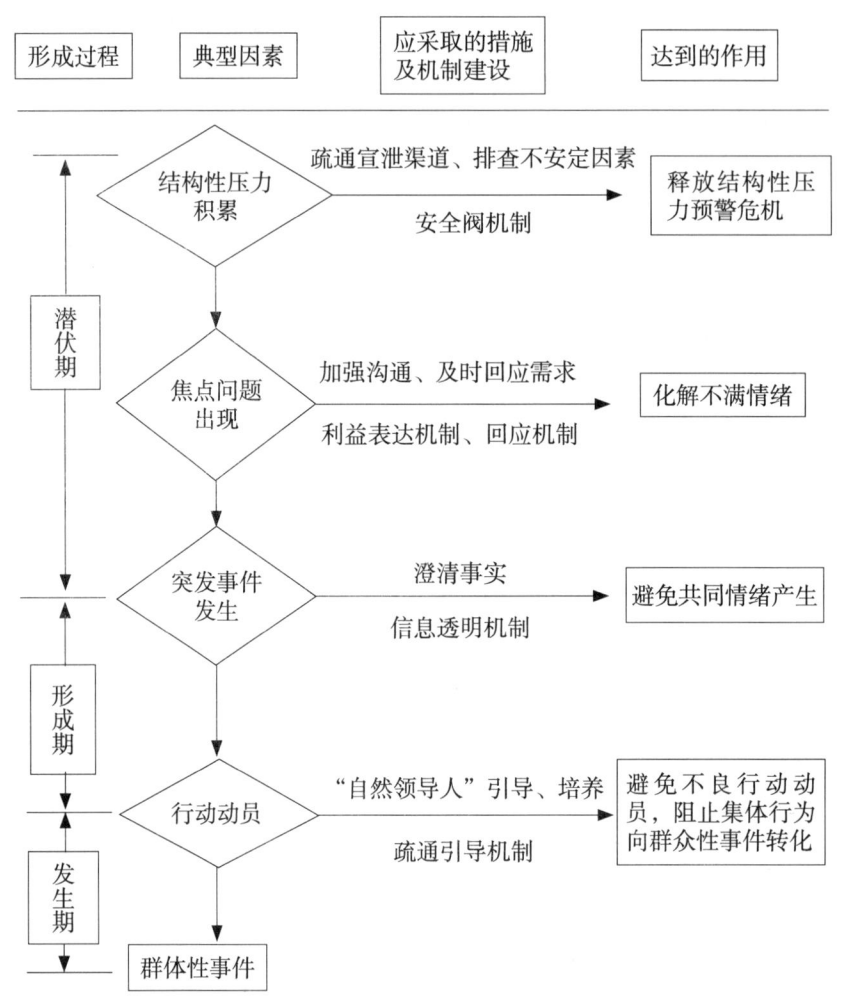

从图中可以看出，在大学生群体性事件的发生期、形成期、潜伏期，直至到最后的化解，都应采取不同的治理策略。但是，贯穿其间的始终是互动合作，而不是单方控制。

其二，充分发挥不同主体的积极作用。对于高校教育管理者来讲，要革新教育教学和管理方法，加大信息公开力度，以注重平等又不失威严的方式与学生展开交流和沟通。借此，既向学生表达一种公平正义、民主法治的治理理念，也循此赢得学生的理解和信赖。与此同时，高校还应注重加强与政府有关部门的沟通与协商，尤其是要与校园所在地的地方政府加强沟通，争取获得它们的支持与配合，以此为学校的发展赢得空间。

其实，每一次群体性事件不仅是对学校秩序的破坏，也是对一个家庭的损伤。因此，在强调学校管理的同时，也不可忽视家长的积极作用。因而，要加强对家长的教育和引导,让其充分体会到学生参与群体性事件不仅是对学校不利,对社会的破坏,也是对家庭的不负责任,因而,家长应与学校一起形成合力,共同参与群体性事件的预防和化解。对此,可以"一方面应当利用招生宣传、校园开放日、新生入学家长座谈会的机会,让家长、学生客观地了解学校的办学体制,认识学校的办学优势,明确学校的发展方向,避免因宣传误导为后来的群体事件的爆发埋下隐患。另一方面要加强与学生家长的日常沟通和联系,使家长及时了解学生在校的表现,积极关注学生的成长,在学生面临各种压力时,获得心理上的帮助和温暖。在大学生群体事件发生时,学校要及时公布真相,取得家长的充分理解,抚慰学生的情绪冲动。"①

新闻媒体、社区也是对大学生群体性事件治理发挥重要作用的因素之一。因此,亦不可忽视新闻媒体的积极作用,要引导媒体秉持客观公正的职业道德,以客观的态度报道宣传群体性事件的发生发展过程,进而为群体性事件治理奠定宽松的舆论环境。

---

① 张立林:《大学生群体性事件的预防研究》,北京邮电大学硕士论文,2008。

研究报告

区隔式的融合：
上海第二代农村外来人口社会融合研究*

蓝佩嘉 著 孟玫 译**

摘　要：本文将考察正在进行中的整合上海外来人口下一代的体制与文化结构。自2008年开始，上海推行了一项有关外来人口子女进入城市公立小学和公立初中就学的新政策，笔者认为在教育体制中，户口（户籍登记）依旧是至关重要的社会界限，它导致了教育资源与机会的分配不均，以及城市居民与外来人口之间不同的阶层认知。笔者采用"区隔式的融合"（segmented incorporation）一词以描述一种新的接纳环境，其中形式上，更加微妙的体制性分层代替了系统性的排斥，并产生了文化偏见，强化了群体界限。

关键词：国内迁移；农民工；中国；第二代；分层同化

中国改革开放以后，户籍制度（户口）规范了农村人口进入城市的大规模流动。农村外来人口被剥夺了城市永久居留权以及一些与城市公民相关的社会福利，其中包括送子女到城市公立学校就学的权利。[①]自上个世纪90年代末期以来，国家与地方

---

* 非常感谢曾嬿芬、海昂乔恩·帕克（Hyunjoon Park）、怀默霆（Martin Whyte）、马卡比·克礼（Macabe Keliher）以及《中国季刊》（*The China Quaterly*）匿名评论员的意见。同时也十分感谢陈妍君、何潇、李耀泰、江河清、熊易寒、马丽、凌旻华、吴介民以及陈志柔所给予的帮助。这项研究由台湾"国家科学委员会"资助（NSC 97-2410-H-002-064，98-2410-H-002-136）。本文完稿于2011年12月，作者在哈佛大学拉德克里夫学院和燕京学社访学期间。

** 蓝佩嘉，台湾大学社会学系教授，研究领域：性别研究、劳动研究、国际迁移；孟玫，华东政法大学政治学与公共管理学院硕士研究生。

① Solinger, Dorothy J. 1999. *Contesting Citizenship in Urban China: Peasant Migrants, the State, and the Logic of the Market*. Berkeley: University of California Press.

各级政府均对户籍制度进行了各种调整。① 因此,近年来,外来人口展现出定居城市和家庭团聚的迹象。

根据在中国五个大都市进行的官方调查,大部分外来人口家庭(67.4%)由父母与子女组成,并且70%的外来人口父母将他们的子女带在身边而非留在农村。② 这些子女便成为了城市中农村外来人口的第二代,这一术语包括了在城市出生的外来人口子女,也包括那些出生在农村但在城市中由外来人口父母抚养的子女。

无论是在城市出生还是成长,外来人口子女的户口依然是农民。据2010年人口普查显示,流动人口(居住于非户口所在地,并超过六个月)的数量已达到2.21亿。这其中包括2290万14岁及以下的儿童,这些儿童占全国此年龄段儿童人口的10%。③

中国媒体与官方文件涉及外来人口子女时所使用的语言因迁移模式的转变而发生相应变化。"流动儿童"(floating children),这一上个世纪90年代的通用术语带有的涵义时常变化,其在20世纪早期逐渐被更加中性的措辞取代,诸如"农民同住子女、进城务工就业农民子女"。④ 最近,中国媒体创造出"农二代"以及"民工二代"的措辞,给予了年轻一代在城市中作为一个独立存在群体的身份认同,而非单纯地将他们与父母捆绑在一起。

由于第二代农村外来人口现已融入城市并不再受到排斥,户口是否依旧占有十分重要的地位呢?笔者关于外来人口群体结构转变的调查集中于上海,这一城市推出了一系列关于户口政策和外来人口福利的开创性改革,包括将外来人口子女纳入城市义务教育。笔者采用"区隔式的融合"(segmented incorporation)以描述这一新的接纳环境,其中第二代外来人口被融入教育体制但,却是以区隔的渠道。

---

① Chan, Kam Wing, and Will Buckingham. 2008. "Is China abolishing the hukou system?" *The China Quarterly*, 195, pp. 582—606; Wang, Fei-Ling. 2004. "Reformed migration control and new targeted people: China's hukou system in the 2000s." *The China Quarterly*, 177, pp. 115-132.

② 中国计划生育委员会:《中国流动人口发展报告》,中国人口出版社2010年版。

③ 数据来自人口普查办公室:《2010年中华人民共和国人口普查表》,http://www.stats.gov.cn/tjsj/pcsj/rkpc/6rp/indexch.htm; http://www.stats.gov.cn/english/newsandcomingevents/t20110428_402722237.htm.(访问时间:2012年10月25日)。这些数据排除了那些居住于非户口所在地但仍属于同城的人口(3996万)。

④ 凌旻华:"Discipline the new citizens in-between: migrant workers' children and local NGOs in urban China",文章发表于亚洲研究协会年会,火奴鲁鲁,2011年3月31至4月2日。

一、区隔式的同化与融合

同化的概念一直在移民二代的研究中占据着主导地位。从传统层面上看，这一概念被定义为"一个自然的过程，通过这一过程，不同的族群将会共享同一文化并获得平等的进入社会结构的机会"①。学者们近期通过开发新的概念工具以质疑这些单一同化的观点，这些新的概念工具重在探究外来人口适应和融入社会的复杂性。

按照珀特斯（Portes）和他的同事们的研究，核心的问题不再是"第二代是否会被同化入美国社会"而是"他们将会被同化入这一社会的哪类阶层（segment）"②。同化结果的异质性可以通过"融合模式"（modes of incorporation）予以解释，其由当地政府政策、劳动力市场情况、接纳社会的价值观以及同族群共同体特征所决定的"接纳环境"（contexts of reception）构建而成。某些接纳环境使移民后代容易陷入"向下同化"（downward assimilation）的境地，如当地政府的政策倾向于排外或被动接受，以及区隔性的劳动力市场，其缺乏使外来人口向上流动的管道。③ 其他一些学者所阐述的同化的概念，是将其视作一个有关协商边界并重构的过程。艾尔巴（Alba）和倪志伟（Nee）将同化定义为"一个族群的特性及特性所必然导致的文化社会差异有所减弱"④。艾尔巴还认为族群边界的性质——如"鲜明"（bright）或"模糊"（blurry）——将塑造出不同的第二代外来人口融入社会的过程。当边界"鲜明"时，同化可能采取跨越边界的形式，诸如转换或归化。当边界"模糊"时，个体们利用模棱两可的情况进行关于边界的谈判，并发展出起连接或过渡作用的身份。⑤

上述文献启发了笔者关于中国城乡移民的研究。尽管如此，笔者更倾向于采用"融

---

① Zhou, Min. 1997. "Segmented assimilation: issues, controversies, and recent research on the new second generation." *International Migration Review*, 31, pp.975-1008.

② Portes, Alejandro, Patricia Fernández-Kelly and William Haller. 2005. "Segmented assimilation on the ground: the new second generation in early adulthood." *Ethnic & Racial Studies*, 28, pp.1000-1040.

③ Portes, Alejandro, and Min Zhou. 1993. "The new second generation: segmented assimilation and its variants." *Annals of the American Academy of Political and Social Science*, 530, pp.74-96.

④ Alba, Richard, and Victor Nee. 2003. *Remaking the American Mainstream: Assimilation and Contemporary Immigration.* London: Harvard University Press.

⑤ Alba, Richard. 2005. "Bright vs blurred boundaries: second-generation assimilation and exclusion in France, Germany, and the United States." *Ethnic & Racial Studies*, 28, pp.20-49.

合"（incorporation）而非"同化"（assimilation）以凸显户口界线的制度化性质。笔者指出有必要区分制度融合（对于权利、资源以及机会的再分配）与文化融合（对于本地人和外来人口之间差别的认知）。笔者提出"区隔式的融合"这一概念以描述上述两个过程，其通常发生于不同的区域并涉及相异性质的界限，从而导致了各种各样的融合模式以及对于第二代外来人口来说分割各异的路径。如图1所示，笔者的分析框架是将区隔式的融合作为一种社会空间（场域）①，其由制度融合（趋向于平等或剥削）和文化融合（趋向于异化或同化）两个坐标所架构而成。这四个象限表示制度界限和文化界限之间不同类型的结合。

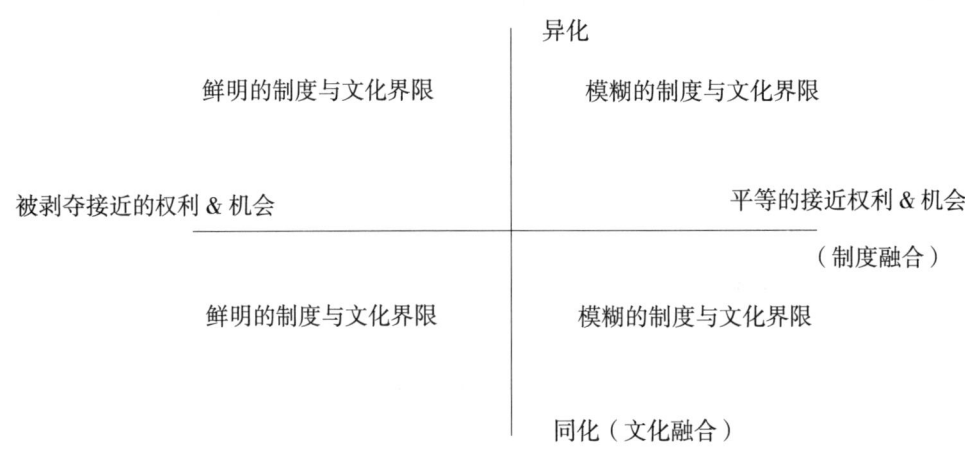

图1 区隔式的融合——一个分析框架

在中国，制度融合与文化融合之间的区别至关重要。城市外来人口的适应性面对两方面障碍：因不具备本地户口而遭受的制度性排斥和体制边缘化；以及，基于城乡分化背景而引发的文化偏见与歧视。在中国，城市居民和外来人口之间的界线表现出十分矛盾的两面性：其是"鲜明"的，因为户口分类涉及由国家强制执行的明确的制度性分类；然而这一界限又表现得"模糊"，因为城市居民与外来人口在民族和文化方面具有相似之处。

大多数农村外来人口与城市居民一样，是有着同种民族起源的汉族，并同样具备国家公民身份。在外来人口和城市居民之间的准族群的分化是基于由城市本地决定的区域性身份所建立的。霍尼格（Honig）关于苏北劳动力迁移入上海的研究指出，这种"族群性"（ethnicity）并不涉及人类固有的天性，而是指在拥有特定社会背景的

---

① "场域"（field）是法国社会学家布迪厄（Bourdieu）所提出的概念。

群体间构建界限的社会和历史进程。①

在计划经济时期，区域性边界因户籍制度得到了进一步的强化。值得注意的是，户口的分类基于两个有关部分：一是户口所在区域的位置（本地或非本地）；二是户口代表的社会经济标准（农业或非农业）。②所谓的上海人口实际含有庞大的异构性：例如，许多上海人是苏北移民的后代，并且有一些仅仅是因近年的农转非（农村户口转为非农村户口）改革才转变了他们的农村户口。他们因此在制度上享有了普遍的成员资格，这一资格的界限因对非户口外来人口的排斥而格外明显。

尽管成员资格制度上有着严格的分类，但是城市居民与外来人口之间模糊的界限仍受典型的斗争所影响，其中占主导地位的群体利用文化以及零散的资源，将构建起的等级层次纳为其控制之下。在上海，本地人认为苏北是指一类隐喻，意味着贫穷与落后。同样，改革开放后，对非户口移民制度上的排斥体现于关于素质（个人品德）的激烈讨论，这些言论相信所谓的农民缺乏修养，因此将他们作为底层阶级而边缘化。

本文着重研究在中国城市第二代外来人口方面，占据主要地位的教育制度对于接纳环境的影响。教育不仅仅对个人来说是培养人类技能或文化资本的工具，其同时属于受中国政府高度规范并与户口政策紧密耦合的制度领域。本文遵循以下几个问题：当前的政策体系在教育资源和机会再分配方面，如何将外来人口子女融入其中？在教育统一融合的背景下，城市居民与外来人口如何就他们之间的文化差异和社会界线进行谈判？教育制度以何种方式将第二代外来人口纳入特定的分支和渠道？

二、研究方法

对于研究第二代外来人口，上海是一个十分理想的研究地点，这有以下几点原因：首先，在这个城市生活的农村外来人口当中，整家定居是常见的居住模式。他们的工作领域十分广泛，且多与家人居住在这个城市的出租屋而非工厂宿舍。其次，上海推出了一系列的改革措施以改善农村外来人口的福利待遇。最重要的是，上海是中国首个将外来人口子女纳入公立小学和公立初中就学的城市。上海虽然是教育统一融合领域的一位先驱，但其并不是一个特例：为响应国务院政策，中国许多其他城市已逐渐采取了类似的措施。③

---

① Honig, Emily. 1992. *Creating Chinese Ethnicity: Subei People in Shanghai, 1850—1980*. New Haven: Yale University Press.

② Chan, Kam Wing, and Will Buckingham. 2008. "Is China abolishing the hukou system?" *The China Quarterly*, 195, pp.582-606.

③ 北京和温州的相关政策报道见 Magazine.caixin.com. 2012.《流动的教育》(*Mobile education*)，8月13日. http://magazine.caixin.com/2012-08-10/100422466.html.（访问时间：2012年8月18日）。关于北京、深圳以及合肥的案例研究，请参见任星辉和杨子立，2012。

在2009年和2010年的夏天,笔者驻扎于上海市北郊宝山区的诸多外来人口家庭所处的小村庄里。采访了来自44个家庭的84人,其中女性40人,男性44人。被调查者中36人属于外来人口子女。虽然笔者无法在公立学校中进行观察,但是对老师、农民子弟学校行政人员、雇员以及非政府组织的工作人员进行了采访,并收集了互联网论坛上的相关数据、新闻和观点。

三、上海户口政策改革

在改革转型时期,上海已经适应了非户籍外来人口所带来的人口快速增长:1986年,外来人口只有155万人,而到1993年增长至260万人,2000年390万人,2010年达到898万人。[①]2010年人口普查揭示了在上海每五个居民中就有两人拥有的户籍是非当地的。[②]上海市政府以其卓越的财政能力和行政能力而闻名,其已经试点了一系列改革户籍制度的新政策。1994年,上海推行的试点计划"蓝印"(blue-stamp)计划吸引了大量的外省市的富人和人才。2002年,上海市用"人才"(talent)居住证取代了蓝印计划以吸引受过高等教育的和有特殊技能的人才。[③]2009年,该市通过使引进的人才"归化"(naturalization)进一步打开大门。建立起积分系统(point system)以评估外来人口申请本市户籍的资格。[④]上海市所推行的新"绿卡"(green card)政策证明了其渴望竞争,并有决心成为一个金融贸易大都市。

由此可见,因缺乏教育和技能,农民工并没有资格获得这个新的准入许可。尽管如此,近几年他们的地位与福利亦得到了提升。2007年,上海为外来务工者引进了复杂的社保系统,其包含工伤、基本医疗保险以及退休金。上海市要求雇主为所有持有长期居住证以及签订劳动合同的外来务工者购买综合保险。虽然外来人口所受到的

[①] Wang, Feng, Xuejin Zuo and Danching Ruan. 2002. "Rural migrants in Shanghai: living under the shadow of socialism." *International Migration Review*, 36(2), pp.520-545; 上海市统计局:《上海统计年鉴》,中国统计出版社2011年版。

[②] 上海市统计局:《上海人口特征及趋势》(The trends and characteristics of the Shanghai population), 9月21日, http://www.stats-sh.gov.cn/fxbg/201109/232633.html(访问时间:2011年11月4日)。

[③] Shanghai.gov.cn. 2002.《引进人才实行上海居住证制度暂行规定》, 4月30日, http://www.shanghai.gov.cn/shanghai/node2314/node3124/node3125/node3130/u6ai1122.html(访问时间:2012年10月18日)。

[④] 一个合格的外来人口申请者必须持有上海市居住证,至少七年缴纳上海市社保,按时纳税,具有中等或高等职业水平,从未违反计划生育政策,并有良好的信用和零犯罪记录。(Qian Yan-Fen, 2010)。

保护以及享有的权利都得到了提升,但是他们仍被禁锢于① 这个在制度上对公民差别对待的社会保险等级中。

上个世纪90年代,外来人口子女只有在支付高昂的"赞助费"(sponsor fees)(800元每学期)的情况下才可以进入公立学校就读。否则,他们只能进入没有许可证的农民子弟学校。这些学校由外来人口企业家创办,所提供的教育水平较低,设施较为简陋。为了加强全社会对农民工子女教育的关注,时任总理温家宝于2003年9月专程看望了北京的一所农民工子弟学校。他在黑板上写道:"在同样的蓝天下,共同进步成长。"② 之后,国务院发布了一项政策文件,其督促地方政府履行为外来务工子女提供九年制义务教育的责任,并保证没有歧视性收费。③ 2008年,国务院要求所有地方政府遵守2006年修改后的义务教育法,为所有持有有效证件的外来人口子女提供免费的义务教育。

四、教育的制度融合

从2008年开始,上海市发起了一项为期三年的改革,旨在容纳至少70%外来人口子女接受小学教育,100%接受中学教育。2007年,尚未登记的非正式农民工子弟学校仍旧有258所,但截止到2009年底,只存在23所这样的学校。剩下的学校不是关闭就是转变为享有公共补贴的私人机构(民办公助)。当地政府批准了151所学校只接收外来人口子女的注册申请。④ 创建这些学校是通过以下三种方式中的一种:第一,设备及资质符合接收国家资金支持的地方政府所规定标准的学校,直接成为注册机构;第二,被地方政府收购并重新分配管理;第三,地方政府引进资金和人员,建立新校。每位外来人口子女入学可以给学校带来2000至5000元不等(因年限与地区的不同)的公共补贴。学生不再必须支付学费,但是他们要承担自身文具、校服和学校游玩的费用。

---

① Wu, Jieh-Min. 2010. "Rural migrant workers and China's differential citizenship: a comparative-institutional analysis." In Martin King Whyte (ed.), *One Country, Two Societies: Rural—Urban Inequality in Contemporary China*. Cambridge: Harvard University Press, pp.55-81.

② 所有引文来自中文著作。

③ 《关于进一步做好进城务工就业农民子女义务教育工作的意见》(Opinion regarding the further improvement of compulsory education for peasant workers' children),http://www.gov.cn/ztzl/ywjy/content_470391.htm(访问时间:2012年11月17日)。

④ 上海市委员会:《调研课题:上海外来流动人口子女教育问题研究》(2009年研究课题:上海外来人口子女教育问题),6月8日,http://www.shmj.org.cn/node809/node827/node829/userobject1ai1731844.html(访问时间:2011年10月11日)。

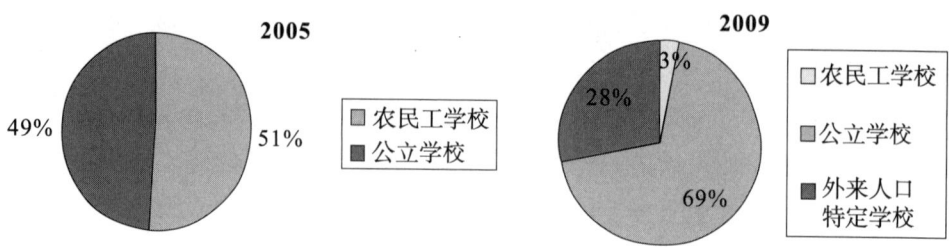

图 2　2005 年与 2009 年，上海各类学校中外来儿童的分布

来源：数据由上海市市委 2009 年提供。

除了特定的外来人口子女学校，上海市的公立和私人学校在法律上接收外来人口子女时不可以收取赞助费。根据官方统计，外来人口子女被公立学校录取的比例从 2005 年的 49% 增长至 2009 年的 69%；在非许可农民工子弟学校就学的子女从 51% 降至 3%；并且，2009 年 28% 的外来人口子女被安置于为他们专门创办的享受国家补贴的私人学校。

在 2012 年，外来人口子女进入公立学校就学的数量增长至 538000 人，包括 391000 位小学生以及 147000 位初中生。据报道，就学子女覆盖率高达 97%。[①] 尽管如此，政府的官方报告时常夸大成绩，因此对其应持保留态度。例如，这个比例的分母，即上海市 6 至 14 岁的外来人口子女的数量被低估了。法律并没有规定 16 岁以下的外来人口子女须登记为临时居民，并且只有少部分外来务工人员子女在城市出生并具有出生登记。关于外来人口的数据通常是不完整的，有时更是不可靠的，其只涉及表面。随后，笔者将利用访谈和实地考察探寻这一政策改革如何影响每日的校园生活，以及外来务工人员子女将完全融入到城市教育体制，还是分别纳入不同的空间和渠道。

（一）空间隔离

空间上的安排，诸如获取和使用公共空间，均体现了中国的农民工在城市中标志性的边缘化。[②] 公立学校中的外来务工人员子女分配所得的空间亦显示出包容与隔阂

---

① 上海师范大学陶行知研究中心：《上海民工子女教育蓝皮书》。http://www.docin.com/p-722978899.html（访问时间：2013 年 12 月 8 日）。

② Zhang, Li. 2001. *Strangers in the City: Reconfigurations of Space, Power, and Social Networks within China's Floating Population*. Stanford: Stanford University Press; Woronov, T.E. 2004. "In the eye of the chicken: hierarchy and marginality among Beijing's migrant schoolchildren." *Ethnography*, 5, pp. 289-313.

的政治学——城乡界限在空间上表现为多层的，其对各种类型的外来人口子女来说过于僵化。那些没有受到农民工学校负面影响的一年级外来务工人员子女通常被安插到混合的班级与学校。然而，从农民工学校转学来的高年级学生常常被组合成单独的班级，被安排在与当地学生不同的楼层或教学楼内，甚至是在单独的学校就学。

空间隔离在应试教育的初中最为明显。"外来务工人员子女与当地学生完全被隔开了——他们不仅仅被安排到单独的班级，甚至走不同的校门，穿着不一样风格的校服，采用不同的时间表以防学生不会在课间休息时混在一起。"① 简而言之，尽管在同一所学校就学，但当地学生避免了所有与外来人口子女的交流。

这个学校体现了笔者所论述的"隔离模式"（the apartheid model）。其他学校的空间隔离则表现得更加微妙，与笔者阐述的"租界模型"（the concession model）相符合。周同学是一名五年级的学生，他出生在上海，父母来自江西。他对未来的梦想是成为一名和 2008 年北京奥运会上的选手一样的职业运动员。近期，他从一所没有许可的农民子弟学校转学进入当地 2009 年新创建的一所小学。这所学校与许多其他政府资助的特定为外来务工人员子女开办的学校一样，租借了当地小学的部分校园。周同学给我画了一幅图，展示出这一校园的布局（如图 3 所示）。

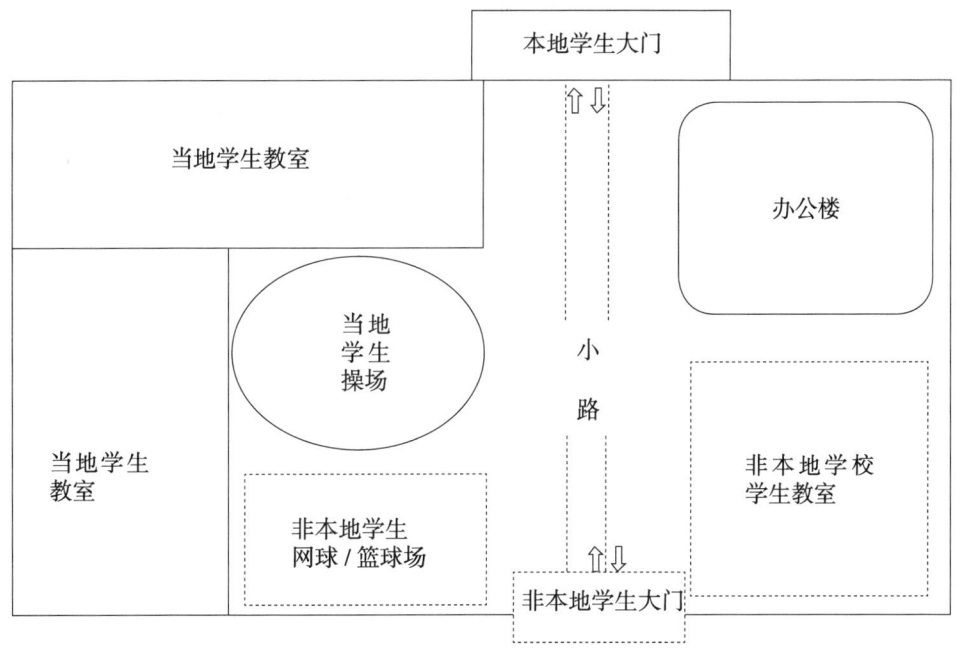

图 3　租界模式

---

① 吴册:《上海一中学将农民工子弟与本地学生隔离》，载《南方都市报》，2010 年 6 月 9 日。

我询问周同学对上海孩子的想法。他回答道，"我不知道，我们从来没有一起玩过。""甚至在操场上也没一起玩过吗？"我问道。"是啊，我们老师说我们不应该和他们一起玩……属于他们的那一半校园比较大，并且那边有许多设施。他们会进行一些球类活动，我不知道那是什么。"周同学这么说道，听起来语气有点嫉妒。笔者进一步问道："如果周围没有人，你们能一起玩吗？""不会。""为什么不一起玩呢？""我不知道。你要问我的老师。"他的回答表现出他好像从想过这个问题。我很好奇另一边的学生是否也遵循这些要求，于是我问道："他们能到你们这部分校园玩吗？"他用理所当然地语气回答我："能啊，他们可以。不管怎么说，这都是他们的地方。"我继续问："你能辨别出谁是上海人谁是外地人（来自当地以外的地区）吗？"他回答道："当然，你可以立马辨别出。我们的脸是黑的，他们的是白的。"

尽管共享同一个校园，学校的规则强化了看得见的墙和看不见的隔阂，把本地学生和外来务工人员子女分开来。这些界线证实了初来乍到的外来人口处于劣势的地位；操场上不同的肤色体现了如城乡分化的阶级差别。外来人口子女被限制于租赁的校园，拥有的是二等的设备、器械和资源。他们的许多老师来自于被关闭的农民工子弟学校，工资远低于普通公立学校中的老师。

（二）制度融合的障碍

在上述案例中，为什么在本地学生与外来人口子女之间有时会存在甚至十分极端的空间隔离？一些学校的校长为了维护他们这种隔离的措施，声称他们是在好意地"保护外来务工人员子女的自尊"①。更重要的是，他们面临了来自本地家长的压力，这些家长要求本地学生与外来人口子女分开教学。有些父母当得知他们子女的学校接收了大量外来务工人员子女时，选择将他们的孩子转到别处就学。② 尽管政策改革为外来人口子女开放了诸多的教育机会，但是接纳社会中对农村的歧视依然阻碍着资源和机会的均等分配。

家长与学校领导的排斥态度根植于当下的制度背景。首先，城市独生子女政策加强了父母对他们独子或独女未来的担忧，并且使得他们会对教育的投资及回报进行计算。其次，中国教育体制充满着激烈的竞争，其以应试为导向。学校迫切希望提高学

---

① 何英：《民工子女教育之惑》，载《重庆晚报》，9月13日，http://www.cqwb.com.cn/cqwb/html/2007-09/13/content_34227.htm（访问时间：2012年10月17日）。

② 何英：《民工子女教育之惑》，载《重庆晚报》，9月13日，http://www.cqwb.com.cn/cqwb/html/2007-09/13/content_34227.htm（访问时间：2012年10月17日）；顾胜伟（音译）：《上海家长择校现象加剧》，5月15日，http://article.kdslife.com/content_18567_1.html（访问时间：2011年10月19日）。

生的学业成绩，因为好的学校可以要求更高的捐款，并向学生家长收取更高的择校费。①老师的奖金也会随他们学生的分数而定。②外来人口子女普遍被认为成绩较差，特别是那些从农民工子弟学校转学来的学生。家长认为接收大量外来务工人员子女的学校是在妥协，会让孩子在激烈的竞争中处于劣势。

当地政府出于对预算和外来务工潮的担忧，同样在无形之中对外来务工人员子女的就学设置了障碍。上海市政府用五六个文件以评估外来人口子女接受城市教育的资格，直到2011年才有些松绑。③北京以及许多其他城市依旧要求一些文件，诸如城市居住许可证、父母被雇佣的证明以及父母在当地居住的证明、农民身份证明（户籍证明）、孩子的出生证明，有时还需要计划生育证。④这些官方的障碍限制住了大部分外来人口子女：外来务工父母的工作都是临时性的，很少签订劳动合同，并且对于租赁协议的要求也没有考虑到大部分外来人口家庭居住条件的不稳定。此外，由于独生子女政策的限制，在城市的外来务工人员子女大多没有出生登记。此前，由于很多没有注册的农民工子弟学校已经被关闭，因此在城市中的这些"黑孩子"将被剥夺受教育的机会。

另外，每一所学校接收外来务工人员子女都有一定的配额。外来务工父母必须要靠他们自己去寻找学校并争取名额。因此，想要进入初中是非常困难的，对于外来务工人员子女来说，在小学的入学登记与他/她的初中入学并不接轨。关系（个人关系）仍然是进入好学校的必要条件。然而对在当地缺乏社会资本的外来务工父母来说，想要获得必要的信息并参与到选择学校的过程中是非常困难的。

居住地点的区隔是导致长期以来教育不平等的原因之一。上海市人口普查统计数据显示出1990年至2000年的居住趋势：过去，新来的外来人口往往被吸引到城市中心居住，但当前农村外来人口倾向于居住在城市的郊区。城市建设的项目进一步促进了这种趋势，因为市政府要拆除最简陋的中心城镇区域。⑤现如今，外来人口的聚居

---

① 家长付择校费让他们的孩子进入邻区的精英学校而不是他们自己区的学校，或者买分进入更高排名的学校。

② 陈静宜：《经济增长的代价：中国的农民工子女》，http://www.china-labour.org.hk/en/node/100013（访问时间：2010年8月10日）。

③ 据Wap.sh.gov.cn.2012.报道，2012年，提供上海市居住许可证（有效期至少一年）以及用工证明和农民身份的证明就足够了。《上海教育委员会关于2012年本市义务教育阶段学校招生入学工作的实施意见》（*Opinion of Shanghai municipal education committee regarding the execution of mandatoryeducation admission in 2012*），http://wap.sh.gov.cn/nw2/nw2314/nw2319/nw12344/u26aw31060.html（访问时间：2012年10月23日）。

④ 任星辉、杨子立：《流动与留守之间：农民工子女义务教育问题》，http://www.zhuanxing.cn/html/publication/693.html（访问时间：2012年8月20日）。

⑤ Ma, Li. 2010. "Internal migration, institutional change and social inequality in post-Communist Shanghai." PhD diss., Cornell University.

地被集中在郊区,如浦东、闵行、松江、嘉定以及宝山①,相较于城市中心地区,这些郊区所具有的品质优良的学校和教育基金都比较有限。

五、教室中的文化融合

有学者指出,日常可见"素质"一词就好像一个到处都能见到的标记,表达了诸多意义:它意味着农村外来人口被认为缺乏价值和文化,同时培养城市中产阶级孩子的素质是实现社会和全球流动性的新自由主义策略。② 这一节探讨了外来务工人员子女在学校生活中的文化融合,或者更确切地说,是在探讨"素质"的标签是如何被用作凸显城市和外来人口子女之间的文化差异,并区分出外来人口子女中不同群体的。本节第一部分阐述了在制度上融合的教室里社会隔离依旧存在。第二部分显示出城市教育者和市民强行将素质教育作为区分外来人口子女有无前途的工具。

(一)社会隔离

在有些学校,当地儿童与外来人口子女在同一教室上课,但似乎仍具有看不见却切实存在的社会界线将他们分隔开来。唐,出生于安徽的一个村庄,在三岁的时候搬到了上海。她的梦想是成为一名电视节目主持人,她认为上海是唯一可以让她实现梦想的地方。唐是个能言善辩的孩子,会说很好的普通话。她只会说一点点安徽方言,因为她的父母有意在家里说普通话以避免他们的孩子形成家乡口音,他们认为家乡口音有些粗俗。2008年,唐从外来务工子女小学毕业,她通过了本地一所初中的招生考试,这一所初中只选择性地接受很少的外来人口子女。虽然唐优秀的学习成绩使她可以进入这所学校,但是她被要求重新读六年级。面对加入学校当地同学的新机遇,唐很兴奋,也有些紧张。她回忆她在学期开始时的想法:

> 我在想,上海的同学一定很好;他们一定姿势端正,并总在课堂发言前举手;他们在休息时间也一定表现得很好;他们一定认真听课;并且他们的字都很好看。他们是来自上海学校的学生,他们一定都与众不同,并且非常非常的优秀。我在想,啊,我必须努力学习;否则就会落后于他们。于是,我借了书,并去补课。我甚至为此买了一本字典!但是,当我进入学校后,我完全改变了自己的想法。

---

① 上海市统计局:《外省市来沪常住人口发展现象及特征》,2011年9月23日。http://www.stats-sh.gov.cn/fxbg/201109/232741.html(访问时间2011年11月4日)。

② Anagnost, Ann. 2004. "The corporeal politics of quality (suzhi)." *Public Culture*, 16, pp.189–208.

他们的字比我的还难看；他们真的很疯狂，打打闹闹，互相打架；他们在课堂上不守规矩，懒散地坐在那儿，或大喊"我，我，我"，却不举手！教室乱成一团！我在那个时候很困惑，并且感到非常不舒服，因为这不是我所想象的那样。我认为上海的孩子都是优秀的学生，他们一定学习努力，并且我必须向他们学习。但是事实上，他们一点都不好。

写规范字，说标准普通话，坐姿端正，对老师有礼貌，这被看作成近几十年中国政府倡导的教化使命中有关"素质"的基本实施方案。[①] 我问唐，她对上海学生理想化的印象从哪得出的。她说，"农民工子弟学校的老师经常告诉我们的。"一些农民工子弟学校的老师本身也是外来人口，他们试图鼓动起外来学生的竞争精神；其他老师是退休的当地老师，他们不知不觉中传递了这样的信息，即本地学生优于农村外来学生。[②]

现实情况是，唐在她新学校遇到了更多调皮的城市学生。她同样遭遇了隐藏的围墙，使得她无法融入到当地学生中：

似乎我们外地人不像他们一样富有，所以他们喜欢排斥外地人。每次我们出去，当地学生都和外地学生分开……我看见他们和对方说："我们出去玩吧"。他们从未问过外地人。我听到他们说，他们会带多少钱来，我们没有这么多钱。

她的同学，一些富有的新同学喜欢与对方攀比他们的电脑型号、生日蛋糕的大小以及购买的昂贵品牌的鞋子。而另一方的唐，在家并没电脑可以帮助她做功课。城市年轻人不仅视外来人口子女为没有财富与商品的下层阶级，同时也会歧视他们是农村人——并因此是未受教化的"人"，尽管事实上他们中的许多人都生于上海，成长于上海。唐说："一些班级同学将我们称作乡巴佬。"我问道："面对他们的时候？你怎么回应的？"唐平静地回答："我没有回应。我只是装作没听见……我看着他们就好像自己在看一场戏。"然后她总结道："现在我认为外地同学更好。我们有共同的语言。我们都是外地人。没有人会看不起谁。"

唐的经历是其他外来人口子女所共有的。根据熊易寒在上海进行的一项研究表明，那些进入到公立学校与当地学生一起学习的外来人口子女都遭受了歧视，并具有

[①] Kipnis, Andrew. 2011a. *Governing Educational Desire: Culture, Politics, and Schooling in China*. Chicago: University of Chicago Press.

[②] 易林（2011）对厦门郊区的公立学校进行了观察，并发现教师往往强化了城市与农村之间的等级与道德差异。

低自我价值感,因为他们在公立学校的老师也看不起他们,这些老师对上海本地学生给予优等待遇。熊甚至在那些在混合学校上学的外来人口子女身上观察到了可悲的"天花板效应"(ceiling effect):这些学生认为他们的未来前途是有限的,并放弃了他们的学习。①唐采取了保持距离并疏远的策略,以回应她的上海同学所表现出来的不友善,甚至有时充满敌意的举止。她偶尔会通过辩论有关"素质"和文化资本的定义予以反击。比如,她告诉她的同学:"你们有肯德基和钢琴,但是我的父亲会拉二胡(中国二弦民族提琴),也会唱快板(传统中国说唱)!"像这样的一些经历同样使得她构建起外地人的身份。事实上,农村外来人口并非说同样的语言,而是各类方言。来自不同省份的民众往往歧视其他群体,并将他们贴上负面印象的标签。唐所说的"我们有共同的语言"是比喻性的,意指由于遭遇边缘化与"他者化"(otherization)的体制和话语环境,所有农村外来人口的立场是共有的。

(二)"素质"教育

在 2009 年的夏天,当第一波农民工子女进入城市学校的时候,笔者参加了一所小学的农民工家长会。大多数父母都很紧张。许多父母穿着有污渍的工厂制服或脏背心。与他们形成鲜明对比的是穿着精心熨烫的裙子和化着妆出现的学校工作人员。这场会议的开始是长达一个小时的有关"素质"重要性的讲话。教导主任抱怨一些家长不文明的习惯——迟到,穿着拖鞋以及在校园里大声讲话。之后,她继续以家长自身来加强他们有关素质重要性的印象,由此让他们的孩子培养起学习、卫生和礼貌的好习惯。尽管如此,在这次讲话中强调的诸多"文明习惯"很大程度上与外来人口家庭的现实生活条件是不一致的。比如,教导主任督促他们定期清理他们的浴室(大多数外来人口家庭在他们出租屋里没有私人的浴室),并要求他们不要穿着工作服参加学校会议(这是假设他们和许多城市居民一样拥有休息日)。

农民工父母被认为是不文明的,并被认为是他们的农村教养使得他们的身体与心理都不适应城市的生活方式。农民工子女被指责为不干净的,并与贫穷、落后和农村联系在一起。一些孩子就读于当地幼儿园的父母告诉我,他们的孩子假期从农村返回学校以后,被要求接受健康检查或注射疫苗。目的是为了避免传播传染病,城市居民认为传染病在"肮脏的"农村十分普遍。令人意外的是,这些父母并没有反对这些要求或认为他们遭受到歧视。相反,他们认同,城市居民对于农村卫生条件的谨慎对于保护他们的城市化后代来说是必要的。一些家长鼓励孩子放弃与他们家乡相关的文化

---

① 熊易寒:《城市化的孩子:农民工子女的身份生产与政治社会化》,人民出版社 2010 年版。

差异所具有的显著标记，尤其是方言与口音。一些父母骄傲于他们的孩子不仅说得了一口标准的普通话，而且还能听、说一些上海话。

在实行教育融合政策之后，上海的许多城市居民父母提出了他们的反对意见。一份"上海母亲"写给市长的信在互联网上广为流传。信中说道："上海市民大体上都服从了计划生育政策。您认为让我们与通常一家有三或四个孩子的广大外省人一起竞争教育资源，这对我们来说公平吗？"这位作者最后建议说，第一，对于那些受过高等教育并持有独生子女证的外来人口，在他们纳税且拥有本地住宅的情况下，应该准予进入公立学校就读。第二，政府应该建立起特定针对外来人口的新学校，以容纳所有其他农民工子女。这些建议对于农民工子女的空间隔离予以支持，只有少部分经过选择的外来家庭被看作例外——当他们拥有教育水平、才能、财富和一个孩子。

在上海本土的流行网络论坛——"宽带山生活"中，一些城市用户抱怨外地人①占用空间与资源，并导致犯罪率和失业率的上升。张力（音译）将这一现象描述为"农民工犯罪的文化逻辑"，"穿越空间与社会界线而流离失所的民众往往被视为危险和社会污染的来源"。②此外，当批评农村外来人口超越他们的生育指标时，城市人经常使用贬低的词汇，如"超生游击队"。这些叙述证明了农民工子女遭遇的隔离，它们基于在城市人和农民对中国生物政体作出的贡献中所进行的所谓的对比：不像城市父母，农村外来人口不仅忽视了他们遵守国家政策、减少人口的爱国任务，而且也无法提高他们诸多孩子的资质。

有些乡镇政府在近几年已经为农民工子女发起了课后计划。当笔者参观其中一个计划的时候，老师告诉笔者，除了专业科目，他们的课程还涵盖卫生习惯、举止和心理能力的培养。对于教育农民工子女的最大障碍，她是这样描述的："最大的困难是改变他们的学习态度。他们缺乏自我管理的能力。他们实在太野了。"重要的是要意识到，这些课后计划仅仅接受第一年在公立学校就学的学生。教师和行政人员认为这些年幼的孩子可能更容易被同化，因为他们从未进过没有许可的农民工学校。

尽管官方分类还是把他们冠上"农民"的户口，这些生于城市的外来人口第二代其实没有居住在农村家乡的经历。年幼的孩子回家乡的时候经常生病，因为他们的身体不习惯当地的气候或生活条件了（水土不服）。出于关心自己孩子的安危，一些父母将桶装过滤水带回家给他们的孩子饮用和洗澡。这些城市出生的农民工子女都陷入

---

① 本论坛中的用户使用"WDR"作为外地人的简写，但是当论坛管理员开始删除含有通常带有歧视性的WDR的帖子时，民众开始使用"硬盘"一词，这与硬盘公司WD（西部数据）有关。

② Zhang, Li. 2001. *Strangers in the City: Reconfigurations of Space, Power, and Social Networks within China's Floating Population*. Stanford: Stanford University Press, pp.140-141.

了一种"居间"(inbetween-ness)状态,当他们在城市时被贴上农民的标签,然而,他们回到老家时又被村民称为"上海人"(Shanghainese)。在这些案例中,城市人和外来人口之间的差异更难以识别,本地社会更倾向于以区隔的方式,融合生于城市的农民工子女。然而,不城不乡的居间地位、外来人口制度身份仍妨碍了他们取得高质量的教育和社会流动。

六、教育制度的引导作用

公立教育的开放使得越来越多的农民工子女可以在城市中与父母一起生活。[①] 尽管如此,数据(请参见图4)也揭示了农民工子女的人数随着年龄的增长而大幅度下滑。当农民工子女进入七年级时,反向流动趋势(回到农村)最为显著。

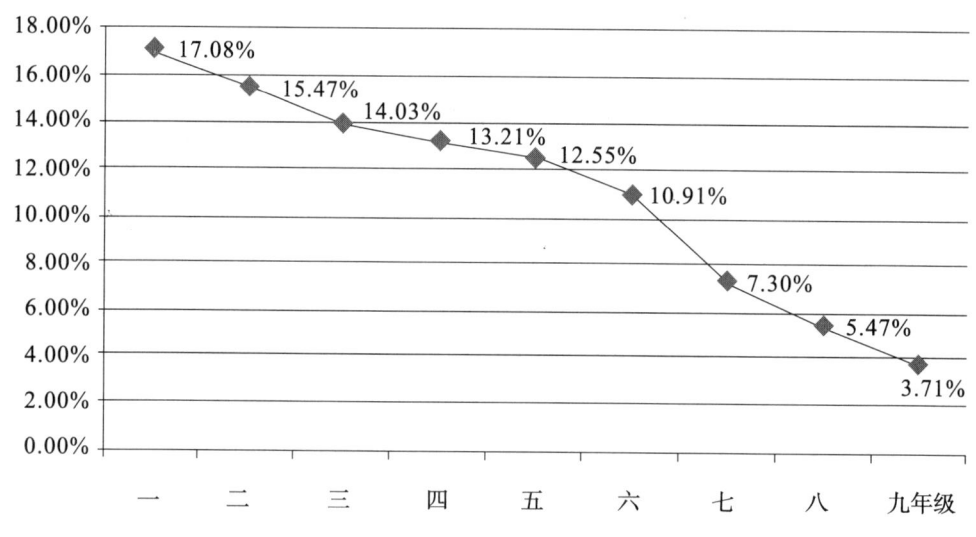

图4 上海公立学校农民工子女的年级分布

来源:上海市委会 2009年。

在城市上学的农民工子女最终都面临着一个不可逾越的障碍:高中入学考试。无论农民工子女在哪里上学,他们都必须参加他们户口所在地的入学考试。此外,上海公立学校所采用的课本与其他省市所采用的有所不同。"封闭考试"(exam

---

① 2007年具有义务教育资格的流动儿童为384128人。这一数据在2008年上升至401747人,2009年上升至421483人。上海市委员会:《调研课题:上海外来流动人口子女教育问题研究》(2009年研究课题:上海外来人口子女教育问题)。

closure)① 截断了农民工子女的求学路,外来人口父母担心城市教育会使得他们的孩子丧失进入好的高中,以及随后上大学的机会。

外来人口父母不断的争论,他们的孩子是应该留在城市还是回家乡就学。笔者的受访者分享了相似的观点,有关这两条路线的优势与劣势:城市教育被认为"广而浅",而农村教育则被认为"窄而深"。自从上个世纪八十年代后期,中国的国家课程改革开始倡导"素质教育",并将其作为一种发展儿童思想品德与创新精神的手段,与此相对应的是旧形式的应试教育。对于素质教育的教学方法,虽然没有特别精确的定义,但是它却广被城市教育者所接受,与此同时,农村社会却倾向于抵制这种降低考试重要性并削减作业量的改革。②

外来人口父母希望他们的孩子在城市学校接触到多功能的文化课程并较早地学习英语,他们为他们的孩子学会与城市人一样说话而感到自豪。尽管如此,他们却担心如果他们在后期返回家乡,他们的孩子无法跟上农村学校的教学,因为上海课本的内容太过"简单"(easy)了。换句话说,农民工子女被迫在放弃未来接受大学教育的可能性,与失去更有利于他们适应城市生活方式与服务业就业前景的教育之间做选择。

这些制度的先决条件对第二代外来人口的教育路径起到了引导作用。首先,拥有较好成绩的农民工子女通常在高中入学考试前的一年或两年返回他们的家乡。一些儿童被单独送回,进入"训练营"类型的寄宿制高中就学,也因此失去了他们的家庭生活。对于其他人来说,父母中的一人,通常是母亲,必须停止他或她在城市中的生活,返回农村给孩子陪读。对于那些选择继续一起待在城市的外来人口家庭,孩子面对的就是非自愿地结束他们的求学之路,因为他们应将从初中或是职业学校毕业后,在城市参加工作。

(一)寻求人才引进

对于农村儿童来说,上大学是社会流动的必要先决条件——这不仅仅会提升他未来在劳动市场上的机会,而且也会将他从农村户口的限制中解放出来。使他们可能获得城市居民的身份。素质话语已经渗透到了有关接收"新上海人"的政治修辞当中。一方面,这表明了一种制度框架,它将农民工子女分为已经取得适当"资质"的和那些没有取得的;另一方面,这使得农民工子女作为现代社会的公民和新自由主义的主

---

① Ma, Li. 2010. "Internal migration, institutional change and social inequality in post-Communist Shanghai." PhD diss., Cornell University, p.153.
② Kipnis, Andrew. 2001b. "The disturbing educational discipline of 'peasants'." *The China Journal*, 46, pp.1-24.

体,对他们的自治予以负责。①

杨是一名21岁的工程专业大学生。她曾经离开了在上海的父母与哥哥,回到安徽家乡的一所高中就学。杨是这样描述她对未来的期待的:"我想找一份干净的工作,而不是打工(体力劳动)。如果我考不上大学,我的未来就没有希望了。"她下决心避免拥有和她父母一样的命运——非正式的粗活和在城市中边缘化的地位。大学教育同样是她摆脱农村的一张门票。杨说她的祖父是一位勤劳的农民,"有着黝黑的皮肤,以至于你晚上看不到他"。她认真地使用美白护肤品,并谨慎地避免晒黑,黝黑体现了中国的农村以及一个杨想摆脱的身份。

为了准备进入竞争激烈的劳动市场,杨在大二时参加了一个招聘会。为了能提高她的素质,她认真地为获得各种证书考试学习。尽管如此,由于"绿卡政策"严格的限定条件,事实上只有很少的人才符合"人才移民"(talent migration)的条件。②杨很担心自己会成为"蚁族",这一词被用以指代那些最后处在大城市边缘的拥有最低工资并长期忍受不稳定就业和拥挤住房的大学毕业生。

(二)学做工(learning to labor)

上海最近给期望继续在城市就学的农民工子女打开了另一条路。自2009年开始,农民工子女可以进入公立职业学校就学。尽管如此,只有很有限的一部分对象可供农民工子女选择,诸如酒店管理、烹饪、美发、汽车维修和电镀。

为什么职业教育只提供给外来儿童特定的专业呢?当笔者在采访一所职业技校副校长时抛出了这个问题,她十分具有外交辞令地回答道:"这些领域是被选择出来,以满足本地劳动力市场所谓的'迫切需求'"。尽管如此,这些领域具有的是低报酬、肮脏并粗重的工作,本地年轻人对此并没有兴趣。这项给农民工子女提供这些课程的政策,目标是缓解很大程度上因本地儿童出生率下降而使得这些职业学校面临的招生危机。

改革开放以后,中国教育放松了管制,这使得民办职业学校得到了快速扩张。诸多这些学校大多承担工作中介的角色,并走在劳动力剥削的最前沿。学校管理者可以通过输送"学生工"去餐馆、酒店以及工厂实习,从而获取大量利润。根据笔者2009年与餐馆负责人以及酒店管理者进行的访谈,每一个学生工一个月赚800元(远

---

① Murphy, Rachel. 2004. "Turning peasants into modern Chinese citizens: 'population quality' discourse, demographic transition and primary education." *The China Quarterly*, 177, pp.1-20.

② 据报道2009年只有3000名申请人具有资格。

低于最低工资960元），学校从中抽取100元的"教育反馈费"。政府同样鼓励职业学校的学生参加实习，以缓解制造业劳动力短缺的情况。① 总之，开放准入但却限制多样性的职业教育无法大幅度提高外来人口第二代在劳动力市场的机会。此外，它引导了年轻的外来人口进入剥削与压制的劳动环境，以此帮助城市再生新一代农民工。

七、总　结

当笔者询问外来人口中的被调查者，户口是否还造成影响时，他们大多回答："现在不一样了。"一些被调查者还补充道："也不是只要你有钱就不重要了。"对比先前完全排外的政策，老的外地人对现状感到非常满足——他们至少在城市中有一个"立足之地"（place to stand）。一个外地人告诉笔者为什么抱怨户口政策是徒劳的："不要说这个世界对你不公平。你只是不够努力。"这句话在改革开放后的中国成为了流行话语，以鼓励市场自由及个人创业。在这一话语框架中，不平等被化约为缺乏个人努力。尽管如此，当我们谈到他们子女的教育问题时，大多外来人口父母都对以户口为基础的教育和考试体制所隐藏的不公正而感到焦虑。他们希望城市化的后代得以追求更好的未来，这样的渴望使他们质疑一直存在的不平等和界线。自由市场的新自由主义神话被可见的围墙和天花板给打破了，这些围墙与天花板阻碍了第二代在城市获取教育与就业的平等机会。

事实上，由于计划经济的解体与社会保障的私有化，户籍的意义已经减弱。单独凭借"人才引进"的可能性进入城市教育，这给第二代外来人口带来了机遇与期望。然而，户籍制度仍然导致了中国的公民分有层级；尽管它的基础已经从完全排斥策略中的外部界线，转化为嵌入教育制度与劳动力市场的内部界线。② 本文中，笔者阐述了城市教育体制融合外来人口第二代的各种方式。笔者将这些不同融合模式绘制成一个场域图，如图5所示。

---

① 《中国鼓励职业学校学生实习，以缓解用工荒》，载《中国日报》，2010年3月10日。
② 王丰（2008）探讨了外部分类如何通过后社会主义中国城市中的工作组织转化成内部界线的问题。

```
                            同化
                             │
  ┌──────────┐               │
  │ 完全排斥 │               │
  └──────────┘               │
                             │
          ┌──────────┐       │   ┌──────────┐
          │ 空间隔离 │       │   │ 社会隔离 │        （制度融合）
          └──────────┘       │   └──────────┘
─────────────────────────────┼─────────────────────────────
                             │   ┌──────────┐
   被剥夺接近的              │   │ 素质教育 │        平等权利 & 机会
   权利 & 机会                │   └──────────┘
                             │
                             │         ┌──────────┐
                             │         │ 人才引进 │
                             │         └──────────┘
                             │
                            同化
                         （文化融合）
```

图 5　中国第二代外来人口区隔式融合的场域

在过去，外来人口子女无法获得公立教育，并在完全排斥的接纳环境中遭遇了公然歧视。尽管最近开启了教育融合的政策改革，但是外地学生仍旧因为受本地社会的抵制而遭受空间上的隔离。这两种情况都表明了制度与文化边界的刚性。外来人口第二代在制度上和文化上都被排斥在外。

在混杂的学校和班级中，社会隔离遮蔽着农民工子女与城市学生之间的日常接触。在那些出生于农村的和表现出差异特别明显的农民工子女身上，诸如皮肤黝黑或家乡口音，界线的标识尤为显著。甚至在制度融合的背景下，城市学生都在不断强调他们自己在文化和地位方面与外地同学的区别。

教师与学校管理者都倾向将素质教育作为一种文化同化的手段，强加给那些农民工子女，他们出生于城市或者只有很有限的有关回到家乡或在农民子弟学校就学的经历。农民工子女自己非常渴望得到培养与训练，以争夺将来获准"人才引进"的渺小机会。这些融合模式假定了，城乡边界一定程度上是可以穿透的，并将跨越这一界线的机会提供给很少的特定者。

笔者强调，区隔式的融合体制不仅仅包含自上而下的政策措施，而且会在本地人和外来人口之间的每日交流中环绕文化差异和社会界线引发象征层次上的斗争

（symbolic struggle）。呼应人类学者进行有关族群界线的研究①，笔者发现群体间的交流并非总是能渗透或消除群体边界，相反往往会加强群体差异。资源与机会的再分配引起了城市人有关失去社会特权的不安，他们倾向于强化或区分界线以保障他们的现状。

在这种有关"区隔式的融合"（segmented incorporation）的新接纳环境中，系统的排斥已经让位于更多微妙形式的隔离、引导和区隔。外来人口第二代的命运体现了中国对于市场资本主义的追求与其体制内固有的类别不平等之间的矛盾。如果不揭开封闭考试的天花板与文化偏见的面纱，部分获取公立教育以及遥远的人才引进承诺只会掩盖英才教育（meritocracy）外壳后根深蒂固的社会不平等。

教育不平等的问题已经引起了中国民众的强烈抗议，并最终导致了即将开始的政策改革。2012年，中国教育部要求各地政府对有关开放考试机会给农民工子女形成计划。上海已经宣布，基于一个试点系统，将允许那些拥有资质的农民工子女进入当地高中或职业学校就学，并于2014年开始在当地参加大学入学考试。②我们需要密切观察这一新政策如何在不久的将来予以贯彻，并且如何塑造起针对外来人口第二代的新的融合模式。

参考文献：

Alejandro Portes, Patricia Fernández-Kelly and William Haller, "Segmented assimilation on the ground: the new second generation in early adulthood", *Ethnic & Racial Studies,* Vol. 28, 2005, pp. 1000-1040.

Alejandro Portes and Zhou Min, "The new second generation: segmented assimilation and its variants", *Annals of the American Academy of Political and Social Science,* Vol. 530, 1993, pp. 74-96.

Andrew Kipnis. *Governing Educational Desire: Culture, Politics, and Schooling in China,* Chicago: University of Chicago Press, 2011a.

Andrew Kipnis, "The disturbing educational discipline of 'peasants'", *The China Journal,* Vol. 46, 2001b, pp. 1-24.

Ann Anagnost, "The corporeal politics of quality (suzhi)", *Public Culture*, Vol. 16, 2004, pp. 189-208.

---

① 巴斯（Barth），1996。
② 上海市教育委员会，2012。《进城务工人员随迁子女接受义务教育后在沪参加升学考试工作方案》，http://www.gov.cn/zwgk/2012-12/31/content_2302433.htm（访问时间：2013年12月8日）。

Aris Chan, "Paying the price for economic development: the children of migrant workers in China", November, 2009, http://www.china-labour.org.hk/en/node/100013. Accessed August 10, 2010.

Dorothy J. Solinger, *Contesting Citizenship in Urban China: Peasant Migrants, the State, and the Logic of the Market*, Berkeley: University of California Press, 1999.

Emily Honig, *Creating Chinese Ethnicity: Subei People in Shanghai, 1850-1980.* New Haven: Yale University Press, 1992.

Family Planning Commission of China, *Zhongguo liudong renkou fazhan baogao (Report on China's Migrant Population Development)*, Beijing: China Population Publishing, 2010.

Fei-ling Wang, "Reformed migration control and new targeted people: China's hukou system in the 2000s", *The China Quarterly*, Vol. 177, 2004, pp. 115-132.

Feng Wang, *Boundaries and Categories: Rising Inequality in Post-Socialist Urban China*, Stanford: Stanford University Press, 2008.

Feng Wang, Xue-jin Zuo and Danching Ruan, "Rural migrants in Shanghai: living under the shadow of socialism", *International Migration Review*, Vol. 36, No. 2, 2002, pp. 520-545.

Fredrik Barth, "Ethnic groups and boundaries", In Werner Sollors (ed.), *Theories of Ethnicity: A Classical Reader*, New York: New York University Press, 1996 [1969], pp. 294-324.

Jieh-Min Wu, "Rural migrant workers and China's differential citizenship: a comparative-institutional analysis", In Martin King Whyte (ed.), *One Country, Two Societies: Rural-Urban Inequality in Contemporary China*, Cambridge: Harvard University Press, 1997, pp. 55-81.

Kam Wing Chan and Buckingham Will, "Is China abolishing the *hukou* system?" *The China Quarterly*, Vol. 195, 2008, pp. 582-606.

Li Ma, "Internal migration, institutional change and social inequality in post-Communist Shanghai", PhD diss., Cornell University, 2010.

Li Zhang, *Strangers in the City: Reconfigurations of Space, Power, and Social Networks within China's Floating Population*, Stanford: Stanford University Press, 2001.

Min-hua Ling, "Discipline the new citizens in-between: migrant workers' children and local NGOs in urban China", Paper presented at the Association of Asian Studies Annual Conference, Honolulu, March 31- April 2, 2011.

Min Zhou, "Segmented assimilation: issues, controversies, and recent research on the new second generation", *International Migration Review,* Vol. 31, 1997, pp. 975-1008.

Rachel Murphy, "Turning peasants into modern Chinese citizens: 'population quality' discourse, demographic transition and primary education", *The China Quarterly,* Vol. 177, 2004, pp. 1-20.

Richard Alba, "Bright vs. blurred boundaries: second-generation assimilation and exclusion in France, Germany, and the United States", *Ethnic & Racial Studies*, Vol. 28, 2005, pp. 20-49.

Richard Alba, and Victor Nee, *Remaking the American Mainstream: Assimilation and Contemporary Immigration*, London: Harvard University Press, 2003.

Shan Wu, "Shanghai yi zhongxue jiang nongmingong zidi yu bendi xuesheng geli" (A Shanghai high school segregates migrant children from local students), *Southern Urban News,* 9 June, 2010.

Shanghai City Committee, *Diaoyan keti: Shanghai wailai liudong renkou zinü jiaoyu wenti yanjiu (2009 Research Subject: the Education Problems for Children of Migrant Population in Shanghai)*, June 8, 2009, http://www.shmj.org.cn/node809/node827/node829/userobject1ai1731844.html. Accessed October 11, 2011.

Shanghai Municipal Statistics Bureau, *Shanghai Statistical Yearbook 2001*, Beijing: China Statistics Press, 2011.

Shanghai Normal University Tao Xing Zhi Research Center, *Shanghai Migrant Workers' Children Education Bluebook*, 2013, http://www.docin.com/p-722978899.html. Accessed December 8, 2013.

Shen-wei Gu, "Shanghai jiazhang zexiao xianxiang jiaju" (Shanghai parents choose school more and more), May 25, 2011, http://article.kdslife.com/content_18567_1.html. Accessed October 19, 2011.

T. E. Woronov, "In the eye of the chicken: hierarchy and marginality among Beijing's migrant schoolchildren", *Ethnography,* Vol. 5, 2004, pp. 289-313.

Xing-hui Ren and Zi-li Yang, "Liudong yu liushou zhijian: nongmingong zinü yiwu jiaoyu wenti" (Between mobile and left-behind: education issues of peasant migrant children), January 15, 2012, http://www.zhuanxing.cn/html/publication/693.html. Accessed August 20, 2012.

Yan-feng Qian, "Shanghai may further relax *hukou* system", *China Daily,* 16 March, 2010.

Yi Lin, "Turning rurality into modernity: suzhi education in a suburban public school of migrant children in Xiamen", *The China Quarterly*, Vol.206, 2011, pp.313-330.

Yi-han Xiong, *Chengshihu de haizi: nongmingong zinü de shenfen shengchan yu zhengzhi shehui-hua (Urbanized Children: Identity Production and Political Socialization of Migrant Children in Contemporary China)*, Shanghai: People's Publishing House, 2010.

Ying He, "Mingong zinü jiaoyu zhi huo" (Puzzle of migrant children education), *Chongqing Evening News*, September 13, 2007, http://www.cqwb.com.cn/cqwb/html/2007-09/13/content_34227.htm. Accessed October 17, 2012.

网络公共危机管理：
政府与数字服务业者之间的合作机制

范晓东 *

摘　要：随着互联网技术的飞速发展，网络不仅仅是信息传播媒介，而且逐渐拓展为社会联动的平台，借此平台普通公众能够更为便捷地参与公共管理，并引发了一次次网络公共危机事件。在相关的网络公共危机事件中，网络发挥了超乎想象的作用力和影响力，网络舆论的走向成为了危机恶化或化解的关键环节。因此有必要探讨数字服务业者所搭建的网络平台在网络公共危机管理中所具有的优势和不足，并在此基础上为政府与数字服务业者在网络公共危机管理中展开有效合作提出合理化的建议与设想。

关键词：网络公共危机；数字服务业者；信息审查

在互联网技术飞速发展的今天，网络已然成为一种重要的消解和宣泄普通公众对腐败或其他违法执政行为不满或仇恨情绪的"出气口"。而正是网络所具有的这个作用使得一些现实的社会问题和社会矛盾以网络公共事件的形式在互联网中迸发出来，对事件当事人或相关责任人以及普通公众心里产生重大影响，甚至对社会秩序或政治安定造成不小的损害，引发网络公共危机。

一、网络公共危机的界定

（一）网络公共危机的形成模式

网络公共危机有多种事件形态，以常见的网络反腐事件为例，它一般是先通过网

---

* 范晓东，法学博士，国家行政学院2013级博士后。主要研究领域：行政法、中国法制史。

络曝光腐败的行为，或通过网络对腐败行为发表评论，进而引发广泛的社会舆论，对执政行为和执法职权形成了有力的监督和约束，从而对腐败行为实现有效的预防、遏制和惩治。①此种网络反腐事件从曝光到查处的过程，就为我们呈现出了这样一种网络反腐的形成模式：网民发帖—网友顶帖—形成热点—媒体追踪—事件放大—国家机关介入—真相大白。②这种网络反腐突出了普通公众的主体地位，呈现了网络舆论的巨大影响力，政府在应对此类危机时必须重视这点。从中我们就可以归结出网络公共危机形成的模式或发展的基本路径：网络舆论形成热点——传统媒体跟进——放大事件产生危机——政府机构介入——危机化解或事态恶化。

（二）网络公共危机的特征

从网络公共危机的形成过程中可知，网络公共危机事件中主要包含有如下要素：①是一种众多网民广泛参与的集体行动；②网络舆论成为相关事态发展的重要影响因素；③一般有特定的目标和议题，并会随着事件的发展而发生变化；④事件的影响和后果不局限于网络世界，同时还会在现实社会中发酵、蔓延。③根据这些要素，我们可以初步给网络公共危机做如下定义：由特定的腐败行为或违法执政行为等事件触发，以互联网为主要活动平台，众多网民共同参与，围绕特定目标展开，形成强大的网络舆论，对事件当事人或相关责任人以及普通公众，甚至社会秩序产生重大影响的一种特殊类型的公共危机事件。其与一般公共危机事件不同的特殊性就在基于网络这一特殊的载体，使得网络公共危机具有明显的突发性、动态性、无限扩展性。

1. 突发性

网络公共危机往往是突发性的，这是由于引发网络公共危机的突发事件或诱发事件具有很大的偶然性，某些事件总是出乎意料地借助网络平台迅速蔓延、升温，形成强大的网络舆论，如果再有传统媒体的跟进，事态不断放大，就会引发网络公共危机。

2. 动态性

由于网络的特性，网络公共危机的发生、发展、消退并没有明确的时间点，其呈现出来的是一个动态的演进过程，具有很强的动态性。对其影响和危害的评判不可能像其他突发事件一样采取静态分析的模式，根据发生时的影响范围、规模大小和严重程度进行量化与分级，并以此确定应急响应方案。

---

① 芦苇：《中国现行网络反腐模式分析》，载《吉林工商学院学报》，2010年第2期。
② 孙闻、裘立华：《网络反腐：嬗变2009》，载《法制与经济》，2010年第1期。
③ 熊光清：《中国网络公共事件的演变逻辑——基于过程分析的视角》，载《社会科学》，2013年第4期。

3. 无限扩展性

网络公共危机的危害和影响具有无限扩展性。一旦某一具有代表性和集体认同感的事件公布与网络中，就会被无限的传播和复制，即便诱发事件是真实的，但随后也有可能被网络过度放大，甚至歪曲，其所侵害的法益就会出现不断地扩展，所造成的危害和影响也会因此以极快的速度得以扩散和加剧。① 而且网络技术不仅实现了人与技术的联动，更为重要的是它实现了人与人之间更为便捷的联动，而后一种联动特性可谓良莠参半、喜忧皆具。因为这种联动性衍生出促发网络公共事件主体的群体化、集团化，从而使得网络公共危机的危害和影响具有无限的扩展性。

二、政府在网络公共危机管理中与数字服务业者合作的必要性

网络公共危机所具有的突发性、动态性、无限延展性的特征，使得政府在危机应对过程中不能囿于传统公共危机的处理模式，还需要了解和掌握网络公共危机特有的演变逻辑和规律特征，如此才可能在网络公共危机发生后，采取有效的措施进行妥当的疏导、处置，并最终予以化解。而此时针对网络平台进行信息管理的数字服务业者所具有的先天优势，能够极大弥补政府在网络公共危机处理中信息管理能力的不足，政府通过加强与数字服务业者之间的合作，将使政府应对网络公共危机有如下益处：

（一）信息审查的实时性

对于其他公共危机，政府的管理措施总存在一定的滞后性，在面对网络公共危机时，这种滞后性就更加凸显出来，这是由于网络与现实生活相比，人们的活动一般更处于一种隐匿状态。此时政府机构通过数字服务业者的协助，将能够有效加强对于危机信息的发现能力，实现对网络中涉及可能引发网络公共危机的信息进行实时有效的审查。对于那些明显侵权的内容或可能影响社会秩序、政治安定的内容，数字服务业者可以及时予以删除，或在政府机构授权之下删除，如果删除后仍反复上传发布者，数字服务业者还可向其发出"网络警告"，行为严重的还可采取其他较严厉的网络限制措施。如果发现内容涉及犯罪的，政府机构可以立即将相关内容和材料提交司法机关进行审查。

---

① See Thomas J. Holt and Adam M. Bossler, "Examining the applicability of Lifestyle-Routine Activities Theory for Cybercrime Victimization", *Deviant Behavior*, vol.30, no.1, 2009, p.22.

（二）信息监控的便捷性

与其他公共危机相比，网络公共危机一旦发生，就很难控制，很难准确预测它的发展方向，以及会产生什么样的影响和危害，如果不能及时把控它的发展态势，应对失当，就很有可能引发更为严重的危机。而此时数字服务业者作为网络信息的技术服务平台和信息管理者，其能够及早接触信息并实现网络预警，对于出现过度演变苗头或危机风险的，政府机构便可以在数字服务业者的帮助下及时快捷的发现。

（三）化解危机的凝聚性

这种凝聚性体现在信息的凝聚和力量的凝聚。在信息的凝聚方面，政府机构通过数字服务业者的实时审查以及与数字服务业者间的便捷监控可以获取大量有价值的信息，实现相关信息在政府机构的凝聚，形成有价值的信息链条，而政府机构在应对其他公共危机时的孤立作战在信息凝聚方面就显得较为不足。在力量的凝聚方面，通过与数字服务业者信息审查和监控的合作，政府还可以逐步赢得一股强大的民间监督权力和维护社会正义的力量。在数字世界里游走很容易让人迷失，在这里对与错、合法与非法之间的界限极易变得模糊不清。因此对于绝大多数的年轻网络用户而言，不能仅对他们不慎为之的错误予以惩罚，而是应该在网络空间里树立警醒的标示，进行明确的宣传，教育他们以合法的方式行使监督权、表达权、知情权等，同时激发他们作出转变，即从满足于简单的抱怨、泄愤转变为理性思考、积极提案，从而更好地促进政府公共管理水平的提升。实际上就是要向众多的年轻网民传递一个讯息：他们是能够改进我国公共管理水平的强大力量，逐步成为促进社会变革的重要动力。数字服务业者成为完成这一任务的重要角色之一，数字服务业者不仅可以对上传、转载不当、非法内容的网络用户进行劝诫、制止，使其很难传播和扩散相关内容，同时还可以通过自身的约束和对外的宣传使得广大的普通网络用户自觉保护他人合法权益和公共利益。这无疑彰显了网络的独特优势，在普通网民（尤其是居多的年轻网民）中凝聚成一股强大的监督和参与力量。

三、政府在网络公共危机管理中与数字服务业者合作所面临的问题

政府与数字服务业者加强信息合作虽然能够发挥出信息审查的实时性、信息监控的便捷性、化解危机的凝聚性等诸多优势，但同时也仍面临着如下的挑战和障碍：

（一）数字服务业者在信息审查监控中存在信息虚假的风险

网络的隐匿性尽管便利了数字服务业者进行实时审查，但是在波涛汹涌的数字大海中，数字服务业者也无法消除网络世界中天然存在的信息虚假的风险，而且数字服务业者在核实和评判相关信息的真假方面存在能力良莠不齐的状况。此外，数字服务业者自己也身处相关产业的利益链条上，它对于与政府信息合作中的目的并非始终如一，而是根据自己的利益需要不断改变策略，摇摆不定，因此其在与政府机构处理公共危机的合作中亦可能会设置障碍，甚至提供虚假信息。

（二）数字服务业者在信息审查监控中存在力量失衡的风险

数字服务业者的信息审查利用网络空间中信息交流的迅捷和便利，具有了现实世界获取信息和凝聚力量所不具有的强大优势，但其同时也因网络空间的无限扩展性而具有失衡的风险。这是因为数字服务业者在信息审查时要面对海量的信息，其中非法信息与合法信息混杂在一起，需要仔细甄别和慎重处理，否则极有可能越界侵权，导致利益失衡。一方面数字服务业者良莠不齐，在对相关信息的甄别力上存在不足，将合法信息误认为非法信息进行处理，或视非法信息为合法信息而不作反应；另一方面数字服务业者可能会基于自身利益的考虑而对相关信息作出不同处理。因此无论是数字服务业者能力不足，还是利益驱使，都难免会超越信息审查的合理范围，而侵入到合法的私域或公域内，这样一来不仅使得网络世界中的信息自由和信息安全受到了威胁，同时也会给网络公共危机的化解制造了障碍。

（三）数字服务业者的信息审查和监控缺乏权威性

这里所讲的权威性既体现在信息审查的稳定性方面，还体现在信息审查的有效性方面。首先，数字服务业者的信息审查如果没有政府机构的引导、管理和保障，其对于相关信息的关注和审查就很难长时间持续下去，可能会因自身的利益、能力的不足或经验的欠缺等各种原因而中断、放弃，这必然会使信息审查的稳定性受到很大影响。其次，尽管数字服务业者可以凭借网络技术进行实时审查，凝聚大量信息并逐步促成和壮大民间监督和参与管理的队伍。但它只是一个商业主体，缺乏相关的法律专业知识，如果没有政府机构的指导和帮助，其审查中所获得很多有价值的信息都可能会疏漏，或被污染，信息审查的有效性也就因此大打折扣。

四、政府在网络公共危机管理中与数字服务业者之间的合作机制

实际而言，数字服务业者在二者合作中的核心优势就是信息优势，而根本的缺陷就是缺乏引导、管理和规范。因此政府有必要对数字服务业者施以妥当的引导和科学的管理，并为此确立合理的规范，才能在正当的范围内最大限度发挥数字服务业者所具有的强大优势，提升政府网络公共危机管理的水平和能力。笔者认为，可以沿着数字服务业者信息审查的运行脉络和波及范围，初步建构起我国在网络公共危机管理中政府与数字服务业者之间的合作机制。

（一）对数字服务业者的评估机制

网络空间是一个当今极具魔力的世界，对于不同的网络用户而言，可能是"天堂"，也可能是"地狱"。数字服务业者作为提供网络服务的主体，在谋求经济利益时不应让自己堕落成为"地狱使者"，而应在经济利益之外承担起一份社会责任，令网络空间成为一片净地，保障网络空间里的自由和安全。然而众多数字服务业者的综合品质参差不齐，如允许所有数字服务业者进行信息审查和监控，不仅可能超出某些数字服务业者的技术能力和经济实力，同时也有可能使某些不良数字服务业者滥用权利，以致危害网络自由和安全，成为网络健康发展中的一颗毒瘤，甚至危及到我国政治经济的稳定和发展。因此政府机构应对数字服务业者的综合品质进行评估，以授权于有资质的数字服务业者，由其配合政府机构进行信息审查，并与政府建立起长效的网络预警和处置机制。当然在有权实施信息审查的数字服务业者之外，政府机构可以在解决具体网络公共危机事件中与更多的数字服务业者合作，但是这种合作并非长效机制，而是因案而异。

（二）网上信息初步审查机制

这种初步审查可以根据现实情况大致划分为两种：第一种是双重审查制，第二种直接移交+司法审查制。无论是何种审查方式，都主要审查两方面内容，即合法性和真实性。第一种双重审查制而言，如果数字服务业者认为发布内容具有明显侵权或危害公益迹象的，则要采取双重审查。所谓双重审查就是指由数字服务业者先行审查，如其认为有侵权或危害公益嫌疑的，应及时提取和保全相关证据，并提出审查意见，然后将证据和意见一并移交给政府机构进行再次审查。之所以这样安排是因为数字服

务者只是普通的商业主体，并不具有法律专业知识和相关的专门技能，如果由他们任意把握法"度"极有可能会出现偏差，而政府工作人员则掌握相关政策和法律制度，同时他们也有责任承担起必要的合法性和真实性审查工作。相关政府机构接到移交材料后应立即展开对相关信息的审查和核实，但其审查不仅仅局限于数字服务业者的相关取证行为的合法性、所取证据的真实性以及所提意见的有效性，同时还可以对与疑似侵权或危害公益的行为相联的数字服务业者其他处理行为进行合法性审查。政府工作人员经过初步的审查核实后，如认为该内容明显存在侵权或危害公益现象的，就可以令数字服务业者先行作出移除处理，然后根据侵权的性质作出不同的处理。如系民事侵权的，可通过网络手段告知发布者享有向法院提出异议的权利；系刑事侵权的，则移交司法部门处理，并附上相关证据信息。

就第二种直接移交＋政府审查制而言，如果数字服务业者接到他人发出的移除通知，应直接提取和保全相关证据，然后移交政府部门进行初步审查，经过初步的审查，如认为明显侵权的，政府部门就可令数字服务业者将相关内容予以移除，然后根据案件性质不同作出不同处理，系民事案件的，就可通过数字服务业者告知发布者有权向法院提出异议；系刑事案件的，移交司法机关处理。

对于这两种审查情形而言，如果政府机构经过审查之后，认为数字服务业者所提供的相关证据还不足以断定确有侵权或危害公益的，就可令数字服务业者继续审查，不得采取移除等网络限制手段，以求获取更有价值的信息和线索。

（三）网上信息后续审查机制

当数字服务业者发现侵权内容并予以移除后，或是政府机构确认有明显侵权或危害公益并由数字服务业者予以移除后，相关行为并不一定会立即终止，仍有可能会持续发生。因此为了进一步收取更多的证据和线索，也为了减少侵权或危害公益行为的损害，需要数字服务业者在政府机构的引导、管理下展开后续的审查。后续审查的程序基本同于初步审查，数字服务业者理应站在审查的最前线，它应跟随相关网络信息的发展，进行实时、同程的追踪和审查。授权进行信息审查的数字服务业者应设立专门的信息监管员，对涉及可能引发公共事件的内容进行综合性的审查，从而在信息发展进程的每一环节对是否存在侵权或危害公益作出相对合理的判断，并及时获取和保全相关证据，为政府机构的调查工作提供更多的帮助和突破。政府机构也可以根据调查的需要，令数字服务业者不要启动任何网络限制手段，将侵权者置于监控范围、保持追踪即可，以便获取更大的进展。

（四）网上信息发展的引导机制

由于信息审查是由数字服务业者打前哨战，承担主要工作，其作为商业主体在审查中难免会出现一定程度的偏差。如果欠缺合理的引导，可能就会对网络世界的稳定和发展造成破坏，并背离政府公共管理的最终目标，因此有必要建立合理有效的引导机制。这种引导大致分为三类，第一类是对数字服务业者信息审查行为的引导，第二类是对介入调查的政府机构及其工作人员职权行为的引导，第三类是对广大网络用户参与公共管理意识和行为的引导。

就第一类对数字服务业者信息审查行为的引导而言，又具体分为三种引导，第一种是对数字服务业者获取和保全相关信息和证据行为的引导，第二种是对数字服务业者施以不同网络限制手段的决定进行引导，第三种是对数字服务业者后续审查行为的引导。如果缺少了第一种引导，就有可能导致数字服务业者错失不少有价值的信息，或有可能使得某些有价值的证据由于资格缺失而无法进入司法审判的大门。如果第二种引导阙如的话，数字服务业者将有可能出现处理失当，甚至出现畸轻畸重的严重失衡情形，不利于网络公共危机的化解和管理，也不利于网络世界的稳定发展和自由健康。如果缺少第三种引导，数字服务业者将在与政府机构的合作中沦落为一个"网络刽子手"，即只根据政府机构的指令具体实施移除等网络限制手段，而淡化了其本应承担的凝聚相关信息和壮大民间监督力量的关键作用。

第二类是对介入调查的政府机构及工作人员职权行为的引导。无论在网上初步审查，还是网上后续审查中，都会有政府机构的介入，这就会涉及政府机构介入的时机、介入的程度、介入的措施、介入的结果等方面的问题。只有将其保持在合理的范围内，政府与数字服务业者之间在网络公共危机管理中的合作才会在法律的框架内获得权威性而不断发展下去。为了使政府机构的介入保持在合理范围内，必要的引导机制就成为了当然之选，否则权力的行使就有可能踏入网络民意表达的自由禁地，也会阻碍数字服务业的发展壮大，同时还违背了改革政府公共管理制度的初衷。笔者建议可以由检察机关对政府机构的介入时机、介入程度、介入措施等进行法律监督，通过法律监督引导介入调查的政府机构及工作人员的职权行为保持在合理的范围之内。

第三类是对广大网络用户参与公共管理的意识和行为的引导。这种引导需要数字服务业者与政府机构共同进行，数字服务业者安排的专门监管人员应对相关信息进行实时追踪观察，对于很可能侵权或危害公益的行为，可以警醒相关的上传、转载或是兜售等人员，对其阐明利害，引导其通过合法渠道使用这些信息，并以建议、提议等方式指导盲目传播的网民通过合法渠道获取信息，远离非法侵权的内容。同时需要政府机构通过数字服务业者搭建的网络平台对广大网络用户的相关言行进行必要的监控和引导。政府机构的工作人员可以用普通网民的身份与事件中的有关网民展开直接对话，劝诫其转以合法的方式传播信息，并与政府机构进行合作，为化解网络公共危机提供更多有价值的信息和线索。对于其他普通网民，政府机构的工作人员仍可以用普通网民的身份使用网络中通行的语言和方式，逐步引导广大普通网民树立起保护他人权益、勇担社会责任、维护国家稳定的意识。

（五）网下救济机制

数字服务业者的信息审查是一把"双刃剑"，使用不当就会影响网络世界的自由健康和稳定发展，同时更会背离我国政府公共管理的目标。因此无论是在网上初步审查和后续审查中，还是在后续审查结束之后，如果相关主体认为数字服务业者的审查行为侵害了其合法权益的，有权向人民法院提起诉讼，展开网下救济；如果相关主体认为政府机构的审查行为存在错误的，有权向司法部门提出异议和申辩，实施网下救济。

依法治理宗教与去宗教极端化问题刍议

——基于新疆地区的考察

郝富军[*]

摘　要：现阶段，宗教极端化已经成为影响新疆稳定的关键性问题之一：极端宗教势力恐怖主义化，非法宗教活动总体频发，宗教异化世俗生活问题严重。分析其原因：从历史来看，地区宗教极端化问题的出现同宗教政策的长期失误不无关联；从现实来看，宗教极端化问题的存在既直接同反对宗教极端主义法律的缺失相关，又同宗教执法工作失效以及宗教法治大环境尚未形成等问题相关。当前，宗教管理工作应以"去极端化"为中心，进一步落实"保护合法、制止非法、抵御渗透、打击犯罪"的基本方针，并注意定位宗教管理的合理预期，避免管理过度；同时，更亟需强化依法管理宗教工作，转变宗教管理为依法治理宗教，推进宗教公共事务治理的现代化，从根本上去除宗教极端化风险。

关键词：新疆；宗教极端化；去极端化

宗教问题是事关新疆社会稳定的基础性问题，宗教事务管理是中央治疆工作的基础性内容。2014年4月底习近平总书记在新疆视察时强调"新疆最大的群众工作就是民族团结和宗教和谐"[①]。现阶段，新疆正处在反恐维稳斗争"三期叠加"的特殊时期，恐怖主义威胁日益严峻，而其根源是宗教极端化。因此，去恐怖威胁优先去宗教极端化。

在去宗教极端化问题上，法治是重要利器。《中共中央关于全面推进依法治国若干重大问题的决定》（以下简称《决定》）明确指出，要"高举民族大团结旗帜，依

---

[*] 郝富军，1989年生，陕西榆林市人，国家行政学院博士研究生。主要研究方向：应急管理与应急决策。

① 《民族团结是发展进步的基石》，载《新疆日报》，2014年5月4日。

法妥善处置涉及民族、宗教等因素的社会问题,促进民族关系、宗教关系和谐"①。《中共新疆维吾尔自治区委员会关于全面推进依法治疆建设法治新疆的意见》(以下简称《意见》)将平安新疆建设放在推进依法治疆工作的第一位上,具体提出要"坚持'反暴力、讲法治、讲秩序',促进民族团结和宗教和谐"②,并明确使用"依法治理宗教"这一概念。因此,依法管理宗教事务、推进宗教治理现代化是新疆社会稳定和长治久安必须研究的战略课题。

一、新疆宗教极端化问题的严峻形势

(一)极端宗教势力恐怖主义化

新世纪以来,宗教极端主义越来越明显充当恐怖主义活动的"启动器",参与制造暴恐案件。新疆存在的"伊扎布特"、"瓦哈比"极端主义以及"泰比力克"非法教学经组织三股宗教极端主义势力均已开始恐怖化进程。"伊扎布特"于1998年开始在新疆建立分部,渗透、吸收年轻学生、知识分子、三股势力残余分子、惯犯以及刑满释放人员,目前大约有2万名成员。③其公开宣传"伊斯兰教法高于一切",煽动信教群众进行"圣战",2005年前后开始参与组织暴恐事件,7·5事件、巴楚4·23事件、天安门10·28事件中均有"伊扎布特"成员活动。④"瓦哈比"极端主义势力从20世纪80年代开始组织策划和参与暴力事件,阿不力克木·买合苏木培养出来的800余名塔里甫散落全疆,成为各地从事暴力恐怖活动的骨干分子。⑤"泰比力克"非法教学经组织以讲经为名,行分裂宣传之实,大肆宣讲"圣战"、"新疆独立"、"建立伊斯兰国家"等分裂思想,并组织学经人员习武、参加军事训练,20世纪90年代后期逐渐成为暴力活动的窝点,⑥现阶段非法"泰比力克"活动已经同"伊吉拉特"

---

① 《中共中央关于全面推进依法治国若干重大问题的决定》,人民出版社2014年版,第29页。
② 《中共新疆维吾尔自治区委员会关于全面推进依法治疆建设法治新疆的意见》,载《新疆日报》第1版,2014年11月28日。
③ 艾莱提·托洪巴依:《"伊扎布特"在和田的新动向》(调研报告),2012年4月。
④ 章立早、王林:《"伊扎布特"活动处置对策研究》,载《广西警察高等专科学校学报》,2014年第1期,第13页。
⑤ 李晓霞:《新疆宗教事务管理政策分析——以禁止私办经文班(点)为例》,载《民族社会学研究通讯(2012)》第117期。
⑥ 马大正:《1997年:新疆反分裂斗争进入更加严峻期》,见马大正:《国家利益高于一切——新疆稳定问题的观察与思考》,新疆人民出版社2002年版,第99—100页。

相结合实施游移式暴恐犯罪。

据统计,1990—2000年6月,境内外"东突"势力在新疆共制造253余起恐怖暴力事件,造成我各族无辜群众、基层干部、宗教人士以及公安武警等162人丧生、440多人受伤。[①] 2005年至今,新疆地区突发恐怖案件数逐年上升,保守估计超过750起,伤亡人数超过2200余人。突发恐怖事件数和伤亡人数分别是90年代的3倍和3.6倍,危害程度远超1990—2000年10年间的总水平。而从突发暴恐事件的风险影响来看(详见表1、图1[②]),暴恐活动对地区社会稳定发展的威胁也表现出"由缓入急"的变化特点,使得新疆维稳形势出现总体可控、持续恶化,由一般严峻到日趋严峻的变化趋势。

表1 新世纪以来新疆突发暴恐事件风险影响及其变化情况

时间	风险		危险源	脆弱性				
	风险等级	风险值	突发暴恐事件发生频率	平均脆弱水平	宗教极端化风险情况	民族关系危机情况	公众心理承受力脆弱情况	非对抗社会矛盾风险情况
2000—2004	低	1	1	1	1	1	1	1
2006—2008	低	4	2	2	4	1	2	1
2009	高	12	3	4	4	5	4	3
2010—2013	高	20	4	5	5	5	5	5

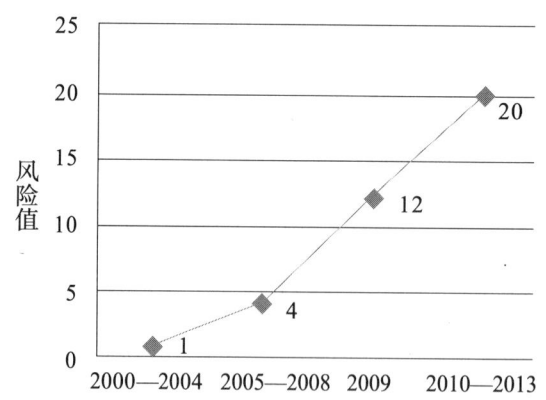

图1 新世纪以来新疆突发暴恐事件风险影响变化情况图

---

① 马大正、许建英:《"东突厥斯坦国"迷梦的幻灭》,新疆人民出版社2006年版,第167页。
② 郝富军:《突发暴恐事件与新世纪以来新疆维稳问题观察》,中国社会科学院研究生院硕士论文,2014。

（二）非法宗教活动总体频发

依法管理宗教面临的另一突出问题是"三非问题"频发（非法宗教活动、非法宗教宣传品、非法宗教网络传播）。现阶段，非法宗教活动表现最为突出的是非法教学经以及宗教类非法宣传品的蔓延，这两类占到总数的90%以上。

非法教学经活动主要是指各类地下教学经点。从2000年至今，非法讲（教）经点一直屡禁不止，甚至出现反弹。据不完全统计，2001年阿克苏、和田、伊犁三地共查处地下经文学校195所，所涉学员946人；2002年喀什地区查处私办经文学校83处，涉及学员1200多人；① 2004年1—10月，自治区共处理非法讲经点420处，有关人员2457人；2006年1—5月，全疆共取缔地下教经点112处；② 2007—2008年，自治区公安机关共查获非法教学经点549个，涉案人员3800多人；2009—2010年8月全区查处地下讲经点626处，处理4730人；③ 2011年以来有关部门查获的地下教经点数量继续上升，其中女性教学经者增多，在校学生学经者增多，另外还出现了个别清真寺的"伊玛目"参与开办地下教经点的现象，一些宗教教职人员的"两面性"逐渐显露出来，致使个别地区的宗教氛围异常浓厚。④

另据2010年的一项调查反映：60%以上的非法教学经活动发生在农村，城市为20%左右，牧区为3%左右；60%左右的学经人群为16—25岁的青少年，其中大量又是那些初中毕业后即进入社会的"三不管"年轻人；95%以上的"圣战"活动点由地下讲经点演化而来。⑤

同非法教学经活动相比，宗教类非法宣传品蔓延势头更快。2006年自治区有关部门共查缴政治类、宗教类非法图书1.49万册；⑥ 2007年收缴宗教类非法出版物及反动宣传品2.12万册（张）；⑦ 2008年收缴宗教类非法宣传品2.99万册（张）。⑧

---

① 陈超：《新疆的分裂与反分裂斗争》，民族出版社2009年版，第98页。
② 李晓霞：《新疆宗教事务管理政策分析——以禁止私办经文班（点）为例》，载《民族社会学研究通讯（2012）》第117期。
③ 务勇：《浅析新疆非法教学经活动》，西南政法大学硕士论文，2010。
④ 详细参见《2009—2010年新疆社会形势分析与展望》，2010年11月2日，新疆哲学社会科学网，http://www.xjass.com/zt/lps/2010-11/02/content_173167.htm，2014年11月28日访问；《2011—2012年新疆社会形势分析与预测》，2011年12月14日，新疆哲学社会科学网，http://www.xjass.com/zy/content/2011-12/13/content_215391.htm，2014年11月28日访问。
⑤ 务勇：《浅析新疆非法教学经活动》，西南政法大学硕士论文，2010。
⑥ 《新疆年鉴2007》，新疆年鉴社2007年版。
⑦ 《新疆年鉴2008》，新疆年鉴社2008年版。
⑧ 《新疆年鉴2009》，新疆年鉴社2009年版。

这几年来每年查获的宗教类非法宣传品均在 10 万件以上,①受众主要是文化程度低、宗教意识浓厚的底层人群、流动人口以及青少年,而这类人群恰恰又是暴恐活动的主要参与者。

(三)宗教异化世俗生活问题严重

随着极端势力及其活动的强化,极端宗教的边界已快速扩展至民俗生活领域,并通过异化民俗生态影响不信教的人群,这是依法管理宗教面临的新问题。

一是直接宣传反政府言论,如"在政府盖的房子里住是阿拉木"、"不进共产党的监狱不能当真正的穆斯林",并教唆信教群众反对政府管理,和田 6·28 教民聚众闹事就是被极端势力所利用,该地还多次发生国旗和政府计划生育宣传栏被毁案件。这几年一些信教群众是非不分、麻木不仁、明知故犯的问题在局部地区比较突出,极端势力进行煽动的社会危害性增强。②

二是通过异化民俗中的宗教活动行为,强制信教群众接受新的"规范",达到分化过去统一的传统礼俗的目的。比如改变穆斯林的传统装扮,强制妇女穿戴"吉里巴甫",男性留大胡子。近五六年来最为典型的是以"阿拉力"和"阿拉木"来区分教徒和异教徒,③极力强化两者差别并扩大适用范围,由衣食到住行再到社会行为,皆冠以"阿拉力"、"阿拉木"的标签。并宣传与政府对抗就是"阿拉力",将政府发的结婚证、送的电视机、盖的抗震安居房、修的道路、造的交通工具等等都视为"阿拉木",鼓吹"谁靠近政府谁就是异教徒",以达到分化社会、对抗政府、继而分裂国家的目的。

三是以民俗中的宗教活动形式为工具,通过见面不说"萨拉姆"、有事不帮忙、有病不探望、年节不拜访、死后不送葬等做法,向本民族不信教的党员干部及普通群众施压,强迫其信教。不仅压迫民汉婚姻关系,使不少民汉组合家庭不得不选择离婚、走向破裂,而且对本民族家族家庭内部的饮食生活和伦理关系也造成压迫,逼迫父母、子女、亲戚、邻里等参加宗教活动,接受极端宗教行为规范。最近的研究显示,新疆穆斯林群体内部力量对比正在发生消极变化,世俗化程度较高的"文化穆斯林"人数减少,一般世俗化的"世俗穆斯林"群体思想开始趋于保守,而"保守穆斯林"人数

---

① 任红:《新疆非法宗教活动频发原因及其对策》,载《新疆社会科学》,2013 年第 3 期。
② 《应对新疆突发事件调研》课题组 2013 年 7 月新疆调研资料。
③ 《2007—2008 年新疆民族与宗教工作形势分析与预测》,2010 年 10 月 26 日,新疆哲学社会科学网,http://www.xjass.com/zt/lps/2010-10/26/content_171588.htm,2014 年 11 月 26 日访问。

增加，具有极端倾向的"政治穆斯林"十分活跃。①

二、新疆宗教极端化问题出现的主要原因

（一）历史原因：宗教政策存在失误

《决定》指出，法治要在"统筹社会力量、平衡社会利益、调节社会关系、规范社会行为"②方面发挥引领和规范作用。反映在宗教事务管理中，依法管理宗教必须发挥出规范宗教秩序、统筹信教群众与非信教群众力量、平衡信教群众和非信教群众利益、调节宗教活动和世俗活动之间的关系等重要作用。但是从长期来看，宗教管理实质上最主要依赖于国家的民族和宗教政策，而整个20世纪70年代末至90年代初，新疆地区的宗教管理政策失之于宽。政策对于正常宗教活动所需的宗教场所数量没有一个总量上的控制，实际过程中没有严格执行宗教场所修建的相关法律规定，对宗教反弹甚至宗教狂热的现象没有上升到影响国家安全的政治高度来加以认识和重视，从而使得宗教场所和宗教人员的数量增长过快，宗教活动过度活跃。改革开放之初，新疆全区的清真寺数量仅有2000多所，80年代中期增加到9000多所，1991年的统计数字是18431所，2008年达到24300所左右，其中一些是未经批准非法修建起来的；教职人员由改革开放初期的3000多人增加到1991年的24848人，再到2008年的28000多人，信仰伊斯兰教总人数则达到了1130多万。③但是与此同时，2008年全疆各类学校总数为6164所，在校学生总人数为398.56万人，各类文化团体和场馆总数为1406个，群众自治组织总数为11090个。全区清真寺数与基层群众自治组织的比例为2∶1，与学校的比例为4∶1，与文化组织团体的比例更达到了17∶1，信仰伊斯兰教人数是在校学生数量的3倍。④因此，无论是从绝对数量还是从相对比值来看，宗教在新疆地区的活动空间和影响力都得到了一定的强化，甚至超出了政府的控制能力。而宗教势力扩大和政府失控两者之间相互作用，又必然会造成宗教失控，出现宗教过热现象，引发宗教极端化。这实质上是依法管理宗教在长时段内式微的必然结果。

---

① 《新疆：保守思潮的危险信号》，载《凤凰周刊》，2013年第35期。
② 《中共中央关于全面推进依法治国若干重大问题的决定》，人民出版社2014年版，第2页。
③ 摘自《新疆通志·共产党志》，新疆人民出版社2001年版；《新疆清真寺数量大幅上升，已近2.5万座》，载《中国青年报》第5版，2009年7月17日；国务院新闻办公室编：《新疆的发展与进步白皮书》，人民出版社2009年版。
④ 根据《新疆的发展与进步白皮书》提供的数据计算所得。

（二）直接原因：反对宗教极端主义法律的缺失

《决定》指出，"法律是治国之重器，良法是善治之前提"①，要求"坚持立法先行"，"增强法律法规的及时性、系统性、针对性、有效性"②。反映在宗教法律规范体系中，突出表现为地区在重点领域的宗教立法工作极为薄弱，整治非法宗教活动、治理网络空间宗教极端思想传播和打击宗教极端主义无法可依。

一是当前对非法宗教活动的治理方面，地区仍然采用"非法宗教活动的26种表现形式"这一行政规定，没有进行正式的立法，客观上使得制止非法宗教活动缺乏法律依据。

二是近几年网络空间宗教极端思想开始猖獗，相关部门每年删除的网络有害信息就在5万条左右。7·5事件以来，暴恐分子开始大量利用手机网络、互联网等手段散布极端思想、发展成员、组织策划暴力行动、煽动不法分子参与恐怖犯罪，"网上纠合—网下行动"使一次暴恐事件的策划时间较以前大幅缩短，网络空间宗教极端思想的破坏性迅速凸显。但是与此同时，网络安全和网络社会管理方面的立法工作一直进展缓慢，更未有出台针对网络空间宗教极端主义的专门法律。

三是现阶段打击宗教极端违法犯罪活动缺乏专项法律的指导，尚未出台《反对宗教极端主义法》等专门法规；而且，就非法宗教活动同宗教极端违法犯罪活动的各自概念、不同性质、相互界限、不同处置措施等也没有法律上的界定，这对于科学应对非法宗教活动和宗教极端主义缺乏明确指导。

（三）基础原因：宗教执法工作失效所致

一定程度上讲，严密的宗教执法工作极有利于预防和控制宗教极端化风险。当前，地区在宗教工作中存在的失效环节不可避免地成为极端宗教势力滋长的"黑洞"。

第一，地区现有宗教法律规范较为分散，不利于有效开展宗教执法工作。除《新疆维吾尔自治区宗教事务管理条例》外，还有许多零散的宗教工作制度规范，如《宗教活动场所登记办法》、《宗教活动场所学习制度》、《宗教活动场所管理制度》、《宗教活动场所民主管理小组工作制度》、《宗教活动场所民主管理小组职责》、《宗教活动场所财务管理制度》等。这些制度之间在内容上多有重复，而且部分规定还存在相互矛盾的地方，但目前尚未进行有效整合。宗教法规缺乏系统，在实践中不仅增

---

① 《中共中央关于全面推进依法治国若干重大问题的决定》，人民出版社2014年版，第8页。
② 《中共中央关于全面推进依法治国若干重大问题的决定》，人民出版社2014年版，第8页。

加了宗教执法工作的难度,而且也难以体现出宗教法规的权威性和有效性。

第二,宗教执法工作不善于发挥法治思维和法治方式的引领作用。执法工作中的粗暴行为伤害了一些群众的内心,造成他们不理解,甚至反感政府工作。现在维吾尔族群众和政府执法机构之间的矛盾较为突出,部分人存在这样的心理,即"老百姓是你自己的人,执法队伍也是你自己的人,用自己人去防范自己人,本来不想干事,现在(这种情况)逼着去干事"①。

第三,宗教执法机关主要是政法委、民宗委、统战等政府行政部门,尚未组织建立专门的司法部门来执行。行政部门代替司法部门执行宗教法律法规,会习惯性产生两个问题:一是行政处罚代替司法责任,二是宗教事务管理实际上演化为行政管理工作,导致宗教问题很容易指向政府和行政部门,成为政治问题而非司法问题,这反过来会进一步造成宗教执法工作的失效。

第四,宗教执法工作尚未下沉到宗教社会团体层面。在依法加强宗教管理过程中,强化宗教社会团体、清真寺法人、信教群众的法律民事责任、法律义务和法律权威意识是重要的突破口,具有可操作性,而且对于提高宗教执法工作的高效化具有现实的意义。不过,从目前来看,宗教执法工作还尚未进行到这一步。

(四)环境原因:宗教法治环境尚未形成

第一,宗教执法工作的法律社会环境没有形成,法律规范及其权威在信教群体中的深入范围和程度极为有限。2007年有关部门的调查显示,信教群众中有26%的人不了解《宗教事务条例》,57%的人认为零散朝觐是合法的宗教活动,65%的人认为可以在任何场所进行宗教活动;在宗教人士中,有67%的人认为宗教信仰自由就是"宗教自由",任何人或组织不得干预"宗教自由"。②全民法治社会极为薄弱,客观上就会为极端宗教活动提供生存空间。

第二,宗教法治保障体系力量薄弱,突出表现为地区内法律人才的缺乏,特别是少数民族法律人才的严重短缺,《意见》就明确提出要"特别注重培养少数民族及双语法律人才"③。从区内的情况来看,根据相关统计,2011年新疆高校在校研究生中,汉族学生占到研究生总数的91%,少数民族学生仅占到总数的9%,是新疆高校在校生总数的0.22%。而其中,法律专业的少数民族学生更少,比例更低。④而从全区与

---

① 《应对新疆突发事件调研》课题组2013年7月新疆调研资料。
② 《2008—2009年新疆民族与宗教工作形势分析与展望》,2010年10月29日,新疆哲学社会科学网,http://www.xjass.com/zt/lps/2010-10/29/content_172281.htm,2014年11月27日访问。
③ 《中共新疆维吾尔自治区委员会关于全面推进依法治疆建设法治新疆的意见》,载《新疆日报》,2014年11月28日。
④ 李德进:《民族地区法律人才培养刍议》,载《社会科学家》,2013年第5期。

全国的比较来看,根据统计,2013年新疆法学院系共有13所,仅占全国法学院系总数的1.4%;法学本科生数量不到全国的1%;法学硕士研究生以及拥有法学硕士学位授予机构的数量也不到全国的1%。① 新疆地区法律人才的严重短缺以及法律人才培养资源的严重不平衡,使得依法治疆难以形成有力的法治保障体系。而从宗教法治保障体系来看,宗教法治方面的人才更是短缺,宗教立法、宗教法律法规的解释、宗教法治宣传教育等都缺乏专业的人才支撑,宗教治理法治化进程难以保障,去除宗教极端风险道路艰难。

三、新疆去宗教极端化的政策建议

(一)以"去极端化"为中心,纠正宗教政策的失误

当前,地区宗教事务管理工作面临的尖锐矛盾是宗教极端化的问题,因此宗教管理政策的调整,应以"去极端化"为中心,进一步落实"保护合法、制止非法、抵御渗透、打击犯罪"的基本方针,坚持在宗教治理领域推行"反暴力、讲法治、讲秩序",纠正过去宗教政策失之于宽的问题。与此同时,应注意定位宗教管理的合理预期,避免管理过度,防止出现失之于紧。

20世纪70年代以来,新疆地区宗教力量及其影响力的扩大已经是不争的事实,因此通过宗教事务管理、淡化宗教氛围、弱化宗教对群众精神上的影响力和控制力,即"去宗教影响",也长期存在于一些部门和领导干部的潜意识当中,但实际上多成为"一厢情愿"之事,宗教管理工作中出现的一些简单粗糙、急于求成的做法引发了一部分信教群众的不满情绪,成为极端势力的"口实"。事实上,不论在主观上接受与否,宗教存在的长期性是不会改变的。当前管理部门应以"去极端化"为中心,有条件地开展"去宗教影响"的工作。

其一,人们对宗教信仰的内心需求较为强烈。调查显示,80%的维吾尔族人在遇到挫折困难时会祈祷"安拉"帮助;40%的认为随着社会的发展,参加宗教活动的人数会越来越多,32%的选择"不知道",仅有17.7%的认为宗教活动会越来越少。②

---

① 肖建飞、任志军:《新疆高等法学教育的现状及其发展规划》,载《中国法学教育研究》,2013年第4辑。
② 郭泰山、土尔文江·吐尔逊:《新疆宗教现状及发展趋势研究问卷调查分析》,载《新疆社会科学》,2013年第4期。

其二，宗教人士争夺群众的问题有待商榷。不少政府干部和学者认为，国家给予宗教人士的利益、地位过高，导致群众学经需求增加，对宗教人士的认可度增加，基层组织和干部在群众中的话语权和影响力削弱。实际上，这一说法比较笼统，一些看法还需谨慎：

1. 对爱国宗教人士政治上予以安排、生活上进行补贴，有助于争取到宗教人士，为政府所用，协助政府工作，发挥其在维护社会稳定、民族团结、对抗"三股势力"中的积极作用。现在，有关部门时不时组织宗教人士"发声亮剑"，批判分裂暴恐势力，教育信教群众爱国爱教，收到较好的效果。因此，其积极作用是主要的。

2. 政府部门对宗教人士的生活补贴有严格的管理。在政策制定上，村干部、"四老人员"的报酬补贴标准要高于宗教人士，自治区规定从2012年1月1日起，全区村"两委"正职年基本报酬达到8300元，其中"一肩挑"的达到10200元，其他村干部达到7100元；从2012年7月1日起，农村"四老"人员生活补贴标准达到人均每月350元；宗教人士补贴达到255元。① 另外，自治区要求各县市根据当地经济发展水平、财力状况和群众生活水平的实际，确定宗教人士的补贴水平。在补贴对象上，根据宗教人士的不同地位、具体作用表现来确定受补贴人选；对于表现较差的宗教人士，削减补贴，并且进行惩处教育。

3. 爱国宗教人士接受补贴，被部分信教群众认为是"归属政府"的标志，成为不信任的理由。实际上，爱国宗教人士对信教人员的吸引力和影响力是下降的。②

4. 即使存在部分宗教人士同政府争夺群众的现象，也是可控的。因为宗教人士在宗教管理部门都有正式注册，对清真寺等活动场所承担法人责任，每周须参加民宗委组织的宗教人士座谈会等等，政府部门对其进行监督和控制是比较容易的。实际上，同政府部门争夺群众最尖锐的是极端势力、非法宗教势力、体制外没有获得法律认可的宗教人员等，他们几乎完全处在政府的监控之外。

5. 普通信教群众的学经需求通过合法渠道难以完全满足是造成非法宗教活动屡禁不止的一个重要原因，在查处的非法宗教活动案件中，存在不少这方面的案例。因此，最好是通过增加合法渠道来满足、规范这部分群众的需求，而不是通过减少或消除需求来控制非法宗教活动。实际上，由于政府"多堵少疏"，控制失度，引发不少信教群众的抵触态度，受极端思想蛊惑，其中一部分人并不认同官方对非法宗教活动的界定。

---

① 新疆维吾尔自治区财政厅：《中央新疆工作座谈会后人民群众的收入情况》，2013年5月22日。
② 李晓霞：《新疆宗教教职人员生活补贴制度及其影响》，载《西部学刊》，2014年第2期。

(二)加快推出反对宗教极端主义法等相关法律,使去极端化有法可依

"法律是治国之重器,良法是善治之前提。"[1] 权威的反对宗教极端主义法律体系是应对宗教极端化问题的前提。建议加快出台《反对非法宗教活动法》、《反对宗教极端主义法》以及《反对网络空间宗教极端思想传播法》三部法律,既使这方面的宗教治理实现有法可依,同时又形成全面有效的宗教管理法律体系。为提高宗教立法的质量,建议建立专门的宗教立法专家咨询委员会,同时在伊斯兰教协会下设立伊斯兰教法规专业委员会,使其参与到相关立法咨询和立法听证中去,以在立法之初就开始强化其对宗教法规的理解和认同度。

(三)有效改进宗教执法工作,提高应对宗教极端化的能力

第一,在宗教法律规范方面,应着手开始理顺和整合现有制度规范,加快形成系统化的宗教法律体系,使得各环节的宗教执法工作相辅相成,发挥出应对宗教极端化的合力。建议将《宗教活动场所登记办法》、《宗教活动场所学习制度》、《宗教活动场所管理制度》、《宗教活动场所民主管理小组工作制度》、《宗教活动场所民主管理小组职责》、《宗教活动场所财务管理制度》等制度有效整合,在此基础上酝酿出台《宗教团体与宗教组织法》,对体制外的宗教人员、宗教社团进行注册登记,将体制外的宗教人员等纳入到法律监管当中来。

第二,在宗教法治实施方面,应注重改革完善当前的宗教管理体制,淡化宗教事务管理中行政部门的角色,建立起专门执行宗教法治工作的司法部门,注意发挥法治思维和法治方式的引领作用,避免使用单一的行政命令和行政控制,真正把宗教事务管理从政治和行政管理的高度落地至法治实施层面,落实"反暴力、讲法治、讲秩序"的工作原则。

第三,在宗教执法工作过程中,应注意把宗教事务管理转变为对宗教团体、清真寺管委会、信教群众团体等社会组织的管理,强化宗教团体成员、清真寺法人代表以及信教群众的法律义务和法律民事责任,强化清真寺规章制度对穆斯林民众的法律约束力,以此来发挥宗教社会组织的自我管理能力,发挥其在预防宗教极端化方面的积极作用。

---

[1] 《中共中央关于全面推进依法治国若干重大问题的决定》,人民出版社2014年版,第8页。

（四）持续形成有利的宗教法治环境，增强全社会对宗教极端化的"免疫力"

从我国宗教管理的实际情况来看，一方面过去革命性时期宗教政策的红利正逐渐消耗殆尽；另一方面，进入到 90 年代末以来，依法治国作为治国方略推行，建设现代法治国家、增强国家意识、培育公民观念，向现代社会转型，依法管理宗教成为宗教事务管理的新的范式。不过到目前为止，现代的宗教法治环境还未形成并发挥出明显成效。因此，当前新疆宗教关系与宗教管理一定程度上正存在"真空地带"，只有形成有利的宗教法治环境，才能有效弥补因"真空地带"而出现的宗教极端化风险。

一是应强化法治宣传教育，增强全民法治观念。以"反暴力、讲法治、讲秩序"为主题，重点开展对 80、90 后群体的教育。现在 50 岁以上的人曾经接受过党的教育比较多，思想也已定型，基本上是一个很稳定的群体，而 20 多岁的年轻人接受党的教育少，思想也不成熟，社会"免疫力"极差，容易受外部极端思想影响，鼓动起来参与暴力活动，是一个很不稳定的群体。[①] 此外，特别注意对仅有中小学文化程度的少数民族青少年群体的法治教育工作。根据调查，这些文化程度仅为初中（部分是小学）的维吾尔族青少年群体，在所有维吾尔族人群中间对国家法律认可度最低，只有 40% 左右，低于文盲或半文盲群体近 30 个百分点；同时，他们对宗教的认可度是最高的。[②]

二是强化宗教法治保障，引导宗教法治化进程。一方面应注重推进法治专门队伍正规化、专业化、职业化建设，强化现有法治队伍资源。另一方面，大力发展地区法学教育，开展法律职业教育，加快培养新的法律人才资源，特别是要培养更多少数民族及双语法律人才。再次，法治教育和法治服务要落地基层，提高基层法律工作者和人民调解队伍的法治意识和法治运用能力；建立基层法律服务志愿者协会，开展跨地区法律人才交流和法律服务，解决较偏远地区法律服务资源不足和法律人才匮乏的问题。从而逐渐强化依法治理宗教的法治保障体系，为推进宗教治理现代化提供人才支撑和智力支持。

---

① 《应对新疆突发事件调研》课题组 2013 年 7 月新疆调研资料。
② 郭泰山、土尔文江·吐尔逊：《新疆宗教现状及发展趋势研究问卷调查分析》，《新疆社会科学》，2013 年第 4 期。

"创收式监管"：
食品质量安全问题的一个分析逻辑

陈家浩*

摘 要：创收式监管是政府管制机构设租、收租、分租的典型体现。监管机构不同程度上伸向生产经营企业和社会公众的"掠夺之手"，造成社会价值的严重浪费，导致食品安全问题反复出现，并存在严重的地方保护主义。国外治理食品安全的基本经验是管制机构的独立性。破解食品监管问题的症结，不仅有赖于强力的问责监督和激励机制，更有必要在食品安全监管中尊重公众的权利，让监管权力回归为民众食品安全服务的轨道。

关键词：创收式监管；食品质量；安全；寻租

一、问题的提出：食品质量监管的一个现象

近年来，政府不断加大力度打击食品生产违法违规行为，在全国范围内开展多次食品安全专项整治行动。①但食品质量安全形势依旧严峻，甚至呈现出愈演愈烈的态势，一连串有"瘦肉精"、"染色馒头"、"回炉面包"、"牛肉膏"、"毒豆芽"等恶性事件被曝光。违法生产行为之恶劣、后果之严重使国家决策层产生了振聋发聩的感叹：恶性的食品安全事件足以表明，诚信的缺失、道德的滑坡已经到了何等严重

---

* 陈家浩，国家行政学院行政管理专业博士生，中国对外经济贸易信托有限公司经理。主要研究领域：行政管理、公共服务、国有企业改革等。

① 国务院食品安全委员会发布数据显示，2010年有关部门共检查各类食用农产品、食品及相关产品生产经营单位3552万户次，查处各环节违法违规行为13万起，抓获犯罪嫌疑人248人，取缔和停产违规企业单位10万余家。参见中国新闻网：http://www.chinanews.com/fz/2011/02-18/2854382.shtml。

的地步。①

一个引人关注的现象揭示了问题存在的重要原因——监管部门在执法中普遍存在"创收式监管"的倾向：对食品生产经营企业的许可收费和对违规生产经营行为的罚款，本来目的是加强监管、对违法违规行为进行惩处，然而，在基层监管人员那里，收费罚款竟然"生财有道"，监管部门和工作人员现实中将能不能创收作为管与不管的取舍标准，监管职责则被抛之脑后。一些地方政府对普通食品管制成立专门的机构，收取大量许可认证费用。许多地方监管机构的办公经费和人员工资、福利要靠返还的收费罚款来"解决"，部门和工作人员"执法为利"，而且执法中即使发现造假也不能罚死，"罚太狠了，下年找谁收钱去？本来罚10万元的现在罚1万，企业交了'保护费'，焉有不放之理？"有食品审查员形象地称："如果说之前爆出的上海出租车运营是'钓鱼执法'，我们现在就变成了'养鱼执法'，每天的工作目标就是想着如何完成'创收'任务。"②

本文就从这一观察入手，对我国食品安全问题长期存在、屡禁不止的症结进行分析、评价和讨论。首先介绍政府监管的相关理论，旨在为创收式监管构建一个适当的概念体系和对话框架。创收式监管并非一个地方的特例，也不是一两名工作人员的个人行为而是普遍存在的，接下来解释政府的这种行为趋向究竟为食品安全监管中造成了什么样的影响。在此基础上比较和借鉴其他国家的经验，最后部分提出一些解决问题的建议。

二、概念与理论："掠夺之手"、收费站模型和创收式监管

政府监管引起研究者的兴趣在很大程度上是因为"市场失灵"概念的提出。不受约束的自由市场会导致诸多弊病，如垄断与不完全竞争、外部性、信息不对称等，因此，需要政府管制来矫正这些市场失灵。③政府管制的第一种理论——"扶持之手（helping hand）"理论也由此形成，它假定存在一个尽善尽美的政府，这个政府从

---

① 人民网：《温家宝总理同国务院参事和中央文史研究馆馆员座谈时的讲话》，http://health.people.com.cn/GB/14414649.html。

② 新华网：《食品安全乱象生，"被动执法"何时休》，http://news.xinhuanet.com/fortune/2011-04/18/c_12131952 8.htm。

③ 参见：Musgrave, Richard A., *The Theory of Public Finance*, New York: McGraw-Hill, 1959; Stiglitz, Joseph E., *On the Economic Role of the State*. In A. Heertje(ed.), *The Economic Role of the State*, Oxford: Blackwell, 1989.

公共利益或者社会福利最大化的目标出发，在社会性管制和经济性管制中[①]发挥积极作用，帮助市场和社会良性发展。然而，20世纪六七十年代以来，伴随着公共选择理论和委托代理理论的兴起，特别是斯蒂格勒等人发起的对政府管制的研究[②]，人们逐渐认识到"扶持之手"的政府模型与现实相去甚远。

当人们意识到对政府管制的认识陷入了迷信和理想化后，管制的"掠夺之手"（grabbing hand）理论就在截然不同于管制的"扶持之手"的假设上获得了长足发展。[③] 一方面，管制者面临外部力量的激励：政治选票和利益集团的支持。这两股力量影响着政策制定者的自身利益，以管制者被企业利益俘获的"俘虏理论"为代表，斯蒂格勒、佩尔兹曼和贝克尔的研究指出被管制企业为了自身利益会主动寻求管制，而管制者则为了竞选献金、政治影响力、个人收入而甘愿被俘虏，两者合伙从公众那里掠夺资源。另一方面，无论是管制政策制定者还是执行者，他们都有着直接的、私人的自我利益，会严重影响到政策行为，所以就会看到管制者为了自身利益主动"设租"，管制措施被强加给被管制的企业，即利用管制制度供给的权力来诱使生产者以各种方式向他们提供"资金"。[④]

"掠夺之手"使我们看到政府管制现实中成了管制者的设租工具，其具体代表"收费站模型"非常形象地说明了其中的基本关系。谢雷弗尔和维什尼认为，政府严格的准入限制、繁琐的审批程序以及各种各样的收费规定赋予了政治家和管制者权力，他们可以运用这些权力否决或提供许可以及制造收取贿赂的机会。企业主通过给政治家和官员行贿，得到了很多有利可图的许可项目，就像高速公上的收费站一样，不交费就难以通行，这种理论被形象地称为管制的"收费站理

[①] 就管制的范围而言，学界认为政府管制一般包括了经济性和社会性管制，前者指"由行政机构制定并执行的直接干预市场配置机制，或间接改变企业和消费者的供需决策的一般规则或特殊行为"；后者是用来保护环境以及劳工和消费者的健康和安全的管制，它用以矫正经济活动所引起的各种派生后果和外部性问题，包括净化空气、净化水源、实现核安全、保证药物和交通安全活动等。参见［美］丹尼尔. F·史普博:《管制与市场》，上海三联书店和上海人民出版社1999年版；［美］保罗·萨缪尔森、威廉·诺斯豪斯:《经济学（第12版）》，中国发展出版社1992年版。

[②] Buchana, James M. & Tullock, Gordon, *The Calculus of Consent*, Ann Arbor: University of Michigan Press, 1962; Stigler, George J., "The Theory of Economic Regulation", *Bell Journal of Economics*, Vol.2, No.1, 1971: 3-21; Peltzman, Sam, "Toward a More General Theory of Regulation", *Journal of Law & Economics*, Vol. 19, No. 2, 1976: 211-240; Tullock, Gordon, "The Welfare Costs of Monopolies, Tariffs, and Theft", *Western Economic Journal*, Vol.5, No. 3: 1967: 224-232.

[③] ［美］安德烈·施莱弗，罗伯特·维什尼:《掠夺之手——政府病及其治疗》，中信出版社2004年版。

[④] 肖林:《市场进入管制研究》，经济科学出版社2007年版。

论"①。在实证研究中，德·索托用秘鲁的数据说明在不行贿、不使用政治关系的条件下完成政府审批和许可的时间、费用和手续是美国佛罗里达州一个小镇的 1000 多倍。② 迪加科夫等人同样将政府管制比喻为高速公路上的收费站，并指出政治家和官僚在实践中为了增加租金和追求的政策是扭曲的，一方面是因为收费站设置过多；更为重要的是，"收费者可能关闭其他可行的道路，迫使车辆经过收费道路"。因此，管制者能够向潜在进入者收取贿赂，却不服务于任何社会目标。他的实证分析表明，"政府极少服务于公共利益，政府追逐严格的管制，以使他们自己受益，并可能使企业受益。"③

"掠夺之手"理论和收费站模型虽然出自其他国家的政府管理经验，但借鉴意义是显著的。其理论出发点和分析思路同样适用于创收式监管的分析，或者说创收式监管恰恰是中国版本的 "掠夺之手"。国内学界对食品质量问题的分析集中在法律法规制定滞后④、安全标准不够健全⑤、监管机构"政出多头"⑥、执法力量过于薄弱⑦ 等方面。虽然观察到了促使问题产生的因素，但这些观点无法有效解释"为什么即使中央和地方政府出台了新的法律法规、加大了治理力度，食品质量问题却依旧频繁出现，并愈演愈烈"。不难想象，如果食品安全监管部门一方面垄断了监管的权力，另一方面监管人员行为逻辑是"为了自身的利益而追逐管制，进而创造各种寻租方式和机会"，则再完善的法律规范和监管机制也很难保证食品安全监督职责被充分履行。在这样的情况下，"严厉打击"和"加大处罚力度"之类的措施只是对食品安全问题的隔靴挠痒，结果是放纵问题食品一波接一波出现。

---

① Shleifer, Andrei & Vishny, Robert W., "Corruption", *Quarterly Journal of Economics*, Vol.108, No.3, 1998: 599-617.
② [秘鲁]德·索托：《另一条道路》，华夏出版社 2007 年版。
③ Simeon Djankov, Rafael La Porta, Florencio Lopez-De-Silanes, Andrei Shleifer, "The Regulation Of Entry", *The Quarterly Journal of Economics*, Vol.117, No.1, 2002: 1-37.
④ 参见杜钢建：《关于制定食品安全法的若干问题》，载《太平洋学报》，2008 年第 4 期；叶永茂：《中国食品安全立法若干思考与建议》，载《药品评价》，2006 年第 4 期。
⑤ 参见程启智：《政府社会性管制及其应用研究》，经济科学出版社 2008 年版；查竞春：《香港特区政府食品安全监管监测体系对内地改革的启示》，载《经济体制改革》，2007 年第 2 期。
⑥ 参见郑风田：《从多头监管到一个部门说话：我国食品安全监管体制急待重塑》，载《中国行政管理》，2005 年第 12 期。
⑦ 参见刘玉满、尹晓青：《我国农村市场猪肉的质量安全监管亟待规范——来自某地基层三镇六村的调查报告》，载《中国动物保健》，2007 年第 6 期；邓辉强、彭晓阳：《从基层角度浅析卫生部门食品安全监管的困境和对策》，载《中国公共卫生管理》，2008 年第 3 期。

三、创收式监管对中国食品安全的影响

根据"掠夺之手"和收费站理论,我们可以归纳出创收式监管的基本特征。从行为动机来看,创收式监管是政府自利性的典型体现,倚赖监管权力获取制度"租金"收入,谋求自身利益。从内部关联来看,创收式监管将政府管制者和生产经营企业捆绑在一起,形成了稳定的利益共同体。从存在趋势来看,创收式监管不是某一地方或人员的个别现象,而是普遍存在于食品安全的各个监督主体,广泛出现在地方监管机构。从服务对象来看,创收式监管是对广大消费者享有优质、价廉的食品安全权利的严重侵害。从治理效果来看,创收式监管形成了一种"好事变坏事"的执法怪圈:一有食品安全问题被曝光就集中加强力度开展整治,然而执法者和执法对象的利益共同体关系使得问题不可能得到根治,食品安全隐患又在整治后再次出现。创收式监管的以上特征使得它对中国的食品安全现状造成了多维度的负面影响。

(一)创收式监管是对食品安全监管价值的扭曲

创收式监管本质上体现了政府"设租"、"收租"、"寻租"和"分租"的意图。政府的收费和罚款行为愈来愈成为政府创收的重要渠道。第一,将企业的部分收益转移到监管者手中。中国食品安全监管中涉及许多政府部门,它们都可以在这一过程中寻找到自己的利益,卫生部门、工商行政部门、农业和畜牧业部门、质检部门、环保部门、税收部门等等均有各自合法合理的理由向企业伸出"掠夺之手"。如果政府监管部门的收费确实解决了食品安全问题,我们可以把这些费用视为行政管理的必要成本,然而现实中的创收式监管却让我们看到监管者拿了钱就不管事,食品安全监管的责任在收钱后即被抛到了脑后。而且,政府常常"制定"创收目标,收费额度不是以企业运营现状为依据,而是根据上级政府命令或自身需求量身定做。第二,企业不得不为不合理的制度安排付费,会将多个政府部门"创收"给自己带来的成本转嫁给消费者,直接后果就是抬高产品价格。第三,政府要求生产企业加大内部质量控制力度,监管部门以企业在这方面的各项投入为监管标准,却不管这些投入是否起到了应有的作用,企业在这方面的成本也转移给了消费者[①]。最终,创收式监管既没有体现资源配置的效率性,也没有达到管制价值的公平性,反而因为政府自身的寻租行为造

---

① 现实中,质检部门要求企业配备一定数量的质检员和检验检疫设备,并以此作为检查企业的安全生产是否达标的重要依据。然而,这些设备往往只在政府检查时才启用,质检员也往往是临时充当的角色以应付检查。这种"投入导向"的食品质量监督占用了企业有限的生产资源。

成了对企业和社会公众利益的双重掠夺。

(二)创收式监管是食品安全问题反复出现的制度环境

创收式监管不是个别部门或人员的私人活动,在许多情形下,它们在正式权力结构下公开运作,以政府部门的组织权威辅以实施。① 创收式监管因此成了食品安全问题存在的制度化条件。一方面,由于基层管制机构"缺钱",分税制后基层政府面临财政困境而又承担繁重的监管任务,一些地方的监管部门为了弥补自身运作经费的不足,便或明或暗地通过办证费、认证费、罚款等各种形式向当地食品企业征收费用,"压力型"的财权和事权关系迫使基层政府在体制外资源中追逐各项创收目标②。第二,自上而下来看:上级部门每年都会给下级部门布置一定的征收指标,在自上而下的集权管理体制下,下级部门只能照办。征收的费用被省级、市级部门扣一部分,这些监管者的监督者也就对自己下属的违法违规行为采取了默认态度。自上而下的监督不力甚至相互"分租"放纵了创收式执法长期存在。第三,自下而上的方向,基层执法部门与食品生产企业之间也是利益共同体关系,为了营造一个较好的生产经营环境,食品生产企业往往乐意通过向当地监管部门"进贡"的方式来息事宁人,有时甚至主动行贿强化与执法者的关系,达到一荣俱荣、一损俱损的合谋效果,以此为生产经营谋取更大空间。因此被监管者也有很强的动机巩固管制机构的"创收"行为。

(三)创收式监管是食品安全领域的地方保护主义

我们可以从被曝光的食品安全问题中看到,一些大型食品生产企业具有行业垄断地位,如河北省石家庄市的三鹿公司、河南省漯河市的双汇公司,小型生产主体往往则聚集在一地"行业化"地生产经营假冒伪劣食品,而无论哪一种情形都为当地带来了可观的财政收入和就业机会,而前者还有助于提升城市形象。所以,地方政府和监管部门不仅缺乏动机严格监管,还会保护违规生产经营企业,更麻烦的还在于,监管部门从隶属关系上来看是某级政府的下属,也就意味着,他们要配合当地政府的大局——GDP增长、城市形象、财政收入、就业等等。任何负面新闻出现,都可能被大

---

① 浙江一名基层监管部门负责人告诉新华社的记者,他们有的年份几个月可以不干活,因为"前期努力",已经提前完成了全年的"创收"任务。参见 http://news.xinhuanet.com/fortune/2011-04/18/c_12131952 8.htm。

② 地方政府财权和事权不匹配的研究参见:荣敬本等,1998;吴理财,2001;朱钢,2002;韩俊、唐卡,2003;赵树凯,2004;樊丽明、石绍宾,2005;吴建南、李贵宁、侯一麟,2005。

局所"和谐"。所以，小生产者可能受到处罚，但是倒下了一个会站起来一群。而一个生产者如果做成了"大企业"，主管部门也就未必能够对它进行监管。即使它们有违法行为，只要没有出现严重后果，当地政府就不希望"干预企业运作"，甚至会进行"特别关照"。在目前的政绩考核与官员任命体制下，地方政府头等大事是发展经济，监管部门如果只是管管小企业、打打苍蝇还无所谓，而若想查处对于地方"有重要贡献"的食品企业、行业，不得不三思是不是会被上级政府视为"找麻烦"。在如此强的地方保护主义之下，食品安全想不出问题都难。

四、国外食品安全监管的独立性经验

创收式监管在中国独特的治理语境下有着顽强的生命力，造成了食品安全问题屡禁不止、此起彼伏，监管的设租、收租倾向非常明显，强烈的地方保护主义更是对企业和社会资源配置的严重扭曲。纵观国外食品安全监管的成功经验，监管机构的独立性可谓一大亮点，这一方面斩断了"掠夺之手"生存的利益网络，另一方面促使监管机构面对社会公众的强力问责，从源头上约束管制权力。

首先，食品监管机构部门在推进食品安全执法、制定食品安全标准、对食品安全实施科学检验等具体环节中严格依据科学、中立的标准来看待食品安全问题，而非主要考虑维持地方经济增长、扩大就业量、保持社会稳定等政治性价值。在美国，食品药品监督管理局（FDA）就将科学和以预防为基础的风险分析（based on science and risk analysis）作为食品安全决策的重要基础。一方面，美国科技居于世界领先的地位，科学管理理念深入大众的人心，也渗透在每一个行政管理的领域，在食品安全规制方面"基于科学"是其基本的原则之一。[①] 通过政府机构内专家的合作及向其他科学家咨询，为法规制定者提供技术和科学方面的推荐方案，所有有关食品安全的法律、法规、标准的制定都必须最大程度地以科学为依据，如果在某些方面由于科学发展水平的限制，也要最大程度地征求专家的意见，以增加决策的科学性。另一方面，风险分析是美国制定食品安全系统政策的基础，特别是采用了危害分析和关键点控制系统（HACCP），即对可能存在于食品加工环节中的危害进行评估，进而采取控制的一种预防性的食品安全控制体系。

第二，创收式监管突出反映了我国食品安全管制的一个症结：地方监管部门的行为不仅会受到上级监管机构政策命令的约束，也会遭遇来自地方政府的说情和通融。

---

① 参见美国食品药品监督管理局：http://www.fda.gov/AboutFDA/WhatWeDo/default.htm，总统食品安全委员会关于国家科学院报告的评估：http://clinton3.nara.gov/WH/EOP/OSTP/html/foodsafety.html。

总而言之，无论是纵向上还是横向上来看，监管机构执法监督的独立自主性受到了严重侵害。

　　国外解决类似问题的经验包括三个方面。首先，监管机构的权责划分应基于食品安全本身的特点，而不是像我国从各部委权力本身的角度来划分。在加拿大，联邦一级的食品安全管理机构中食品监督署 (CFIA) 是最主要的机构，负责农业投入品监管、产地检查、动植物和食品及其包装检疫、药残监控、加工设施检查和标签检查，真正实现了"从农田到餐桌"的全程管理。① 尽管在食品监管比较成功的国家负责管理的机构也不止一个，存在职责的交叉，但是政府各部门分工却非常明确、清晰，对肉、蛋、禽、海鲜品等分别规定了不同的监管机关，根据食品安全本身来监管是避免监管被其他机构影响的重要举措。其次，承担监管技术研发的机构必须保持中立。以美国、日本、澳大利亚为例，食品安全的国家技术部门承担的完全是辅助性的技术支持工作，它们没有行政上的权力，在食品安全问题上完全是中立方。第三，食品安全监管权力的高配置保证了监管活动能够独立自主地展开。在美国，在我们熟知的 FDA 之上还有一个最高级别的食品安全管理机关——总统食品安全委员会（President's Council on Food Safety），这是一个具有代议制的食品安全委员会，从机构的组成到人员的任命均由总统指定，它由农业部、商业部、环境署及有关财务、科技、资源等部门构成，为联邦政府食品安全活动制定全面规划，目标是建立一个完善的有科学基础的食品安全体系。

　　第三，与管制对象关系的独立。创收式监管除了未能理顺政府间关系外，监管人员和被监管对象的关系也由监督与被监督演变为相依共存的病态模式。前面的分析已经指出各地对监管部门的财力支持差异很大是导致监管机构伸出"掠夺之手"的重要原因，而发达国家的经验也从侧面印证了这一点，即通过充足的物质和财力支持确保监管行为的独立性。以美国最新数据为例，2011 年为食品安全研究投入联邦经费达 23 亿美元，比上一财政年度增加 4%。② 不仅有足够的财政经费向监管机构倾斜，而且美国在制度设计上非常关注财政资源使用的效率，总统食品安全委员会会邀请专家定期评估美国食品安全体系的监管绩效，并让专家和研究者提出各种建议，用以建构一套高效的食品安全监管体系。在欧洲，巨额的财政支持亦保证了监管机构可以独立自主地开展各项工作，2006 年涉及食品质量安全的欧盟通用农业政策（Common Agricultural Policy）预算达到 498 亿欧元，占欧盟全部预算的 48%。③ 可以说，必要

---

　　① 杜治琴、严卫星：《加拿大食品监督管理体制简介》，载《中国卫生法制》，2003 年第 4 期。
　　② 参见 http://conduitstreet.mdcounties.org/2011/04/15/federal-budget-continuing-resolution-hits-county-programs/。
　　③ 参见 http://en.wikipedia.org/wiki/Common_Agricultural_Policy。

的财力支持是确保监管部门与被监管企业形成合理关系的必要条件。

五、讨论：化解创收式监管

西方国家治理食品质量问题的经验指出，维护食品监管机构独立性是克服设租、寻租的监管逻辑的良药，是约束监管机构掠夺之手的利器。解决创收式监管对中国食品安全的消极影响亟需在这方面努力，从解决问题的思路来看，一方面，为监管机构独立自主开展工作提供必要的激励条件；另一方面，对监管机构执法为利的行为严格监督与问责。制度设计的治理绩效有赖于制度发挥作用的环境，从根本上铲除创收式监管和监管机构的"掠夺之手"还需社会公众以及第三方力量在食品安全监管中发挥更加积极的作用，这是引导监管权力真正为消费者权利服务的基本前提。

通过激励措施，我们将监管机构的行为引至令社会公众满意的食品安全监管水平上。毋庸置疑，加强经费、设备和人力保障力度是应有之意，充实基层监管力量，配齐装备，更新标准，培训人员，提升监管能力。监管部门依靠符合法律规定的执法保障就可以独立自主的开展监管活动，自然会减少与被监管者的共谋。将监管部门与被监管者的利益链条切断，让罚款与部门利益脱钩，从财政制度环境上予以正面的激励非常有必要。另一种设计强激励的思路是将食品安全治理情况纳入地方行政首长政绩考评体系中，《食品安全法》明确规定，县级以上地方人民政府统一负责本行政区域的食品安全工作，而目前重大食品安全问题一般也发生在基层地方，因此将地方政府食品安全监管绩效纳入官员测评体系不仅具有合法性，而且在中国自上而下的决策体制与官员任命体制下也具有较高的合理性。

西方国家对食品安全的有效管理同样也是建立在强化问责基础上的，行政执行的独立性确保了政府部门间理顺职责关系，并明确问责对象。一个常识是，惩戒的强度越高、力度越大，监管机构追求不法利益的行为也就越有风险，获取创收式监管收益的成本也就越高。目前我国食品安全监管部门问责制的建设严重滞后，这主要表现为"问责的不确定性"，即同类事件的差别化处理，一方面，问责客体不清晰，未能有效区分何种条件适用主管部门领导人员问责，何种条件适用政府省级、市级、县级领导人员问责，以及哪些情况下均要问责。另一方面，问责范围不一致，有些食品安全问题只问责产品生产加工地政府及食品监管部门的官员，而有些则只问责了产品销售地或事故发生的食品安全监管部门，对流通全国的问题食品更是缺乏明确的法律依据。此外，问责决策的不准确性，对问题官员的处理究竟是行政记过处分、党内处分还是法律处罚缺少细化、可操作的依据。

激励是从预防的角度解决价值目标与现实行为冲突的一种措施，而监督问责则是从惩戒的角度纠正目标冲突的一种思路。但无论哪一种，最终都得依赖消费者检验监管绩效。然而，我们国家的食品安全监管工作在民意影响力和代表性方面还有很大欠缺，消费者协会等"第三方组织"也常常附属于政府部门。总言之，以上无论是激励还是问责的约束方式，本质上都是政府主导的管制模式，是权力内部的运作。这是一种相当让人尴尬的监管机制，食品安全的直接影响者至今还没有找到介入监管决策的制度化渠道，消费者的权利被整体性的忽略了！消费者与监管机构是典型的委托—代理关系，社会公众委托政府监管机构监督管理食品安全，但信息不对称和目标不一致的情况极易导致监管机构做出背离消费者利益的行为，创收式监管等权力寻租现象正是典型代表。因此，让权力监督权力、让监管者监督监管者的内向性约束机制存在先天缺陷。实现日常的、可信的、无缝隙的监管则必然要依靠关心自身食品安全的广大民众的积极参与，因而，真正使激励和问责机制发挥效用，必须尊重社会公众的知情权、参与权和监督权，以透明、公开、强制性的方式让消费者权利制约食品安全监管权力，回归"权力"为"权利"服务的价值。

他山之石

韩国公共冲突管理制度的经验借鉴

常健 刘一[**]

摘 要：伴随着经济腾飞的持续和民主化进程的推进，韩国公共冲突案件数量整体上逐年增加，社会矛盾激烈，公共安全状况令人堪忧。在此背景下，为了改善公共安全状况，韩国政府开始了大规模的公共安全管理制度建设，主要措施包括公共冲突管理法律的健全、公共冲突管理机构的建立和公共冲突管理培训体系的建设。从冲突管理策略来看，韩国较为注重冲突的事前预防，较为注重在冲突化解时"赢得信任"，较为注重冲突的分类管理，较为注重引入民间力量参与冲突管理。韩国的冲突管理是一种政府主动推进并有序引入民间主体参与的管理方式，为我国提供了有借鉴意义的经验。

关键词：韩国；公共冲突；冲突管理；事前预防；分类管理

21世纪以来，随着现代化的推进和政治转型的深入，韩国面临着严峻的冲突形势，公共安全状况令人堪忧。过多的社会冲突使韩国政府及民众承受了大量的损失，根据三星经济研究院的报告，2008年韩国公共冲突造成的经济损失高达人均GDP的27%。[①]韩国政府认为主动和系统的管理冲突将有利于避免冲突的累积、扩散和升级，改善公共安全状况，由此2007年起韩国开始了系统的公共冲突管理制度建设。本文将系统介绍韩国冲突管理制度建设的主要措施和冲突管理制度的重要特征，为中国应

---

[*] 基金项目：国家社科重点项目"公共领域冲突管理体制研究"（批准号：13AGL005），天津市教委重大社科项目"社会管理创新与诚信社会建设"（批准号：2011ZD004）。

[**] 常健，哲学博士，南开大学周恩来政府管理学院副院长、教授、博士生导师。主要研究领域：公共冲突管理、人权理论；刘一，政治学博士，南开大学周恩来政府管理学院博士生。主要研究领域：公共冲突管理、人权理论。

① 朴俊等：《韩国的社会冲突和经济损失》，见李秀峰：《韩国公共冲突管理制度化经验分析》，载《国家行政学院学报》，2013年第5期。

对转型时期的社会风险,解决社会矛盾和改善公共安全提供有益的经验。

一、韩国公共冲突管理建设的背景

2007年韩国政府开始以积极的姿态进行公共冲突管理制度建设,以卢武铉总统颁布《公共机关有关冲突预防和解决的规定》为重要标志,韩国政府开始了有计划的公共冲突管理制度建设。韩国冲突管理制度建设的启动与当时韩国的社会冲突和公共安全状况密切相关。

(一)公共冲突案件数量不断增加

2007年之前,韩国公共冲突案件数量整体上不断增加。从年度冲突案件总量来看(见下图1),虽然略有波动,1993—2007年韩国公共冲突案件总量整体上是逐渐增加的。

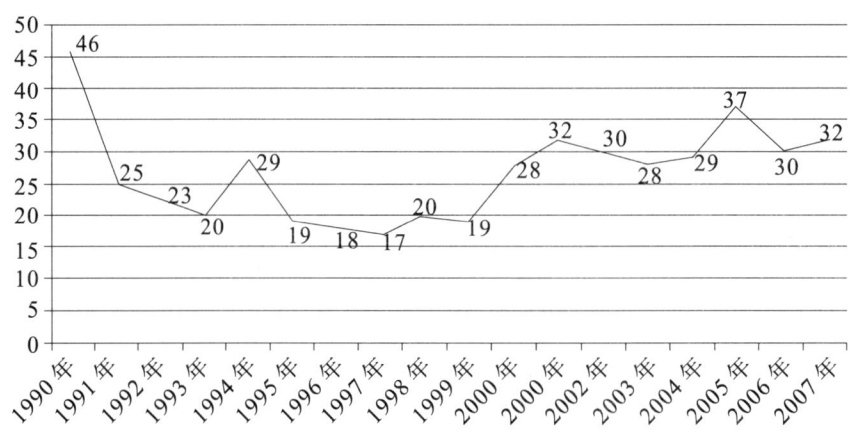

图1 年度公共纠纷案件

资料来源:蔡宗宪:《冲突管理》,见权吾成:《李明博政府主要政策的成果及课题(第1卷)》,《韩国行政研究院研究报告(2012年)》,第126页。

此外,随着韩国社会公共安全状况的恶化,1993—2007年的公共冲突案件当中政府间冲突案件数量的增长尤其明显(见图2)。尤其是2000年以来,韩国政府间冲突案件数量剧增,2006年达到17件,相比于2000年之前各个年度,增加了10倍以上。政府间冲突案件不仅数量增加,而且持续时间较长,其平均持续时间达到2年以上（约 29.5 个月[①]）。

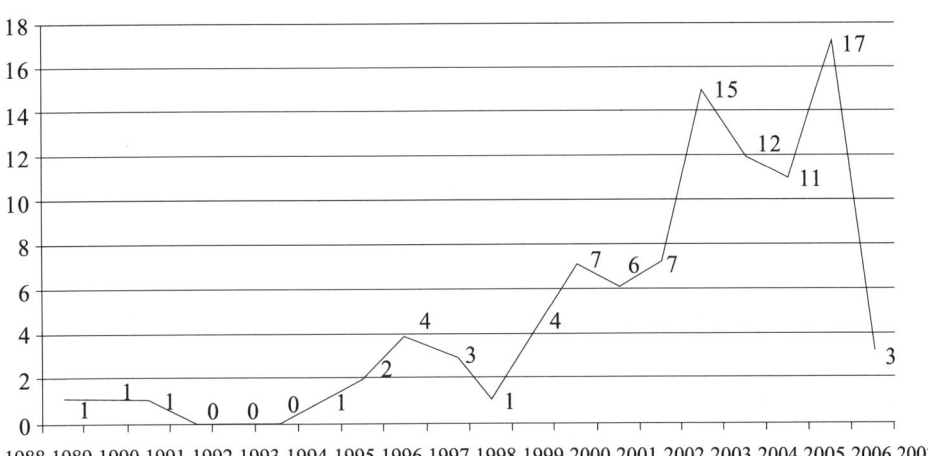

图 2　年度政府—政府冲突案件

资料来源：朴馆、驻圭福：《政府矛盾类型和解决方式特征研究——以地方自治团体的矛盾案例为中心》，载《冲突管理研究回顾》，2014 年（第 12 卷）第 1 期。

（二）社会公众的不满上升

2006 年 12 月 18 日韩国《教授报》刊载了一项以教授为调查对象的问卷结果，其中 48.6% 的人认为当今韩国政治、经济和社会"密云不雨"，"由于抛弃'相生政治'和总统的领导能力危机，社会各阶层的不满已经达到了临界点"[②]。而其中 11.1% 的人认为韩国社会的矛盾看不到解决希望，"万事休矣"；22.1% 的人认为散漫的改革会使国家动摇。

二、韩国公共冲突管理建设的主要措施

（一）公共冲突管理法律的健全

在韩国，自 2007 年以总统令形式颁布《公共机关有关冲突预防和解决的规定》

[①]　朴馆、驻圭福：《政府矛盾的类型和解决方式特征研究——以地方自治团体的矛盾案例为中心》，载《冲突管理研究回顾》，2014 年（第 12 卷）第 1 期。

[②]　牛林杰、刘宝全：《2006—2007 年韩国发展报告》，社会科学文献出版社 2007 年版。

以来，公共冲突管理的法律地位不断提高，出台了若干部有关公共冲突管理的专项法规。法律具有稳定性，公共冲突管理法律地位的提高能够消解政府领导人更替带来的大幅波动，使公共冲突管理制度建设能够系统推进、长期规划。此外，专项法规的颁布还使得冲突管理的法律依据更为充分。法律还具有权威性，对社会公众具有一定的说服力，公共冲突管理法律地位的上升还能够极大促进冲突各方在法律框架之内互动，降低公共冲突的暴力程度，减少公共冲突过程的过激行为，促进破坏性冲突的消解。

1. 出台公共冲突管理专项法规

2007年2月，韩国政府以总统令形式颁布了《公共机关有关冲突预防和解决的规定》（以下简称《规定》），《规定》起到了重要的奠基作用，对冲突管理的基本原则、主体和程序进行了明确规定，为随后其他冲突管理专项法规的出台和实践中的冲突管理起了指导性作用。《规定》明确指出，冲突管理的基本原则是：(1)自主解决和赢得信任；(2)参与和程序正义；(3)利益的比较分析；(4)信息公开及共享；(5)可持续发展。①《公共机关有关冲突预防和解决的规定》还将冲突管理划分为政策制定阶段、政策执行阶段及事后和日常性管理。这些基础性管理原则在后来的冲突管理实践中得到了广泛应用，有些已经被其他的冲突管理法规所继承，如《忠清南道冲突预防和解决条例（충청남도 갈등예방해결을 위한 조례 안）》（以下简称条例）。与《规定》相比，《条例》的规定更为具体和详细，进一步明确了地方政府及其他冲突管理机构在冲突管理中的义务和权利，如《规定》要求公共政策制定过程应当进行社会风险分析（第6条），明确了冲突管理审查委员会的职责（第7条），规定了冲突管理审理委员会委员的数量及委员结构（第8条）等。2011年3月韩国颁布并开始实施了《公诉申请者保护法》，《公诉申请保护法》旨在保护政府与个人或群体之间发生冲突时，个人或群体通过国民权益委员会或是申诉闻听鼓等各种形式解决冲突的权利，为了提供畅通的渠道，更侧重为特定领域冲突管理提供法律依据。《关于国家政策协调会议的规定》侧重于协调政府部门之间的冲突，2014年11月19日韩国政府修正了《关于国家政策协调会议的规定》，新增内容是政策协调会议由"总理、协调涉及的中央行政机关的部长，总统秘书室和协调涉及的中央行政机关的首席秘书官"构成，修正后的规定提高了政策协调会议的级别，极大提升了政策协调会议的战略地位。

2. 制定公共冲突管理配套细则

公共冲突管理常常涉及多个部门，公共冲突的化解也需要各个利益团体之间的良性互动，故而配套的冲突管理细则是否健全决定了冲突管理能否能得到人员、组织和资金保障，也关系到冲突管理制度能否有效的贯彻执行。韩国公共冲突管理制度体系

---

① 《公共机关有关冲突预防和解决的规定》，韩国国家法律信息中心，http://www.law.go.kr/main.html。

中，主要包括两大类冲突管理细则。一类是部门规章。例如，为了实施《规定》，冲突管理中心以部门规章形式颁布了《关于公共机构冲突预防、解决的执行和监管规则》（以下简称《规则》）。《规则》规定应当组建审议委员会，规定了审议委员会的组成、运行和功能。如《规则》规定审议委员会由7人构成，审议委员会开会应当有2/3以上的委员出席，出席委员过半数票才能通过相关决定；《规则》还详细规定了政策协调办公室指定研究机构的标准、条件及其他相关事宜；规定政策协调办公室指定的研究机构的期限一般是3年，有特殊情况（特定任务需继续完成）延期最长不得超过2年，应当在期限到期之日3个月前通知研究机构是否续期或解除指定。《规则》还公开了研究机构经费报销程序、政策协调办公室应当向公众提供的公共服务内容等。

另一类重要的冲突管理细则就是各种工作办法和管理手册等。以中央政府为例，为解决政府内部各部门之间的冲突，韩国设立了公共冲突调整官室，并明确其职责之一是指挥和监管中央行政机关进行社会风险管理[①]，处理公共冲突预防和解决相关的事项。公共冲突调整官室自成立之日起，相继制定了公务员冲突管理能力考评的各项细则，组织了"冲突管理评估团"对各机关冲突管理建设进行评估。公共冲突调整官室制定"冲突管理评估团"进行评估的各项细则，如组成人员应包括民间人士和相关部门公务员，冲突管理评估指标的权重，各项指标的算法等。值得一提的是，总理办公室为了贯彻实施2007年卢武铉总统发布的《规定》，相应制定了《公共机关冲突管理手册》（以下简称《手册》）。《手册》详细规定了公共冲突的定义和范围——中央行政机关在公共政策制定（法令的制定、修改、各种工作计划的建立、推行）或推进的过程中，项目利害关系者之间或利害关系者和有关机构之间发生的冲突；冲突管理审理委员会具有反映特定政策风险分析结果的义务，审理委员会应当由包括专家、民间代表、相应政府部门官员等11人构成；冲突管理现状的评价及评价表（见表1）；冲突管理程序的选定及应用过程等。

① 李秀峰：《韩国公共冲突管理制度化经验分析》，载《国家行政学院学报》，2013年第5期。

表 1　冲突管理检查和评估指标

检查部门		评价指标	测量评价方法	比例/	等级
整体冲突管理体制的维持和运营		冲突管理综合措施的建立和实施	•综合措施是否建立 •综合措施的科学度 •计划实际履行与否	10%	优秀 一般 不满意 负值
		冲突管理审议委员会的运营	•审议的实际内容 •审议结果履行与否	10%	
		冲突追踪的维持和运行	•冲突追踪与实际冲突之间的匹配 •快速更新及向总理室报告	5%	
冲突管理业绩	冲突预防	法律程序的执行 信息公开、影响评估	•法律程序执行的忠实性 •利益相关者接受度（反对与否）	10%	优秀 一般 不满意 负值
		冲突管理手册的制定和利用	•手册内容的有效性 •手册的实际运用	10%	
		冲突影响分析	•冲突影响分析必要性的判断 •必要性判断的恰当性	5% 附加	
		事前宣传和监测	•早期预防措施（使用监控、听证、网络等）是否履行 •多种宣传（电视讨论、博客等）是否履行	10%	
	冲突应对	冲突管理系统的构建 •组织内部的横向协调 •有关部门、组织的协调	•T/F等组成体系的应对措施 •有关部门协调的履行	10%	
		冲突调解协议会的运行业绩	•协议会运行业绩 •对冲突缓解的贡献	5% 附加	
		冲突的因素及制度改善	•冲突状况判断及制度改善业绩	10%	
冲突管理力量及提升		冲突管理培训	•教育时间和人员 •教材及教学内容的相关性 •受教育者的教育满意度	10%	优秀 一般 不满意 负值
		冲突管理人事力量	•冲突管理优秀者的奖励 •冲突业务负责人管理能力	5%	
		典型案例收集和推广	•典型案例收集业绩 •内、外部传播及应用	5%	
		内部评估及反馈过程	•自我评价实施与否 •评价的有效性 •改进研究、市政（反馈）	10%	

资料来源：《公共机关冲突管理手册》，韩国总理办公室印发，第 22 页。

（二）公共冲突管理机构的建立

授权明确且制度健全的冲突管理机构是及时处理各类冲突案件的基础之一。自 2007 年以来，韩国成立了大量的公共冲突管理机构，成为冲突管理制度建设的重要内容之一。目前为止，韩国的公共冲突管理机构主要分为三大类：一是咨询顾问类冲突管理机构；二是行政类冲突管理机构；三是调整类冲突管理机构。

1. 咨询顾问类冲突管理机构

咨询顾问类冲突管理机构往往只在中央政府设立，地方政府不设立相应层级的分支，它更注重在宏观层面发挥综合协调功能或解决涉及面较广的公共冲突案件。截止目前，较为重要的，在实际的冲突管理案件中发挥重要作用的咨询顾问类冲突管理机构有 2 个。其中之一是社会统和委员会，由韩国总统办公室主管，2013 年由朴瑾惠政府更名为国民大统和委员会。国民大统和委员会具有较高的级别，其委员包括政府各部委的总计 16 名部长级官员，基本涵盖各类公共冲突案件有可能涉及的政府部门的实权人物，为各种类型冲突案件的解决提供了组织基础。国民大统和委员会企划部门主要有计划与政策局、国民联合局和国民沟通局[①]。计划与政策局下设企划、政策评估和公共关系 3 个部门，分别主要负责研究政策合作，民族融合政策评估和调整，公关策划和宣传品制作。国民联合局下设冲突预防、冲突调整和价值综合 3 个部门，各自主要负责冲突预防制度的制定，冲突分析和冲突管理，综合价值创造与传播。国民沟通局下设地区沟通、民间社会沟通和沟通共享 3 个部门，各自主要负责冲突解决记录和沟通项目开发、社会团体和宗教界的整合、SNS 运营和管理。在实际的运转当中，国民大统和委员会采取以小组委员会分主题进行事务管理的形式。各个小组委员会各自有工作重点、分工合理，非常利于冲突管理资源的利用和冲突管理效率的提高。主要的小组委员会有价值综合小组委员会、冲突预防和调整委员会、计划和政策小组委员会和国民沟通小组委员会，当特定冲突事件涉及到多个部门时或进行工作总结时召开小组主席团会议。

另一个重要的咨询顾问类冲突管理机构是国民权益委员会，由韩国总理办公室主管。2008 年，国家监察委员会、国家廉政委员会和国务总理行政审判委员会合并后成立了国民权益委员会。国民权益委员会侧重于解决腐败问题、政府部门侵犯公民权利所导致的政府—私人类型的公共冲突。国民权益委员会主要通过三种方式进行冲突管理：一种是通过国民权益委员会的网站、e-mail、传真和设立在首尔的一般性公民权利委员会办公室接受各类行政上诉和申诉申请；另一种是在重大公共冲突案件发生时被授权主动介入重大的冲突案件；第三类是通过国民权益委员会设立的各类专门主

---

① 韩国国民大统和委员会，http://www.pcnc.go.kr。

题的管理部门进行冲突管理,如国民权益委员会2013年与政府联合成立的福利腐败举报中心,2014年成立的接受各类政府—公民权利冲突的案件的首尔民权办公厅信访办,另外国民权益委员会还主管通过"国民申闻鼓"上诉但未指定处理部门的上诉案件。总的来说,国民权益委员会是一个中转部门,其所接收的各类案件会根据案件类型转到相应部门处理。

2. 行政类冲突管理机构

行政类冲突管理机构大多设置于政府部门内部,中央政府和地方政府均有设立,但并不是严格的对应各级政府而设立,往往是中央和地方分别设立,但中央层级的冲突管理机构不对地方层级的冲突管理机构形成上、下级直管关系。其中一部分机构是为了实施特定的冲突管理法律而相应设立的。行政类冲突管理机构主要侧重于管理政府部门自身之间存在的各种冲突,及在政策制定环节为了预防公共政策出台带来重大冲突而对政策实施进行风险评估。

在中央政府,为了实施《规定》,总理办公室下设了公共冲突调整官室和冲突管理评估团,公共冲突调整官室负责冲突管理法规的完善,还成立了"冲突管理政策协议会"以进行协调。① 冲突管理协议会委员长由国务总理室长兼任,委员主要由各相关部委的副部长级官员担任,人数不超过25人。主要职责是:审议和协调有关冲突预防和解决的事项;不断完善相关法律和行政法规;搞好有关冲突管理的宣传教育,等等。冲突管理评估团的主要职责是根据冲突管理评估表对中央行政机关的冲突管理工作进行评估,部分的承担着公共冲突调整官室的工作。在地方政府中,忠清南道也根据《条例》相应建立了冲突管理审查委员会,其主要职责是在公共政策出台前进行社会风险评估并将评估结果反馈给行政首长,或在公共政策出台前组织社会听证,即进行事前的冲突预防工作,其职能与中央政府所设立的公共冲突调整官室相似。

3. 调整类冲突管理机构

调整类冲突管理机构往往更侧重于在实际的公共冲突进行过程中发挥调解功能,以促进冲突的解决。调整类冲突管理机构主要分为两大类,第一类是常设的调整型冲突管理机构。一方面调整类冲突管理机构往往按照冲突内容划分特定主题进行冲突管理,另一方面调整类冲突管理机构往往在中央和地方都有设立,而且中央对地方的相应机构具有领导关系。如环境纠纷解决委员会、劳资纠纷解决委员会,等等。以环境纠纷解决委员会为例,中央和地方各个地府均设有环境纠纷解决委员会。在正常程序下,因环境污染而受到损害的一方可以通过向环境纠纷解决委员会提交书面申请而开始一系列的前期调解、调解和仲裁程序。而在特殊程序下,如因冲突案件影响重大且广泛,环境纠纷解决委员会根据授权(往往是各级环境部授权)主动介入调解。

---

① 李秀峰:《韩国公共冲突管理制度化经验分析》,载《国家行政学院学报》,2013年第5期。

第二类是临时设立的调整型冲突管理机构。这类机构是为了解决具体的公共冲突案件而建立的临时管理机构，存续期限随公共冲突案件的解决情况而变化，往往随着某一公共冲突案件的解决而解散或撤销。如，在首尔地铁 9 号线费用上涨造成的冲突中，冲突管理协议会就发挥了重要的作用。

（三）冲突管理培训体系的建设

及至目前，韩国已经形成了较为完善的冲突管理培训系统，受培训主体来源、培训规模、培训内容和培训强度都形成了稳定的制度系统，且参加冲突管理培训已经成为公务员（尚未覆盖韩国全部公务员）要履行的职责之一，韩国冲突管理培训正越来越常规化和制度化。韩国行政研究院是国务总理室指定的冲突管理培训机构，其主要职责之一就是提供冲突管理教育和培训项目，现以韩国行政研究院为例说明韩国冲突管理培训体系的建设和完善。

从受培训主体来看，行政研究院定期对中央政府和地方自治团体的公务人员进行培训，并会根据现实情况的需要为冲突案件中的利益相关人进行培训。从培训规模来看，韩国冲突管理培训规模已经相当可观，表 2 列出了韩国 2010—2013 年冲突管理培训业绩。从培训内容来看（见表 3），主要有普通培训，专家培训和 ADR（Alternative Dispute Resolution）培训，且自成一定系统，如普通培训注重冲突管理基本理论和实践介绍，每届培训人数控制在 30—40 人，而专家培训注重公共冲突管理实践中管理策略及技巧的传授，每届培训人数控制在 15—20 人，而 ADR 普通培训侧重于通过非诉讼机制进行纠纷解决。ADR 培训在 2012、2013 年的培训中所占比例仍然相当小，但及至 2014 年，随着冲突管理实践的推进和冲突管理理论的发展，ADR 培训所占比重越来越大，并且又细分为 ADR 普通培训和 ADR 专家培训。从培训强度来看，每届培训历时 2 天（普通培训）或 3 天（专家培训），比较适合直接参与冲突管理的公务人员、冲突案件涉及的利益相关人和冲突调解、冲突仲裁人员接受培训。

表 2　2010—2013 年冲突管理培训业绩

	2010 年		2011 年		2012 年		2013 年	
	培训次数	总人数	培训次数	总人数	培训次数	总人数	培训次数	总人数
韩国行政研究院社会整合研究室教育业绩	28 届	1210 人	21 届	1417 人	28 届	1056 人	31 届	1512 人
民间辅助机构教育业绩	32 届	2396 人	32 届	1384 人	25 届	1685 人	32 届	2708 人

资料来源：本表根据韩国行政研究院《2014年冲突管理培训手册》中，韩国历年冲突管理能力培训业绩数据汇总而成。

表3 韩国行政研究院2013和2014年冲突管理培训计划

2013冲突管理培训计划 2013년도 갈등관리 역량강화 교육 일정			2014冲突管理培训计划 2014년도 갈등관리 역량강화 교육 일정		
普通培训	2013.03.14~15	30~40人	ADR普通培训	2013.03.12~13	30~40人
普通培训	2013.04.11~12	30~40人	ADR普通培训	2013.04.9~10	30~40人
专家培训	2013.04.24~26	15~20人	ADR专家培训	2013.04.22~24	15~20人
普通培训	2013.05.15~16	30~40人	ADR普通培训	2013.05.14~15	30~40人
专家培训	2013.06.19~21	15~20人	ADR普通培训	2013.06.18~19	30~40人
普通培训	2013.07.18~19	30~40人	ADR专家培训	2013.07.15~17	15~20人
普通培训	2013.08.22~23	30~40人	ADR普通培训	2013.08.27~28	30~40人
普通培训	2013.09.12~13	30~40人	ADR专家培训	2013.09.16~18	15~20人
专家培训	2013.10.16~18	15~20人	ADR普通培训	2013.10.15~16	30~40人
ADR	2013.11.07~08	15~20人	ADR普通培训	2013.11.05~06	30~40人
普通培训	2013.11.14~15	30~40人	ADR专家培训	2013.11.18~20	15~20人
			综合·主题课程	随后协调	

资料来源：本表数据引自韩国行政研究院2013年、2014年冲突管理培训计划，http://www.kipa.re.kr/conflict/hbd/hbdlist.jsp。

三、韩国公共冲突管理制度的特点

2007年以来经过大规模的公共冲突管理建设，韩国公共冲突管理制度体系逐渐完善，并具备了鲜明的特征。从冲突管理策略来看，韩国公共冲突管理制度具有以下几个方面的特征：

（一）注重公共冲突的事前预防

根据《公共机关有关冲突预防和解决的规定》，冲突管理分为3个阶段：政策制定时期的冲突预防阶段，政策执行时期的冲突管理阶段和政策追踪时期的冲突管理评估和反馈阶段。韩国对冲突的事前预防主要体现在政策制定中的广泛协调和风险评估。如无特殊情况，韩国中央行政机关都应设立冲突管理审议委员会，除了负责冲突管理政策的制定和实施外，冲突管理审议委员会还负责进行冲突风险评估。极有可能引发政府—私人型冲突的公共政策出台前，行政首长可根据政策实施引发公共冲突的可能

性，要求进行风险评估，并将风险评估报告提交冲突管理审议委员会审查。《忠清南道冲突预防和解决条例（충청남도 갈등예방해결을 위한 조례 안）》也规定重大公共政策出台前应当进行风险评估，评估由冲突管理审查委员会进行。而在可能引发政府—政府型公共冲突的公共政策出台前，主要部门首长往往也会进行较为广泛的协调，以求新利益分配格局为各方所接受，实现这一功能的重要机构是社会统合委员会，而政府3.0系统也构建了详细的评价政府部门之间协调力度的各种指标，这个系统的应用将大力促进政府部门之间的事前协作，进而避免冲突的爆发。

（二）注重"赢得信任"

信任的缺失将带来社会合作的困境，也会严重影响冲突管理，《公共机关有关冲突预防和解决的规定》将"赢得信任"视为冲突管理的首要原则，在冲突管理实践中韩国也非常注重"赢得信任"。这主要体现为保持冲突管理机构的中立性，保证冲突管理机构的成员构成为冲突各方所认可。韩国社会统和委员会成员必须由16名部长级官员和32名民间委员构成，使民间委员数占总数的2/3，其目的就是赢取公众信任，维护协调结果的权威性和有效性。规定中央行政机关设立的冲突管理审议委员中民间委员应占委员总数一半以上，委员长应当由民间委员担当与之目的相同，也旨在于"赢得信任"，增强社会公众对冲突管理审议委员会的信任，为随后的冲突管理工作奠定基础。在冲突化解阶段，为解决某一具体的公共冲突，往往会设立临时的冲突管理协议会，协议会议长也应当由利益相关各方均认可的无直接利害关系人中选出。以上种种措施异曲同工，都非常注重在冲突管理中"赢得信任"，以此为前提，积极促进冲突案件的有效解决。

（三）注重公共冲突的分类管理

韩国各类冲突管理研究及培训机构对冲突案件进行了系统的分类，并针对各类冲突进行相应冲突管理策略的培训，对冲突案件进行分类是进行分类管理的基础，表4列出了韩国常见的冲突案件分类方法。韩国注重冲突的分类管理首先表现为"社会统合委员会"各个专门委员会各自专门负责一类或几类冲突案件的工作方式。其次，韩国冲突管理培训也常常是分类进行的，如除了常规的普通培训、专家培训和ADR培训之外，各冲突培训机构往往会设置主题定制培训课程，主题定制培训课程根据申请当局对特定的冲突主题进行培训，如重大工程建设项目冲突管理培训、食品安全问题冲突管理培训等等。最后，韩国目前较为重要的冲突研究机构中，专门的、针对特定类型的冲突管理进行研究的机构占有较大比重。韩国国内较为重要的（韩国行政研究

院数据库收录在内的）21家较为重要的冲突研究机构中，其中和平网（평화네트워크），妇女和平促进会（평화를 만드는 여성회），韩国犯罪研究所（한국형사정책연구원），韩国本地管理研究所，信息与通信政策研究（정보통신정책연구원）等都是针对特定类型的冲突案件进行研究的机构。

表4 韩国公共冲突案件分类方法

分类标准	冲突类型
冲突原因	利益冲突；价值冲突；利益—价值冲突；其他
冲突性质	常规冲突；非常规冲突；政策冲突；其他
冲突主体	私人—私人冲突；私人—政府冲突；政府—政府冲突；其他
冲突内容	环境冲突；开发（工业，建筑）冲突；能源冲突；防御冲突；健康与福利冲突；交通运输冲突；管理冲突；文化/体育冲突；教育冲突；其他

资料来源：本表内容根据韩国行政研究院冲突案件统计分类标准整理。

值得一提的是，韩国对各类冲突案件进行的分类并不是绝对的，有些冲突（区域主义冲突）表面是由区域原因导致而实际上是由政治结构引发的；而有些冲突（财阀与劳工）表面上是由贫富差距导致的而实际上可能是由政策倾斜导致的。而有些冲突是由各方面因素导致的，也需要各方的配合，但是韩国在基础层级分门别类的进行冲突管理，又在较高层级通过综合协调的常设机构进行总体协调，这种不同层面既各自分工又相互配合的冲突管理体系非常有利于冲突案件的有效解决。

（四）注重引入民间力量

韩国在冲突管理实践中注重引入民间力量的举措主要体现为三个方面：第一，扶持私人冲突管理和研究机构。在现有21家重要的冲突管理研究机构中，政府和政府机构之外的团体总共有10家，接近总数的50%。民间力量的加入为韩国冲突管理建设做出了重要贡献，如表2所示韩国民间力量进行冲突管理培训的力量已经相当可观。第二，大力倡导ADR。ADR提议采用非诉讼式的冲突解决方式，其间仲裁人和调解人成为重要的调解力量。而仲裁人和调解人更多是从民间代表或是非官方背景人当中选出或产生。根据2013—2014韩国行政研究培训时间安排表可以发现，ADR培训占据了2014冲突管理培训的绝大部分内容，并将成为今后突管理培训的重要内容和冲突管理人员使用的重要手段。第三，向民间开放各种官方指定机构的研究资源。如，韩国行政研究院是韩国政府指定冲突管理研究和培训机构，韩国行政研究院建立了追踪历年韩国国内发生的各类冲突案件的数据库，收录了各个领域冲突管理研究成果，登载了各个方面的研究报告，上述所有资源全部向韩国非政府指定的冲突管理研究机构开放，而不是由韩国政府指定的冲突管理研究机构垄断，非常有利于民间研究机构发展、壮大，参与现实的冲突管理实践。

四、启　示

概言之，从国家与社会关系的角度看，韩国公共冲突管理制度构建过程公共权力和民间力量有效地联合起来了，二者良性合作共同推动韩国冲突管理制度的建设，是一种强国家—强社会的建设模式。一方面韩国政府主动介入、大力推动，冲突管理制度建设得到公权力的大力支持。如，在冲突管理法律的建设当中，卢武铉总统于2008年社会冲突剧烈增加前的2007年就以总统令形式颁布了《规定》，极大地加快了冲突管理制度建设的步伐；朴槿惠在2013年将"国民幸福"写入2014年四大主要工作之一，"国民幸福"目标四大战略挑战中"社会融合（主要包括融合统一和平衡区域发展）"占居其一，极大提升了冲突管理的战略地位；为了促进冲突管理主体的能力建设，韩国政府自2010年起将冲突管理能力纳入中央机关公务员绩效考评系统，还安排财政资金通过冲突管理培训机构为冲突案件涉及的利益相关人提供免费培训；为了促进政府各部门间的协调，政府3.0评估系统将政府协作力度纳入评价指标系统；韩国政府还极力培育包容、参与的政治文化，为冲突管理提供永久性的条件等。另一方面民间力量被积极引入、广泛参与，在韩国冲突管理体系中起到非常重要的作用。如，民间机构冲突管理培训规模占总规模的1/2左右；冲突管理当中民间代表被广泛引入，ADR制度也在近两年来被越来越频繁地使用；民间冲突管理研究机构也占有较大比例；不管是在冲突预防当中，还是在冲突化解阶段，民间力量都是重要角色之一。

随着经济的持续增长和现代化推进，现阶段的中国也迎来群体性事件多发期，公共安全形势严峻。韩国不仅自古以来深受儒家文化的影响，且与中国具有非常相似的发展经历，因此韩国公共冲突管理制度的建设模式在指导中国公共安全管理政策方面具有下列意义：

第一，政府主动、系统地进行公共冲突管理建设是社会矛盾多发期一种可行的管理方式。韩国政府主动、系统地进行公共冲突管理，将各类冲突事件纳入制度化的渠道，明确各类主体表达利益诉求的方式和途径，从而有效地避免群体性事件或冲突事件的升级、转化和扩大，大大降低了冲突事件的暴力程度，有效地改善了公共安全状况。中国政府近年来虽然先后提出"积极化解矛盾"、"社会管理创新"等政策宣示，但没有形成稳定的公共冲突事件处理程序，在处理事件过程中更多地应用权衡原则，相机决断，公共冲突事件的转化和升级也越来越严峻。因此，政府主动推动公共冲突管理程序的构建是今后中国公共安全管理实践中值得探索的方向。

第二，矛盾多发时期，公共冲突的解决应当尤其注重"赢得信任"。矛盾多发时期往往是社会转型时期，在这个阶段"不同程度的存在公众缺乏对国家的信任并感到不能依靠法律的力量的现象"[①]，在公众缺乏对国家信任的大环境下，具体冲突案件的解决尤为注重"赢得信任"。韩国在冲突管理中为"赢得信任"而采取的各种措施为解决当下中国基层干群关系"信任缺失"和干群矛盾的提供了可以被借鉴的经验。

第三，政府有序引入民间主体参与冲突管理是加强公共冲突管理力度的一个可行方法。矛盾多发期，严峻的社会形势对政府的冲突管理能力提出了有力的挑战，韩国有序引入民间主体参与冲突管理的做法提供了加强冲突管理力度一个可行方法。有序引入民间主体参与公共冲突管理培训及冲突的解决，不仅能够壮大冲突管理队伍，还有利于在冲突管理案件"赢得信任"，从而为我国减轻维稳压力，有效管理群体性事件，改善公共安全状况提供了新的思路。

---

① ［匈］雅诺什·科尔奈：《后社会主义转轨的思索》，吉林人民出版社2003年版。

公共安全事件处置
过程中的社交媒体及其利用

——2011年伦敦骚乱中地方当局运用微博的策略*

Panagiotis Panagiotopoulos, Alinaghi Ziaee Bigdeli, and Steven Sams 著
陈喆 译**

摘　要： 本文在研究2011年夏季伦敦暴乱的基础上，探讨了微博沟通在紧急事件中的影响力。2011年8月，在5天时间里，伦敦等部分英格兰主要城市，经历了大规模的公众骚乱和暴力事件，甚至有人因此丧生。我们收集和分析了由28个伦敦当地政府部门持有的官方账号发布的微博。这些部门利用微博达到多种目的，如阻止谣言的传播，提供官方的信息，推进对罪犯的法律行动和组织骚乱后的社区参与。本研究显示了微博的即时性和交互性要素在突发事件的应对和后续处理阶段所发挥的显著作用。

关键词： 推特；社交媒体；伦敦骚乱；英国地方政府；紧急沟通

一、引　言

政府部门正逐步地将社交媒体嵌入到他们的传统沟通方式中，以拓展与公民互动的形式。发微博或者向大众发送在线简讯似乎是其中最行之有效的方式。微博在建立与公民的新型关系方面具有应用前景。此外，基于服务即时性和实时性的特点，微博还具有发生紧急情况或突发事件时帮助沟通的潜力。

---

* 本文摘自H. J. Scholl et al. (Eds.): EGOV 2012, LNCS 7443, pp.102-113, 2012. © IFIP International Federation for Information Processing 2012。

** Panagiotis Panagiotopoulos，伦敦大学玛丽皇后学院管理学讲师，伦敦布鲁内尔大学计算机科学访问学者，主要研究信息技术对政治和行政过程的影响，包括数字参与、社交媒体分析和在线数据收集技术；Alinaghi Ziaee Bigdeli，伦敦布鲁内尔大学管理与信息系统专业博士，伦敦城市大学卡斯商学院研究员；Steven Sams，伦敦布鲁内尔大学信息系统学院博士研究生。陈喆，华东政法大学政治学与公共管理学院行政管理硕士。主要研究领域：非政府组织、公共安全管理研究。

在突发事件中，沟通起着至关重要的作用，因为它可以减少危机的直接影响，还可以缩短恢复期。尤其是在缓解公众的恐慌情绪上，及时、准确的信息沟通的重要性已经不言而喻。通常情况下，政府与公众的沟通可能会由于相互冲突或不一致的信息而脱节。产生这一问题的原因多种多样，可能是时间不够，压力太大，资源有限，或是评估有关情况并设计适当的宣传策略难度太大。先前已有关于推特（Twitter）在突发事件中所起到的作用的研究：如2010年海地地震、2009年澳大利亚火灾、2010年至2011年美国大学校园暴力事件。

本文研究了地方政府部门如何使用推特作为紧急沟通工具。本文研究的背景是2011年夏季的伦敦骚乱。2011年8月，在5天的时间里，伦敦等英格兰主要城市，经历了大规模的公众骚乱和暴力事件，甚至有人因此丧生。我们识别并收集了28个伦敦地方政府部门持有的推特官方账户发布的699条与骚乱相关的微博。对这些微博的分析表明，这些地方政府部门在骚乱前后，成功利用了微博的沟通能力。即便在骚乱过程中，他们也能够控制和降低危机的直接影响，并试图通过推动骚乱的后续处理活动来加快骚乱的恢复进程。

下一部分将简要叙述有关推特及其在紧急沟通中使用的相关信息。第三部分将介绍伦敦骚乱事件的相关背景，并为之后的研究方法和分析部分做准备。最后一部分将对研究结果进行讨论和反思。

二、紧急沟通中的微博

尽管有人批评微博有可能推动谣言迅速蔓延，微博服务正与大量的社交媒体应用程序一起赢得互联网用户的兴趣。推特始建于2006年，至今已拥有超过两亿的用户[①]。推特允许其用户通过移动设备、网络界面或桌面应用程序，例如TweetDeck，发布不超过140个字符的消息。推特的消息也可能包含额外的内容，如网站的链接、照片或视频。在默认情况下，它们通常是公开的。推特用户可以关注其他用户发布的消息流，但与其他的社交网站如Facebook不同，这种关系不一定是相互的。

推特最鲜明的特点是它的即时性、实时性与信息更新速度。虽然推特的建立源于微博的概念，但是用户养成了使用符号"@"和"#"的习惯，来支持更多的合作和

---

① Mashable, A., "Visual History of Twitter", http://mashable.com/2011/09/30/twitter-history-infographic/ (accessed 2011).

对话功能[①]。使用符号"@",用户可以在谈话中直接联系或者提及其他用户。使用符号"#"（话题标签）,可以确定推文的信息流,以此发起关于特定主题或事件的讨论[②];例如#关于2012年伦敦奥运会中的伦敦。另一种对话的方法是转发推特,即直接复制其他用户的推特信息,或在其原来的基础上加一些小的修改或评论。用户转发推特消息的原因有很多,包括：对某些人公开表示赞同或反对；通过散布消息促进某个目标；让其他人知道一个有趣的消息；或者是试图提高个人影响力[③]。

关于推特的研究迅速发展,在诸多方面进行了有益探索,如政治沟通方面[④]和集体行动的组织方面[⑤]。在公共部门方面,有人认为,推特在将信息传达给新的受众,建立与公民和各利益相关者的联系,以及通过网络传播和分享信息[⑥]方面,都可以提供帮助。一些实证研究表明,相较于简单地向尽可能多的用户播报信息而言,政府机构利用推特账户的沟通模式更加复杂[⑦⑧]。

在紧急沟通中,推特的常规使用方式会发生变化,主要是体现在发帖内容和发帖频率方面[⑨]。

[①] Honey, C., Herring, S.C., "Beyond Microblogging: Conversation and Collaboration Via Twitter", 42nd Hawaii International Conference on System Sciences, 2009, pp.1-10.

[②] Small, T.A., "What the Hashtag? A Content Analysis of Canadian Politics on Twitter", *Information, Communication & Society*, Vol.14, 2011, pp.872-895.

[③] Boyd, D., Golder, S., Lotan, G., "Tweet, Tweet, Retweet: Conversational Aspects of Retweeting on Twitter", 43rd Hawaii International Conference on System Sciences, 2010, pp.1-10.

[④] Small, T.A., "What the Hashtag? A Content Analysis of Canadian Politics on Twitter", *Information, Communication & Society*, Vol.14, 2011, pp.872-895.

[⑤] Segerberg, A., Bennett, W.L., "Social Media and the Organization of Collective Action: Using Twitter to Explore the Ecologies of Two Climate Change Protests", *The Communication Review*, Vol.14, 2011, pp.197-215.

[⑥] Wigand, F.D., "Twitter Takes Wing in Government: Diffusion, Roles, and Management", Proceedings of the 11th Annual International Digital Government Research Conference on Public Administration Online: Challenge and Opportunities, 2010, pp.66-71.

[⑦] Cho, S.E., Park, H.W., "Government Organizations' Innovative use of the Internet: The Case of the Twitter Activity of South Korea's Ministry for Food, Agriculture, Forestry and Fisheries", *Scientometrics*, Vol.90, 2012, pp.9-23.

[⑧] Waters, R.D., Williams, J.M., "Squawking, Tweeting, Cooing, and Hooting: Analyzing the Communication Patterns of Government Agencies on Twitter", *Journal of Public Affairs*, Vol.11, pp.353-363.

[⑨] Heverin, T., Zach, L., "Use of Microblogging for Collective Sense-Making during Violent Crises: A Study of Three Campus Shootings", *Journal of the American Society for Information Science and Technology*, Vol.63, 2012, pp.34-47.

用户很可能会开始关注新的账号,甚至是为此注册账号;例如,在英国骚乱期间,许多人开始关注警方账号①。在紧急沟通的过程中,微博的一个关键特征就是其通过向公众提供可靠、及时、准确的信息,来控制公众的初始焦虑程度的能力②。此外,推特作为一种媒介,在支持用户之间的对话,组织关于各种主题的讨论,转发他人的消息,并提供其他资源的链接等方面功能显著。危机事件基本不会相同,并且会产生不同的信息需求,很难预测。因此,推特的灵活性在紧急沟通的情况下就显得格外有用③。此外,有研究表明,对社交媒体的监测,有助于了解突发事件的情况和公众的焦虑状况。而推特的主题标签在这个方面起到了重要作用④。

既有的研究探讨了推特的一般用户在紧急沟通中使用推特的一般模式。而我们则重点研究在伦敦骚乱的背景下,由地方政府部门发布的推文信息。正如在接下来的部分中所说的,研究推特在降低骚乱的直接影响(应急阶段)和组织骚乱后的活动(恢复阶段)中发挥的作用,是一件十分有意思的事情。

三、研究背景:2011 年夏季伦敦骚乱

2011 年 8 月,大规模的公众骚乱震惊了全英国。全国各地的骚乱持续了 5 天。骚乱始于 2011 年 8 月 6 日周六伦敦托特纳姆区(Tottenham)进行的抗议活动,抗议原因是名叫马克·杜根(Mark Duggan)的当地男子于两天前被伦敦大都会警察射杀。8 月 8 日至 10 日,骚乱活动在伦敦和全国范围内迅速蔓延,共有 66 个地区受到了影响,包括布里斯托尔(Bristol)、曼彻斯特(Manchester)和伯明翰(Birmingham)等城市。

事后,政府专门成立了由社团和受害者组成的独立委员会⑤,其发布的官方报告指出,5 人丧生,数百人的商店和住宅被毁,全部损失估计高达 5 亿英镑。约有

---

① Crump, J., "What are the Police Doing on Twitter? Social Media, the Police and the Public", *Policy & Internet*, Vol.3, 2011, pp.1-27.

② Oh, O., Kwon, K.H., Rao, H.R., "An Exploration of Social Media in Extreme Events: Rumor Theory and Twitter during the Haiti Earthquake", Proceedings of the International Conference on Information Systems, 2010.

③ Jansen, B.J., Zhang, M., Sobel, K., et al, "Twitter Power: Tweets as Electronic Word of Mouth", *Journal of the American Society for Information Science and Technology*, Vol.60, 2009, pp.2169-2188.

④ Oh, O., Kwon, K.H., Rao, H.R., "An Exploration of Social Media in Extreme Events: Rumor Theory and Twitter during the Haiti Earthquake", Proceedings of the International Conference on Information Systems, 2010.

⑤ Riots Panel, "5 Days in August: An Interim Report on the 2011 English Riots", 2011.

13000—15000人主动参与了骚乱活动。而据内政部报道，各地发生了5100余起犯罪活动，其中大部分（68%）发生在伦敦。其中包括针对个人的暴力行为（217受伤），纵火和刑事破坏（超过270栋住宅和商业建筑受到损害），商店盗窃和抢劫（损失超过3亿英磅）。

仅在骚乱的前3天里，伦敦的局面就到了一发不可收拾的程度。这部分归咎于某些关键负责人（如伦敦市长，内政大臣）的缺席，他们正好在8月中旬休年假。8月10日政府部署了16000名巡逻警察部队来控制伦敦的混乱状况。针对骚乱的另一个重要事件是塔里克·汗(Tariq Jahan)召集的和平集会，他的儿子死于伯明翰的暴力骚乱。此外，伦敦大都会警察通过20多万小时监控闭路电视（CCTV）影像，展开了强硬的逮捕疑似骚乱者行动。

关于骚乱事件的一个关键问题与社交媒体的使用有关。公众开始广泛讨论，例如Facebook、推特，特别是黑莓信使（BBM）这样的工具，是否对骚乱起了推波助澜的作用，因为利用这些工具，骚乱者可以迅速宣传骚乱行为，甚至可以组织行动[1]。一项由东京等地学者参与的研究[2]表明，推特并不是用来促进非法活动的，而是更多的作为新闻宣传，信息共享和社区组织的媒介。骚乱期间的推文包含了来自新闻机构、警方和其他政府部门的信息，呼吁公众帮助他人，辨认犯罪嫌疑人，召集志愿者清理街道以及募集用于修复受损财产的资金。"伦敦骚乱"和"骚乱清理"是影响最广的主题标签之一[3]。

"清理"活动是由伦敦市长提出的一项特殊的活动，他鼓励社区居民带着垃圾袋和扫帚清扫在骚乱中变得混乱不堪的街道。6万余名志愿者响应号召，在伦敦受影响最严重的地区，帮助那里的商家，并与被混乱和暴力肆虐的社区紧密团结起来。

虽然伦敦的地方政府部门利用推特从事相关活动已经是骚乱开始3天以后，但显而易见的是，他们的这些活动是积极有效的，尤其是提高了当地社区对骚乱状况的了解。例如，8月12日，伦敦地方当局在大都会警察的协助下，在一个名为"抓住一个强盗"的微博里，公布了600多个被通缉的犯罪嫌疑人照片。与此同时，他们还使用推特和Facebook寻求公共援助，来辨别那些骚乱者。如果从地方政府部门的角度

---

[1] BBC: "English Riots: Social Media were 'Force for Good' ", http://www.bbc.co.uk/news/uk-politics-14931010 (accessed June 15, 2012).

[2] Tonkin, E., Pfeiffer, H.D., Tourte, G., "Twitter, Information Sharing and the London Riots?" *Bulletin of the American Society for Information Science and Technology*, Vol.38, 2012, pp.49-57.

[3] Tonkin, E., Pfeiffer, H.D., Tourte, G., "Twitter, Information Sharing and the London Riots?" *Bulletin of the American Society for Information Science and Technology*, Vol.38, 2012, pp.49-57.

出发，伦敦骚乱事件是一个研究微博在紧急沟通方面作用的有效案例。

四、研究方法

本文公布的研究结果是一个更庞大的研究项目的一部分，这一项目调查了英国地方政府利用推特的情况。研究的基础是官方清单 @Directgov/ukcouncils，这份清单包括了 191 个英国地方政府部门的微博账号。这些都是综合的账号，覆盖了当地所有种类的主题，虽然有些地方政府还拥有针对专门某项公共服务，如图书馆的账号。本项研究中所使用的数据均是于 2011 年 9 月利用推特开发者的数据库（http://dev.twitter.com/）收集，这一数据库也对学术研究者开放。

本研究共收集了来自于 28 个账号的 21911 篇推文，这些账号分属于组成大伦敦行政区的 33 个地方政府。这些账号大多建于 2009 年，截至研究时，他们平均拥有约 1700 名关注者，具体数字从 127 名到 4541 名不等。而自创建以来，他们平均已发布 734 条微博，具体数字从 45 条到 2374 条不等。

关于骚乱事件的调查，集中在 2011 年 8 月 9 日至 12 日发布的 699 条推文消息上。在这几日前后发布的消息中，并没有发现相关的内容。既往的研究已经探讨过推文作为一种简洁和明确的媒介，在分析方面所具有的特殊作用。微博信息被限制在 140 个字符以内，并且必须用之前提到过的惯例来进行对话[1][2][3]。为了研究这四天中推文发布情况的变化过程，我们首先进行了时间序列分析。接着，是结构分析，从以下几个方面辨别推文特征的模式：

- 用符号 @ 加上用户名的形式，提醒其他用户或直接回复他人的消息。
- 使用符号 # 组织起关于某些主题的讨论。
- 从其他地方政府组织，伦敦大都市警察，媒体或其他组织转推消息。
- 推文的来源（例如电脑桌面或移动设备）。

在最后阶段，我们分析了推文的实际内容，对新出现的主题进行了系统地识别和

---

[1] Bruns, A., "How Long is a Tweet? Mapping Dynamic Converstation Networks on Twitter using Gawk and Gephi", *Information, Communication & Society* (in press).
[2] Honey, C., Herring, S.C., "Beyond Microblogging: Conversation and Collaboration Via Twitter", 42nd Hawaii International Conference on System Sciences, 2009, pp.1-10.
[3] Takhteyev, Y., Gruzd, A., Wellman, B., "Geography of Twitter Networks", *Social Networks*, Vol.34, 2012, pp.73-81.

分类。我们使用了一种以开放的编码为基础的方法，这种编码被视为探索性微博研究的标准[1][2][3]。我们在《在暴力事件中运用微博创造集体荣誉感：对三次校园枪击案的研究》一文的研究基础上，设定了最初的沟通模式。在两轮的编码后引入了两种代码，进一步发展并适应了特定的情况。分类后的推文条数是792条，因为原本的699条推文中，有些被多次分类。最后，推文主题可以总结为以下几种：

1. 新闻稿/公告
2. 警方声明
3. 信息征询
4. 情况介绍
5. 谣言防止
6. 清理行动
7. 法律行动
8. 社区评价

这种编码框架适应于研究的具体需求，除了方便对推文进行结构分析，还为我们了解在骚乱中如何使用这些推特账号提供了机会。下一部分将要介绍本研究中的发现。

五、发　现

本部分首先介绍了28个与骚乱事件相关的伦敦地方政府部门发布的699条推文的一般特征。接着，根据数据确定不同的模式，再按照模式的不同对结果进行分类。

伦敦地方政府于骚乱发生后的第三天（即8月9日）开始发布推文，并一直持续到8月12日。表1总结了骚乱期间发布推文最多的10个政府部门。如前所述，大部分的骚乱事件发生在8日和9日之间，当时各种混乱、抢劫、破坏行为在伦敦和

---

[1] Heverin, T., Zach, L., "Twitter for City Police Department Information Sharing", *Proceedings of the American Society for Information Science and Technology*, Vol.47, 2010, pp.1-7.

[2] Heverin, T., Zach, L., "Use of Microblogging for Collective Sense-Making during Violent Crises: A Study of Three Campus Shootings", *Journal of the American Society for Information Science and Technology*, Vol.63, 2012, pp.34-47.

[3] Jansen, B.J., Zhang, M., Sobel, K., et al, "Twitter Power: Tweets as Electronic Word of Mouth", *Journal of the American Society for Information Science and Technology*, Vol.60, 2009, pp.2169-2188.

其他英国主要城市蔓延,引发了多米诺骨牌效应①。因此,70%以上的推文是在9日发布的。应当指出的是,并非所有伦敦政府部门都受到骚乱的直接影响。我们观察到了一个有趣的现象,发送推文最多的是一个没有受到骚乱影响的部门,即希灵登区议会(Hillingdon Council),而发布推文最少的则是受影响最严重的萨瑟克区议会(Southwark Council)。另一个受到严重影响的地区是伊林(Ealing),该地区的官方账号在这四天里发布了36条消息。

表1 在骚乱期间发布推文最多的十个伦敦地方政府（其中没有受到骚乱直接影响的都标有星号）

伦敦地方政府	2011.8.9	2011.8.10	2011.8.11	2011.8.12	合计
希灵登区议会(Hillingdon Council)*	85	27	18	9	139
萨顿区议会(Sutton Council)	29	26	17	5	77
格林威治区议会(Greenwich Council)*	32	31	7	5	75
豪恩斯洛区议会(Hounslow Council)	31	7	2	3	43
汉姆史密斯—富勒姆区议会(Hammersmith & Fulham Council)l*	10	16	9	3	38
伊林区议会(Ealing Council)	16	8	8	4	36
旺兹沃思区议会(Wandsworth Council)	19	7	3	4	33
威斯敏斯特区议会(Westminster Council)	3	10	7	7	27
巴金—达格纳姆区议会(Barking & Dagenham Council)	8	5	5	4	22
萨瑟克区议会(Southwark Council)	3	7	3	7	20

图1,即全天的信息流分布图所示,大部分的推文是在半夜12点到下午6点间发布的。观察该图后发现,在推文发布的最高峰时间共有157条推文,那是骚乱刚刚爆发后的第一天。这一数据在随后的几天持续下降,直到第四天,这一数据持续下降,最终与8月中旬的正常活动值相符。

---

① Riots Panel, "5 Days in August: An Interim Report on the 2011 English Riots", 2011.

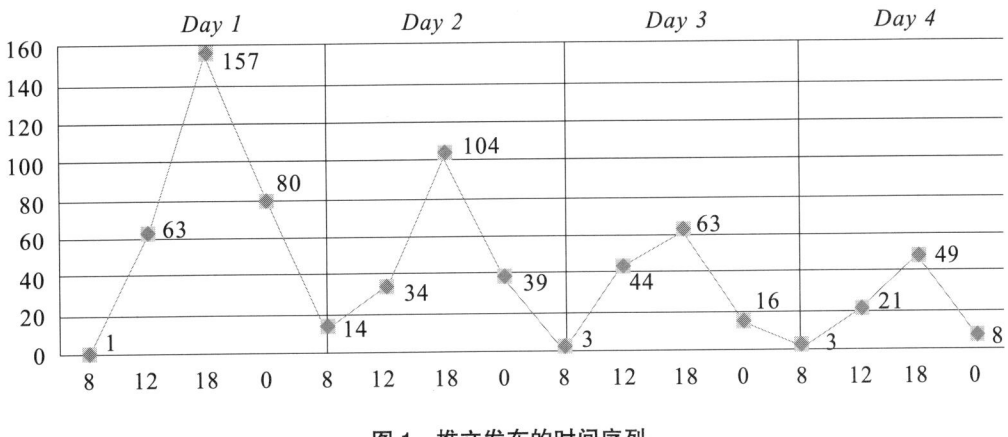

图 1 推文发布的时间序列

约 25% 的推文是在正常办公时间后发布的；这一发现就促使研究人员去调查推文的来源，如表 2 所示。超过一半的推文是通过网页（即 twitter.com）发布的。约 10% 的推文是从移动应用程序发出的，一般是在非办公时间。只有很少的推文引用了推特种子，这表明当局没有广泛使用其他社交媒体（比如 Facebook，Flickr 等），为自己的推文提供内容。有一些推文并不是利用移动设备发布的，但却用了一种身临其境的语气。例如，希灵登委员会发推文说："只是偶然走出办公室，来到乌克斯布里奇市 (Uxbridge Town) 中心。每个人看上去都不错，日子还得过下去。"

表 2 推文的来源

推文的来源	2011.8.9	2011.8.10	2011.8.11	2011.8.12	总计
网页	159	117	56	48	380(54.5%)
桌面应用程序	106	44	29	25	204(29.2%)
移动应用程序	46	11	10	2	69(9.8%)
推特种子	17	12	11	6	46(6.6%)

在接下来的分析中，要研究推文的类型和趋势。首先需要观察政府当局利用推特回答民众的问题，并与他们直接联系的方式。然后，就是他们从民众、其他政府部门，以及警视厅等方面转推了多少消息。此外，还要分析政府部门发布的消息被转推的次数。分析结果显示（表 3），回复他人的推文占了所有推文中的 34%，主要是回复来自民众的一些要求。地方政府发布的转推或者回复的总数是 730 次。

表 3　推文的类型

推文的类型	2011.8.9	2011.8.10	2011.8.11	2011.8.12	总计
对其他用户的回复	122	47	34	23	226
转自民众的推文	25	18	2	13	58
转自其他地方政府的推文	0	6	8	2	16
转自警界的推文	3	9	9	14	35
转自新闻机构的推文	3	6	6	12	27
转推的总次数	302	191	126	111	730

接下来，我们要通过确定伦敦地方政府对主题标签的使用情况，来调查这些政府在骚乱期间多大程度上跟随了英国推特的趋势。我们总结了伦敦地方政府的推文中出现过的主题标签，以及出现的频率，用表 4 展示了出来。组织关于地方政府信息讨论的主题标签，是出现频率最高的。① 介绍了出现最为频繁的一些主题标签，而本文的研究发现地方政府推文中出现频率最高的另外四个标签，也包括在内。

表 4　通过主题标签跟随趋势

跟随趋势	2011.8.9	2011.8.10	2011.8.11	2011.8.12	总计
#伦敦骚乱	12	21	6	7	46
#保证安全	1	2	0	0	3
#骚乱清理	3	14	9	7	33
#目击者举报	0	0	21	20	41
#[委员会名称]	11	29	14	19	73

最后一步是对其进行内容分析，也就是将推文就其内容按照 8 个主题或者模式进行分类。表 5 按天显示了推文内容模式的分布情况。如前所述，这些模式都是非排他性的；例如，被列为新闻稿或警方声明的某些推文，也可能含有描述情况的信息。与骚乱有关的推文中，最多的就是清理行动的内容。关于这一类的推文，有两个例子："请展示出您对我们本地的企业——本地商店的支持 #骚乱清理"和"清理行动的志愿者展现出了真正的市民精神"。

大量的官方推文似乎都在鼓励个人和团体在骚乱后组织大规模的清理活动，同时鼓励他们积极地支持自己的社区。还有 143 个推文在赞扬地方的社区，因为他们快速而有效地响应了政府的号召并行动起来。推文中还经常使用"骚乱事件中的英雄"这

---

① Tonkin, E., Pfeiffer, H. D., Tourte, G., "Twitter, Information Sharing and the London Riots?" *Bulletin of the American Society for Information Science and Technology*, Vol. 38, 2012, pp. 49-57.

个词，来感谢参与这些活动的当地居民。这一类推文的例子有："再次感谢所有今天早上出现在#Camden帮助清理的人。很高兴地看到全社区的人走到一起，互相帮助"以及"超过200人准备清理#克拉珀姆交汇站(Clapham Junction)。鲍里斯(Boris)[伦敦市长]说，这是'伦敦人民的反击'。谢谢大家！"

表5 推文模式分布

推文模式	2011.8.9	2011.8.10	2011.8.11	2011.8.12	总计	所有推文中的比例
新闻稿/公告	29	31	22	11	93	13.3%
警方声明	14	24	16	6	60	8.6%
信息征询	9	17	23	0	49	7.0%
情况描述	48	26	35	26	135	19.3%
谣言防止	44	14	0	1	59	8.4%
清理行动	114	31	0	2	147	21.0%
法律行动	3	39	41	23	106	15.2%
社区评价	77	23	19	24	143	20.5%

有大约22%的推文与新闻公告或者警方声明有关。新闻稿包括了当局的正式公告及当地民选代表的声明。通常情况下，推文中还会附有链接，连接到地方政府网站或其他在线资源中的完整公告。

在前两天的推文中出现了另一种重要的模式，即通过直接答复其他用户的推文或主动发出通知来"防止谣言"。由于许多人发布了关于骚乱事件的虚假和不真实的信息，可能提高了人们的恐慌程度。基于这一事实，才会出现大量上述模式的推文，作为应对方式。例如，豪恩斯洛区议会发布推文："如果人们只发文说他们实际看到的，而不是他们所听到的#豪恩斯洛，那么我们将看到一个清楚的画面"。就在同一天，汉姆史密斯-富勒姆委员会推文："报告汉姆史密斯和富勒姆的平静状态。请质疑谣言，而不是传播它们。#伦敦骚乱#汉姆史密斯#富勒姆#谢泼德布什(ShepherdsBush)"。

有关信息征询和法律行动的推文数量也值得关注。例如，影响最大的政府贴之一："我们刚刚上传了闭路电视图像，画面中是我们针对骚乱事件而通缉的人。请帮助我们找到他们。"为了达到类似的目的，另一种策略是发布关于法律行动，甚至是骚乱期间的法律行动的信息。例如格林威治委员会转推的来自警视厅的消息，称："我们已经开始敲门抓人了。我们共逮捕了888个骚乱事件相关责任人。"这条消息被其他用户（如公民，其他委员会等）转推127次。

六、讨 论

在紧急事件中，预计推特的常规使用情况会发生变化（甚至是根本变化）[①]。我们的数据显示，无论是信息数量和频率的突然增加，还是伦敦的政府推文对特定议题的关注，变化都是显而易见的。这些政府账户发布消息的平均频率，一般是每天不超过 10 条推文，通常涉及范围广泛的地方事务。有趣的是，我们发现某些活跃度很高的地方政府，并没有直接受到社会骚乱的影响。反而是那些受到严重影响的地区，地方政府的活跃程度很低。在本研究的范围内，对这种不对称性，可能无法进行充分的理解，但在如何管理那些账户方面，它可能指向更地方化的因素。例如，西灵登和格林威治等地方政府，虽然没有受到骚乱的直接影响，但是除了发布正式公告，还回应市民的询问，推文数量因而增加。

在本文的第二部分，我们对以往研究进行了讨论。在此基础上，可以得出合理的假设，即一个交互式的实时工具如推特，对于在骚乱时期积极与公众进行沟通的地方政府而言是非常有用的。本文的研究结果揭示了有关应急和恢复阶段的具体机制，也支持了这一假设。

在应急阶段，可以用推特来减少危机的直接影响，主要是在遏制谣言，负责任地向公众宣传，以及传播关于正在进行的法律行动的信息等方面。推特似乎使信息沟通不再局限于官方的工作时间和地点，例如其在移动设备上的应用。虽然，提供及时、准确、可靠的信息的重要性显而易见[②]，但传播关于正在进行的法律行动的消息似乎是一个新途径，这也在稳定社会秩序方面做出了贡献。这是因为全国各地大多数参与这次事件的是青少年[③]，他们更加希望通过社交网络工具获得信息。

此外，微博的作用还体现在加快并简化了骚乱的恢复进程方面。骚乱发生后不久，就实现了这种目的，主要通过：（1）组织社区的支持活动和（2）定期表彰参加这些活动的公民。在这方面，推特似乎增强了基层社区的行动能力，同时加强了地方政府

[①] Heverin, T., Zach, L., "Use of Microblogging for Collective Sense-Making during Violent Crises: A Study of Three Campus Shootings", *Journal of the American Society for Information Science and Technology*, Vol.63, 2012, pp.34-47.

[②] Oh, O., Kwon, K.H., Rao, H.R, "An Exploration of Social Media in Extreme Events: Rumor Theory and Twitter during the Haiti Earthquake", Proceedings of the International Conference on Information Systems, 2010.

[③] Riots Panel, "5 Days in August: An Interim Report on the 2011 English Riots", 2011.

和个人迅速调集可利用的资源的能力。事实上,根据《有效的危机管理中的协作与领导》一文的观点,社区的合作,以及突破传统指挥协调机制的能力,是成功的应急救援的重要前提。

后者还提出了一个关于当地政府官员在骚乱中应当承担的责任问题。考虑到该事件发生在8月中旬,当时某些官员正在休年假。这或许可以解释为什么有些账户发布的推文数量远远低于预期,同时也可以表明,官方管理的推特账户不得不承担越来越多的公共关系责任,而不是简单的定期推文。因此,在关于某些非常活跃的地方政府的案例中,很难区分他们创新使用推特的行为,是预先计划好的战略努力,或者仅仅是工作人员临时创新之举。

这项研究的实际意义在于探索了公共部门微博在应急处理方面的有益实践。不过,地方政府在骚乱中运用推特的方式仍然有一些可以改进的空间。首先,地方政府最初的反应似乎相当慢,在8月6日至8日的两天期间,竟然没有发现相关的推文。此外,主体标签的使用并不广泛,而导致推文的可见性降低。因为在建立一个特设的空间去关注一个主题时,主题标签是关键因素[1]。

这两点更加强化了之前一个建议的重要性,也就是有关部门应一齐努力,提高工作人员使用社交媒体与市民沟通的教育和认识水平[2]。

七、总 结

本文通过分析28个伦敦地方政府部门在8月9日至12日之间发布的699条与防暴相关的推文,研究了微博在伦敦2011年夏季骚乱中的作用。研究结果表明,在骚乱期间,政府部门越来越多地使用微博,在应对和恢复阶段辅助诸多防暴机制的部署工作。这些机制被推特的对话和沟通元素激活,如利用主体标签转推消息或小组讨论的能力。因此,微博在伦敦骚乱的表现证明,可以将微博用作对传统紧急沟通渠道的拓展。

---

[1] Heverin, T., Zach, L., "Use of Microblogging for Collective Sense-Making during Violent Crises: A Study of Three Campus Shootings", *Journal of the American Society for Information Science and Technology*, Vol.63, 2012, pp.34-47.

[2] Sinnappan, S., Farrell, C., Stewart, E., "Priceless Tweets! A Study on Twitter Messages Posted during Crisis: Black Saturday", *Proceedings of the Australasian Conference on Information Systems*, 2010.

不过，考虑到本研究的局限性，我们无法如声称的那样进行充分的评估。因为我们仅仅专注于伦敦地方政府发布的推文，而没有更广泛地研究这些地方政府在骚乱期间使用过的其他信息渠道。除了对其他沟通渠道的交叉研究，还可以将分析的对象扩展到由公民、警察机关、新闻机构等发布的骚乱相关推文。未来针对微博信息沟通的研究肯定能详尽阐释上述内容在突发事件中的作用。